스마트세대의 **웹 브라우저**

구글 크롬 브라우저 활용하기

집필·감수 : IT와 사람들

스마트세대의 **웹 브라우저**

구글 크롬 브라우저 활용하기

발 행 일	|	2015년 1월 5일 (1판)
I S B N	|	978-89-8455-835-9 (13000)
정 가	|	13,000원
책 임	|	이대명
집 필	|	IT와 사람들
발 행 처	|	(주)아카데미소프트
발 행 인	|	유성천
출판등록	|	제 22-1723호
주 소	|	(본사·영업) 경기도 파주시 광인사길 68 성지문화사 201-B호
		(제작·물류) 경기도 파주시 소라지로 195번길 36-22
대표전화	|	02)3463-5000
대표팩스	|	02)3463-0400
홈페이지	|	http://www.aso.co.kr
		www.academysoft.co.kr

※ 이 책에 실린 독창적인 내용의 무단 전재, 복제는 저작권법에 저촉됩니다.

목차 CONTENTS

Part 01 크롬 브라우저 활용하기

Chapter 1	크롬 브라우저 설치하기	6
Chapter 2	구글 계정 등록과 시작 페이지 설정	14
Chapter 3	구글 검색 사용하기	24
Chapter 4	Gmail 설정하기	34
Chapter 5	자동 번역 기능 사용하기	40
Chapter 6	구글 번역 사이트 이용하기	46
Chapter 7	구글+ 사용하기(1)	52
Chapter 8	구글+ 사용하기(2)	58
Chapter 9	유튜브 즐기기	66
Chapter 10	구글 지도와 구글 어스 이용하기	72
Chapter 11	맞춤 형식으로 뉴스 기사 보기	80
Chapter 12	캘린더 이용하기	86

Part 02 앱 프로그램 활용하기

Chapter 13	테마 변경하기	94
Chapter 14	나만의 크롬 테마 만들기	100
Chapter 15	타닥타닥 타자 프로그램 사용하기	110
Chapter 16	간단하게 이미지 편집하기	116
Chapter 17	온라인 광고 차단하기	124

Part 03 구글 드라이브 맛보기

Chapter 18	구글 드라이브 사용하기	132
Chapter 19	프레젠테이션 맛보기	142
Chapter 20	문서 맛보기	152
Chapter 21	스프레드시트 맛보기	158

Part 04 픽슬러 사용하기

Chapter 22	조정 기능을 이용한 색다른 이미지 만들기	168
Chapter 23	레이어 기능 이용하기	176
Chapter 24	필터 기능 이용하기	184

메모 MEMO

01 PART

크롬 브라우저 활용하기

Chapter 01　크롬 브라우저 설치하기
Chapter 02　구글 계정 등록과 시작 페이지 설정
Chapter 03　구글 검색 사용하기
Chapter 04　Gmail 설정하기
Chapter 05　자동 번역 기능 사용하기
Chapter 06　구글 번역 사이트 이용하기
Chapter 07　구글+ 사용하기 (1)
Chapter 08　구글+ 사용하기 (2)
Chapter 09　유튜브 즐기기
Chapter 10　구글 지도와 구글 어스 이용하기
Chapter 11　맞춤 형식으로 뉴스 기사 보기
Chapter 12　캘린더 이용하기

01 크롬 브라우저 설치하기

CHAPTER

- ☑ 크롬 브라우저를 다운로드하여 설치할 수 있다.
- ☑ 크롬 브라우저를 이용하여 이미지, 동영상, 음악 파일을 열어볼 수 있다.

 완성파일 미리보기

google chrome

• 예제파일 | 화재대피요령.gif/길조심.PDF   • 완성파일 | 없음

▲ Chrome 다운로드

▲ PDF 파일 열어보기

01 | 크롬 이해하기

크롬은 구글에서 개발한 프리웨어 웹 브라우저로 2008년 9월 첫 버전이 출시되었습니다. 간단한 인터페이스와 더 빠른 속도로 인터넷 서핑이나 검색을 할 수 있다는 특징으로 많이 사용하고 있습니다.

■ 크롬의 특징

❶ 저사양 컴퓨터에서도 디자인이 단순하여 빠른 검색 속도를 제공합니다.
❷ 자동 업데이트 기능을 제공하여 사용자가 추가적으로 수동 업데이트를 하지 않아도 됩니다.
❸ 안드로이드 스마트폰을 사용하는 경우 구글 크롬에 회원가입한 후 동기화 기능을 이용하여 동기화된 환경으로 개인용 PC에서 사용할 수 있습니다.
❹ 크롬 웹 스토어를 이용하여 스마트폰에서 제공하는 어플과 같은 다양한 확장 프로그램을 설치하여 사용할 수 있습니다.
[예] 유해사이트 차단 프로그램이나 실시간 동영상 녹화 프로그램 등

▲ 웹 브라우저의 종류

02 | 크롬 설치하기

크롬은 인터넷 익스플로러와 달리 프로그램을 다운로드 받아 설치해야 이용할 수 있습니다.

❶ 인터넷 익스플로러를 실행합니다. 검색 사이트에서 검색어로 '구글 크롬 다운로드'를 입력한 후 Enter 키를 누릅니다.

❷ 검색 결과에서 'Google Chrome(구글 크롬)'를 클릭합니다. 이동한 페이지에서 〈개발사 다운로드〉를 클릭합니다.

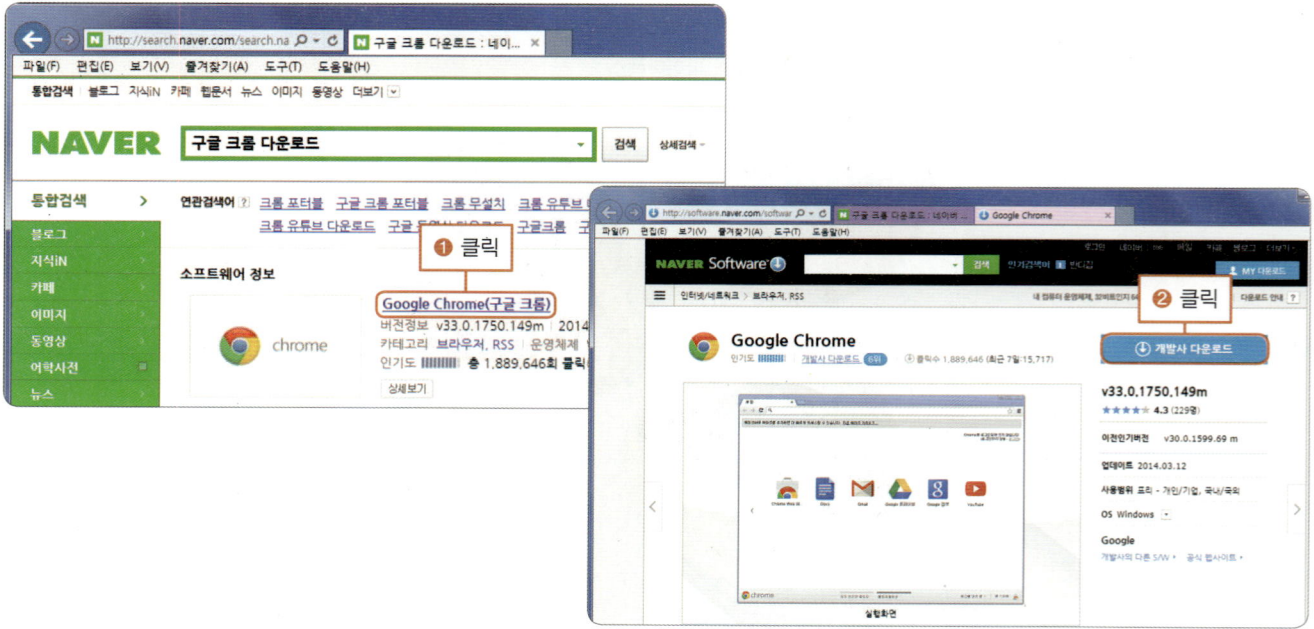

❸ 이동한 페이지에서 〈Chrome 다운로드〉를 클릭합니다.

8 • Part 01 크롬 브라우저 활용하기

❹ 프로그램 설치에 따른 'Chrome 서비스 약관'을 확인합니다. 크롬을 기본 브라우저로 설정할 것인지를 물어보는 'Chrome을 기본 브라우저로 설정'을 클릭하여 선택하지 하지 않고 〈동의 및 설치〉를 클릭합니다.

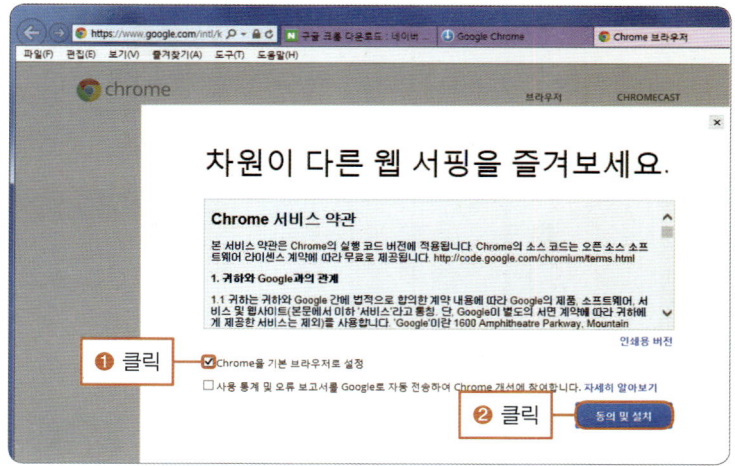

❺ 익스플로러 화면 아래쪽에 표시된 툴바에서 〈실행〉 단추를 클릭하면 구글 크롬이 다운되고 자동으로 바로 설치가 진행됩니다.

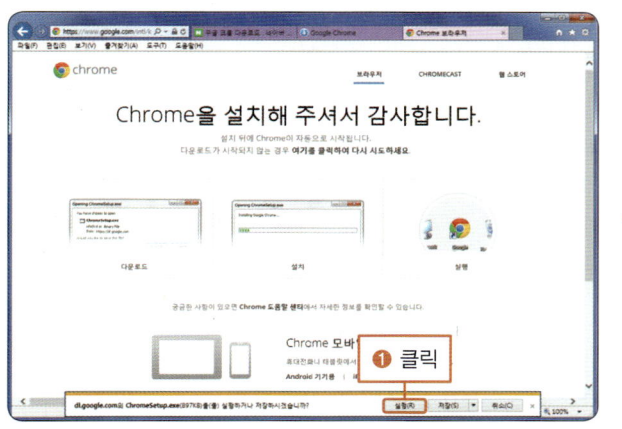 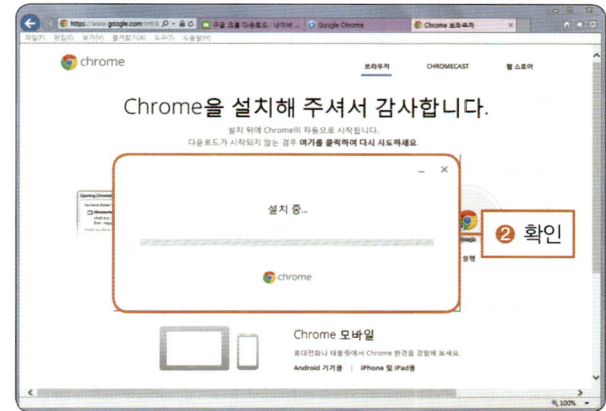

❻ 설치가 완료되면 크롬 웹 페이지 창이 자동으로 표시되며, 바탕화면에 크롬 바로 가기 아이콘( )이 생성됩니다.

❼ 인터넷 익스플로러에서 〈 X (닫기)〉 단추를 눌러 창을 닫습니다. Internet Explorer 창에서 〈모든 탭 닫기〉 단추를 클릭합니다.

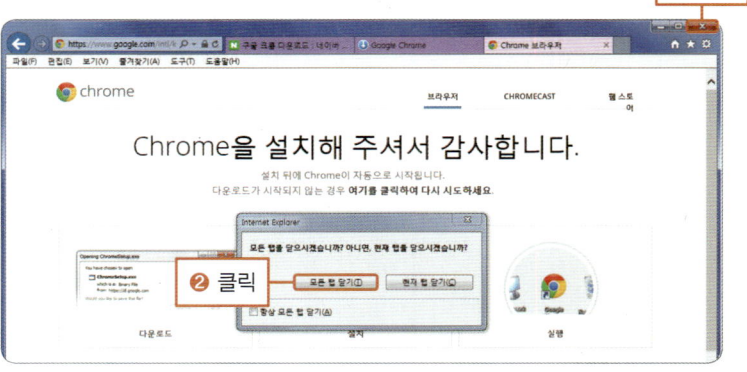

❽ 바탕화면에서 크롬 바로 가기 아이콘( )을 더블 클릭하여 크롬 브라우저를 실행하면 다음과 같이 화면이 나타납니다. 크롬 브라우저의 화면 구성은 다음과 같습니다. 크롬 브라우저에서 〈 (닫기)〉 단추를 눌러 창을 닫습니다.

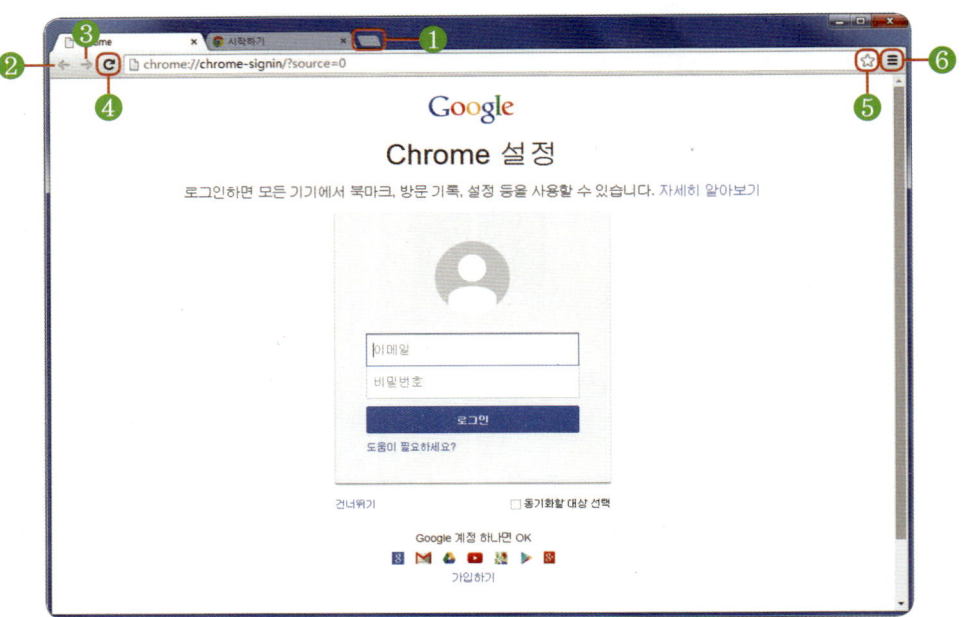

❶ 새 탭 : 새로우 페이지를 엽니다.
❷ 이전 : 이전에 방문한 페이지로 이동합니다.
❸ 다음 : 앞전에 방문한 페이지로 이동합니다.
❹ 페이지 새로 고침하기 : 현재 페이지의 정보를 새로 읽어 표시합니다.
❺ 페이지 북마크 : 자주 이용하는 사이트를 등록합니다.
❻ Chrome 설정 및 관리 : 새 탭, 새 창, 페이지 북마크, 페이지 저장 및 인쇄 등의 기본적인 기능을 이용할 수 있습니다.

03 | 크롬 브라우저로 JPG와 PDF 파일 열어 보기

크롬 브라우저에서는 별도로 프로그램을 설치하지 않고 이미지 파일(JPG, GIF)이나 PDF, MP3, MP4 파일을 열어볼 수 있습니다.

❶ [예제파일]-[1차시] 폴더를 열고 이미지 파일(GIF) **'화재대피요령'**을 드래그하여 바탕화면의 크롬 바로가기 아이콘 위로 이동합니다.

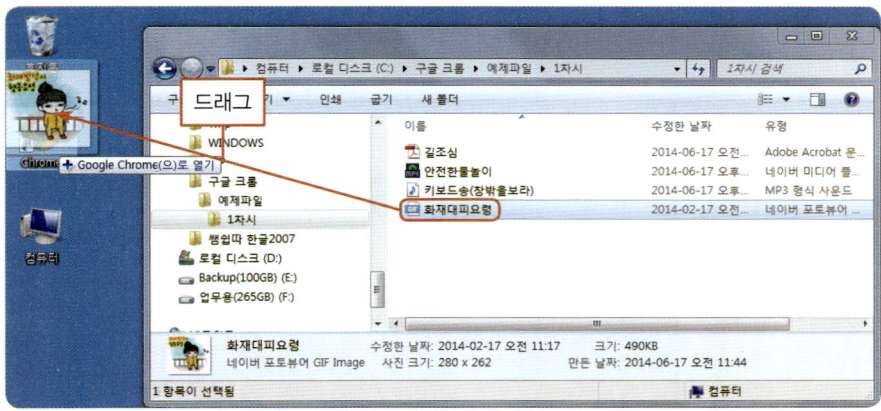

❷ 크롬 브라우저가 자동 실행되면서 GIF 이미지를 볼 수 있습니다. 화재대피요령 이미지를 다 보고 Chrome을 기본 브라우저로 설정하지 않기 위해 화면 위쪽 메시지 창에서 〈이 메시지 그만 보기〉 단추를 누릅니다.

❸ 크롬 브라우저에서 〈 x (닫기)〉 단추를 눌러 창을 닫습니다.

❹ [예제파일]-[1차시] 폴더에서 '길조심' PDF 파일의 내용을 보기 위해 바탕화면의 크롬 바로가기 아이콘 위로 이동합니다.

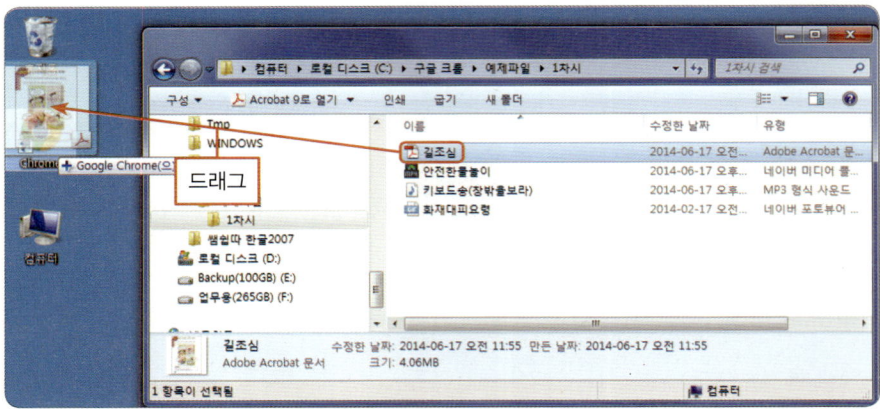

❺ 크롬 브라우저가 자동 실행되면서 '길조심' PDF 파일의 내용을 볼 수 있습니다. PDF 보기에서 표시되는 도구 모음을 이용하여 PDF 문서를 인쇄하거나 저장 등을 할 수 있습니다.

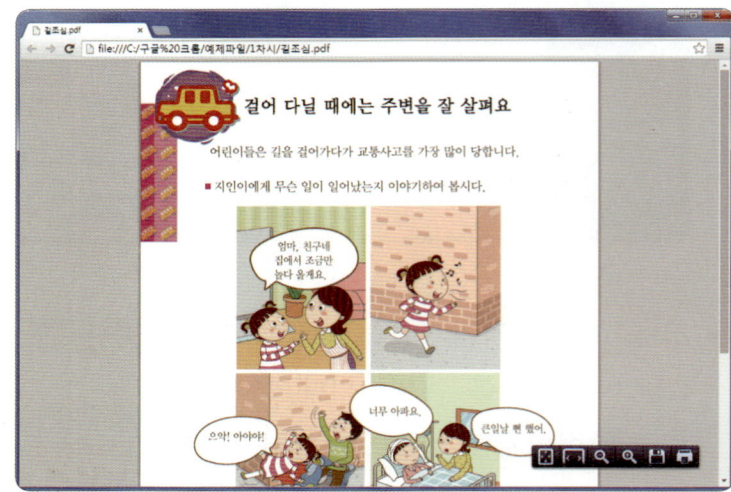

❻ PDF 문서 내용을 자세히 읽고 크롬 브라우저에서 〈 x (닫기)〉 단추를 눌러 창을 닫습니다.

혼자 할 수 있어요!

Google chrome

01 크롬 브라우저를 이용하여 동영상을 보고 빈 칸에 알맞은 내용을 채워 보세요.

• 예제파일 | 안전한 물놀이.mp4   • 완성파일 | 없음

바다의 안전벨트는 ◯◯◯◯◯ 이다.

02 크롬 브라우저를 이용하여 음악을 들어보세요.

• 예제파일 | 키보드송(창밖을보라).mp3   • 완성파일 | 없음

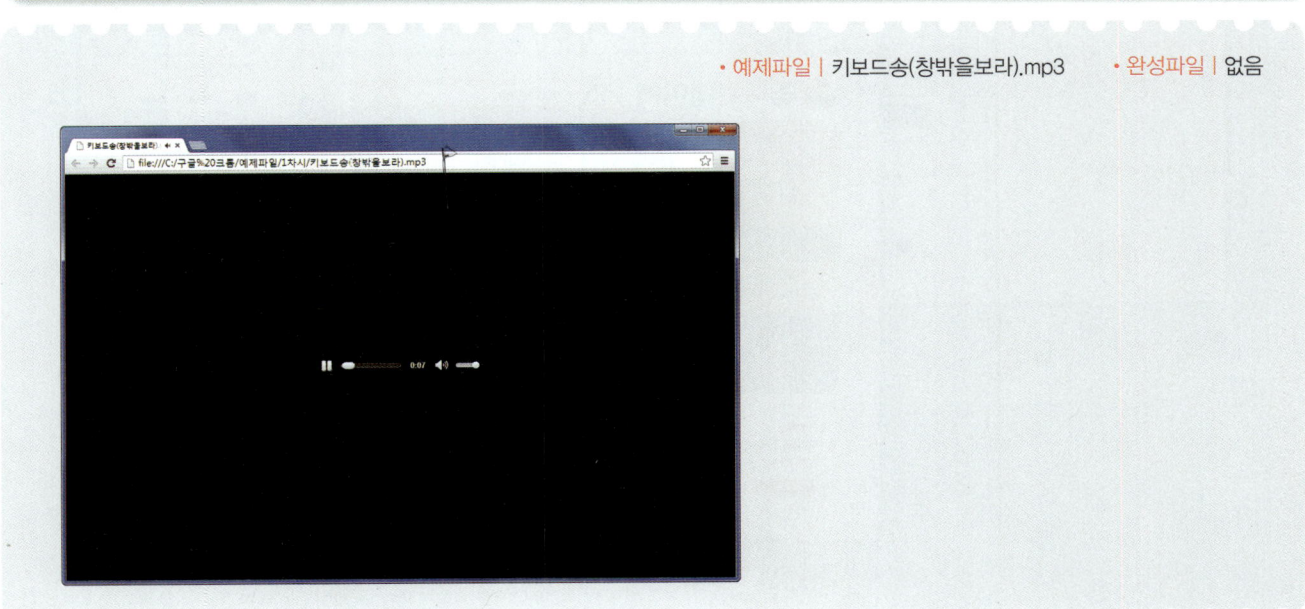

02 CHAPTER 구글 계정 등록과 시작 페이지 설정

- ☑ 스마트폰을 이용하여 구글 계정을 등록할 수 있다.
- ☑ 내 프로필 사진을 설정할 수 있다.
- ☑ 시작 페이지를 설정할 수 있다.

완성파일 미리보기

google chrome

• 예제파일 | 내 프로필.jpg   • 완성파일 | 없음

▲ 로그인

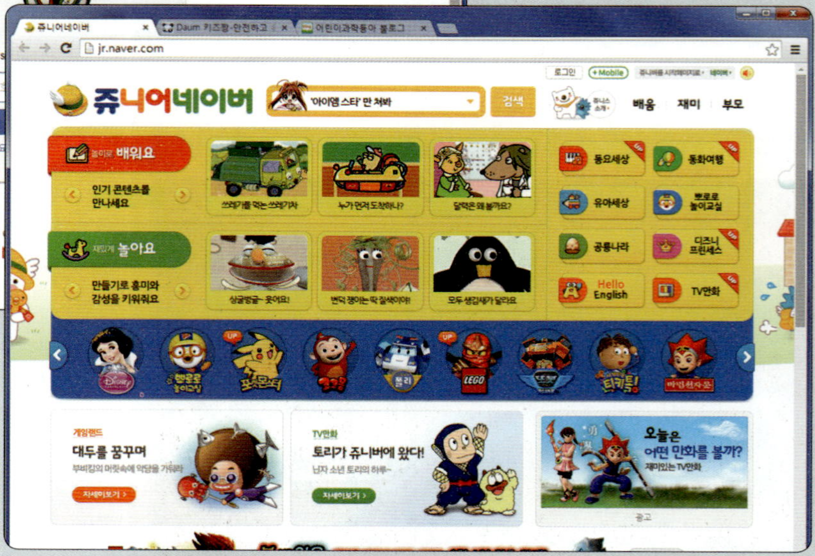

▲ 시작 페이지 설정

01 | 구글 계정 등록하기

컴퓨터나 스마트폰에 구글 크롬을 설치한 후 구글 계정으로 로그인하면 모든 기기에서 내가 설정한 북마크, 테마, 사이트 방문 기록 등을 이용할 수 있습니다.
13세 미만의 어린이 경우 미국의 '어린이 온라인 프라이버시 보호법(COPPA)' 때문에 개인용 컴퓨터(PC)에서는 구글 계정을 만들 수 없기 때문에 스마트폰(안드로이드 운영체제)를 이용하여 구글 계정을 만들어야 합니다.
다음은 스마트폰을 이용하여 새로운 구글 계정을 만드는 방법입니다.

❶ 스마트폰에서 [환경설정]을 실행한 후 [계정]에서 [계정 추가]를 클릭합니다. [계정 추가]에서 [Goggle]을 선택합니다.

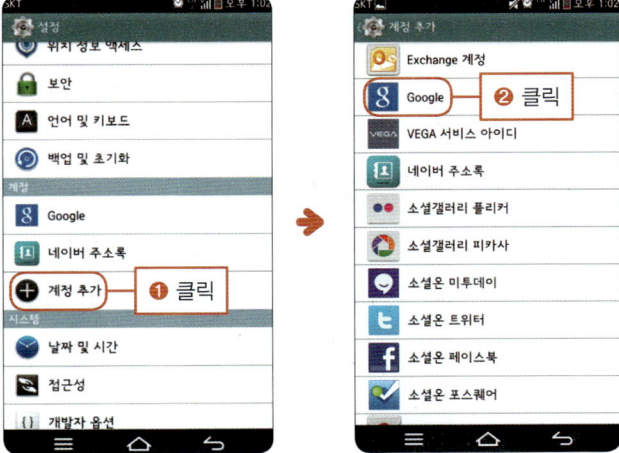

❷ [Googel 계정 추가]에서 [새 계정]을 클릭합니다.

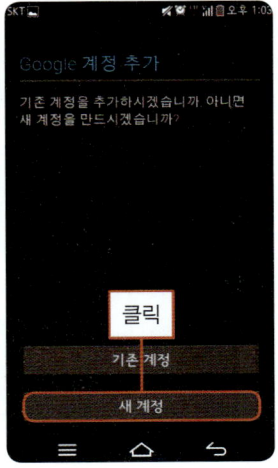

❸ 다음과 같이 성과 이름, 사용자 이름(아이디), 비밀번호 등을 입력하여 새로운 구글 계정을 등록합니다.

02 | 공개 프로필 설정하기

크롬 브라우저에서는 내 프로필에서 내 사진을 내가 원하는 이미지로 설정하거나 변경할 수 있습니다.

❶ 바탕화면에서 크롬 바로 가기 아이콘(　)을 더블 클릭하여 실행합니다. 스마트폰으로 등록한 구글 계정을 입력하고 〈로그인〉 단추를 클릭합니다.

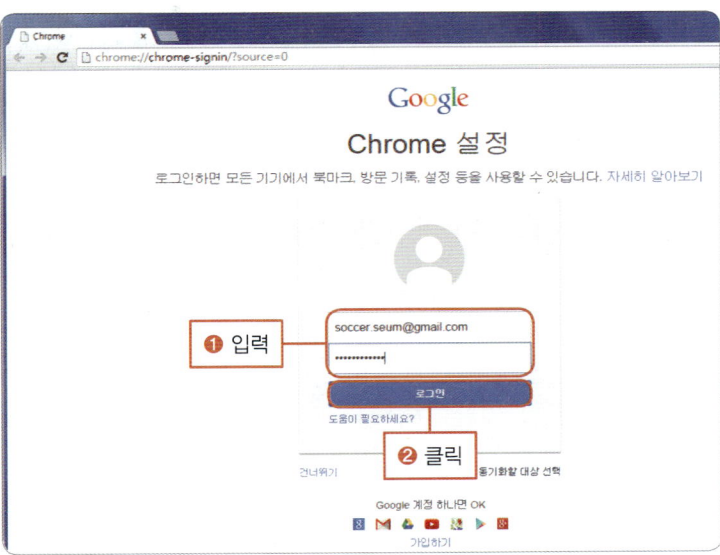

❷ 공개 프로필을 설정하기 위해 '+누구'를 클릭합니다.

❸ 다음과 같이 성별과 생일을 선택한 후 〈업그레이드〉를 클릭합니다.

④ 사용자 추가 부분에서 〈계속〉를 연속 클릭합니다. '선택한 사용자가 없습니다' 창이 표시되면 〈계속하기〉 단추를 클릭합니다.

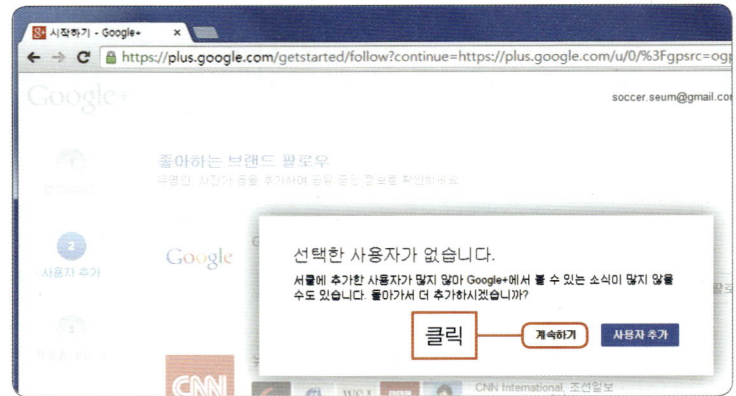

⑤ 프로필에서 '이미지 업로드'를 클릭합니다.

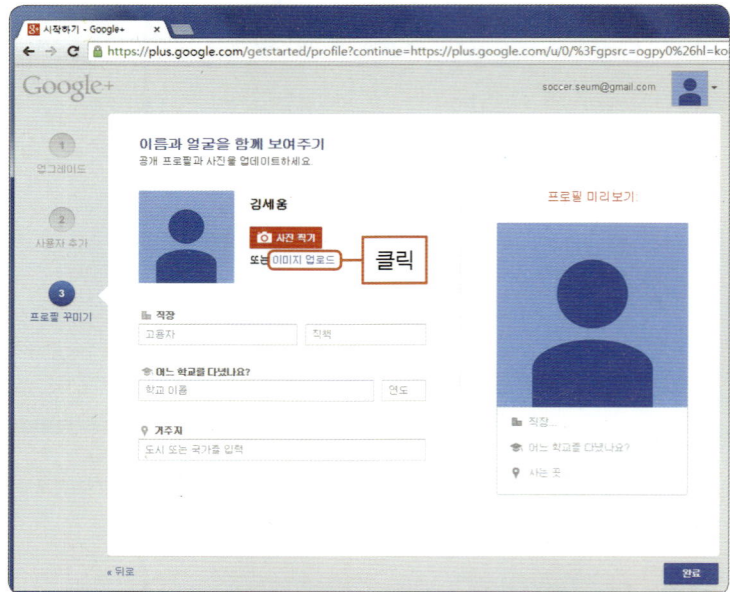

⑥ 〈컴퓨터에서 사진 선택〉를 클릭합니다. [열기] 대화상자에서 '내 프로필([예제파일]-[2차시] 폴더)' 이미지를 선택한 후 〈열기〉 단추를 클릭합니다.

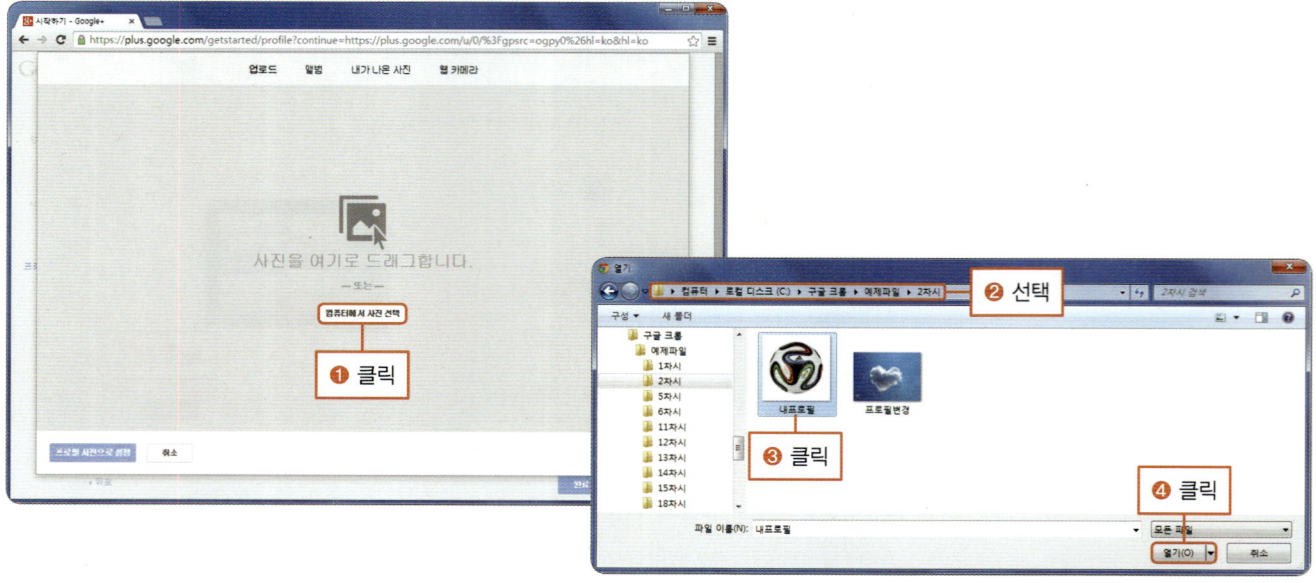

❼ 프로필 사진의 테두리 선 크기를 조절한 후 〈프로필 사진으로 설정〉 단추를 클릭합니다.

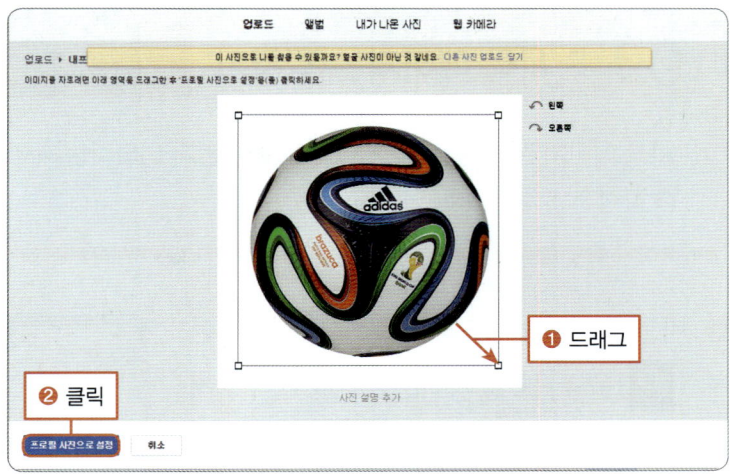

❽ 프로필 사진이 등록된 것을 확인하고 〈완료〉 단추를 클릭합니다.

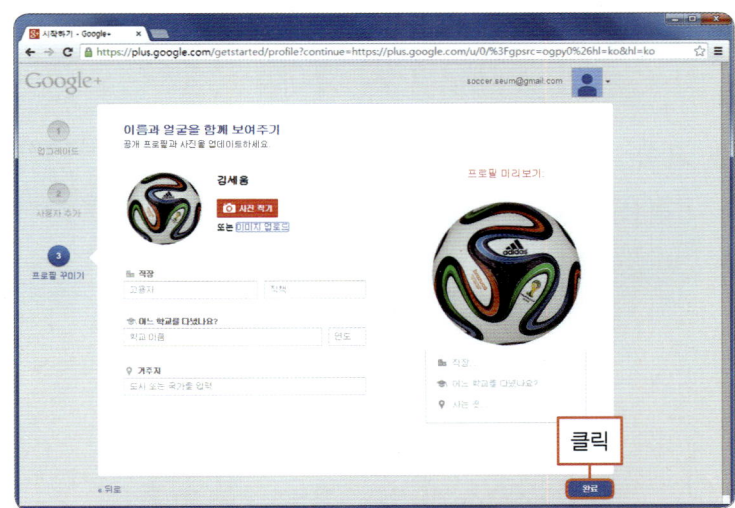

> **TIP** **내 프로필 사진 변경하기**
> 내 프로필 사진을 변경하기 위해 먼저 구글(http://www.google.co.kr) 사이트에 접속합니다. 등록된 내 프로필 사진을 클릭한 후 〈사진 변경〉 단추를 클릭하여 변경합니다
>
>

❾ 크롬 브라우저에서 〈 X (닫기)〉 단추를 눌러 창을 닫습니다.

03 | 시작 페이지 설정하기

'시작 페이지'란 크롬을 실행했을 때 제일 먼저 나타나는 페이지로 사용자가 자주 사용하는 홈페이지를 등록하면 쉽게 이용할 수 있습니다.

❶ 바탕화면에서 크롬 바로 가기 아이콘 ( )을 더블 클릭하여 크롬 브라우저를 실행합니다. 만약 로그인이 되어 있지 않다면 로그인 합니다.

❷ 크롬 브라우저의 주소 입력창에서 [≡(Chrome 맞춤설정 및 제어)]-[설정]을 클릭합니다.

❸ [설정] 탭의 [시작 그룹]에서 [페이지 설정]을 클릭합니다.

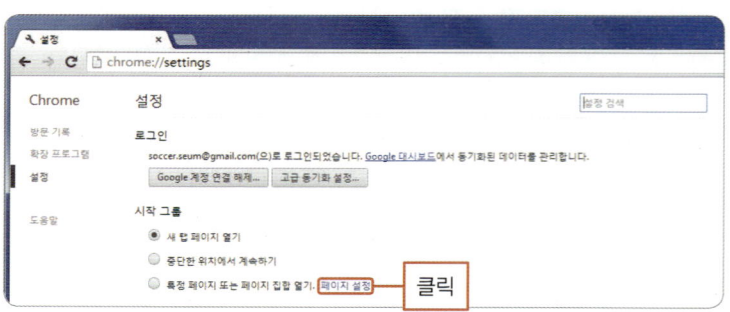

❹ [시작 페이지] 창에서 '새 페이지 추가'에 시작 페이지 주소로 주니어 네이버 URL 'http://jr.naver.com'를 입력하고 Enter 키를 누릅니다. 〈확인〉 단추를 눌러 [시작 페이지] 창을 닫습니다.

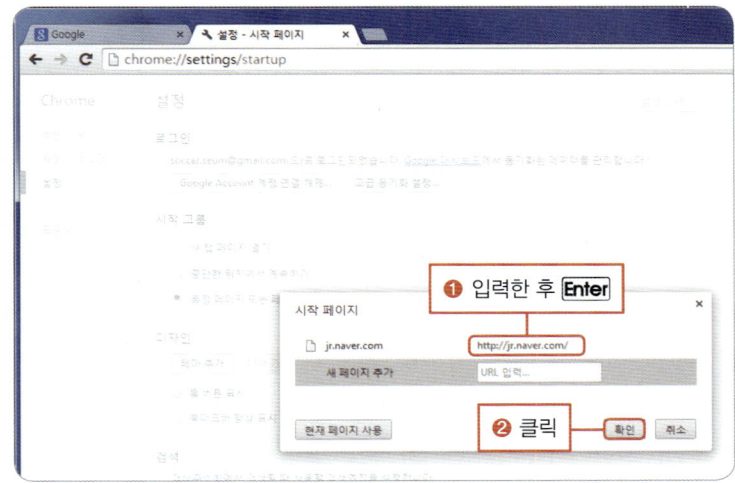

TIP **시작 페이지를 여러 개 설정하기**
크롬에서 시작 페이지를 여러 개 설정하려면 [시작 페이지] 창에서 '새 페이지 추가'에 추가할 시작 페이지 주소를 여러 개 입력하면 됩니다. 다음은 '주니어 네이버(http://jr.naver.com)'와 '다음 키즈짱(http://kids.daum.net/)' 두 개의 URL를 시작 페이지로 설정한 경우입니다.

❺ 크롬 브라우저에서 〈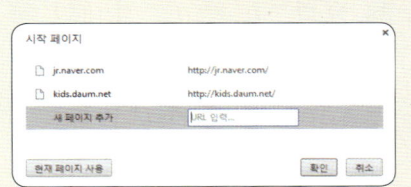(닫기)〉 단추를 눌러 창을 닫습니다.

❻ 바탕화면에서 크롬 바로 가기 아이콘( )을 더블 클릭하여 크롬 브라우저의 시작 페이지가 변경된 것을 확인합니다.

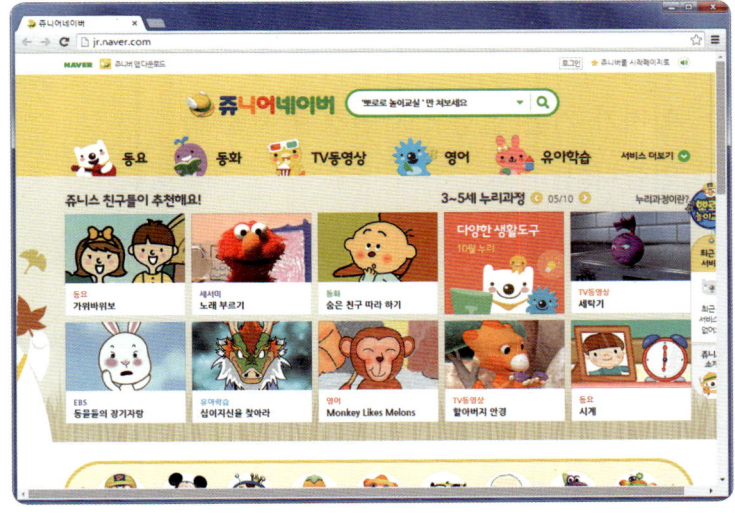

❼ 기본 설정 화면으로 다시 적용하기 위해 크롬 브라우저의 주소 입력창에서 [(Chrome 맞춤설정 및 제어) ≡]-[설정]을 클릭합니다.

❽ [설정] 탭의 [시작 그룹]에서 [새 탭 페이지 열기]을 클릭하여 선택 표시(◉)를 합니다.

❾ 크롬 브라우저에서 〈 ✕ (닫기)〉 단추를 눌러 창을 닫습니다. 바탕화면에서 크롬 바로 가기 아이콘( )을 더블 클릭하여 크롬 브라우저의 시작 페이지가 기본 설정으로 변경된 것을 확인합니다.

❿ 로그아웃을 하기 위해 내 프로필 사진을 클릭한 후 〈로그아웃〉 단추를 클릭합니다.

> **TIP** **로그아웃 하기**
> 로그아웃을 하지 않을 경우 크롬 브라우저는 로그인이 계속 유지되므로 여러 사람이 같이 사용하는 컴퓨터에서 로그인한 경우에는 로그아웃을 반드시 해야 합니다.

혼자 할 수 있어요!

Google chrome

01 내 프로필 사진을 변경해 보세요.

• 예제파일 | 프로필변경.jpg   • 완성파일 | 없음

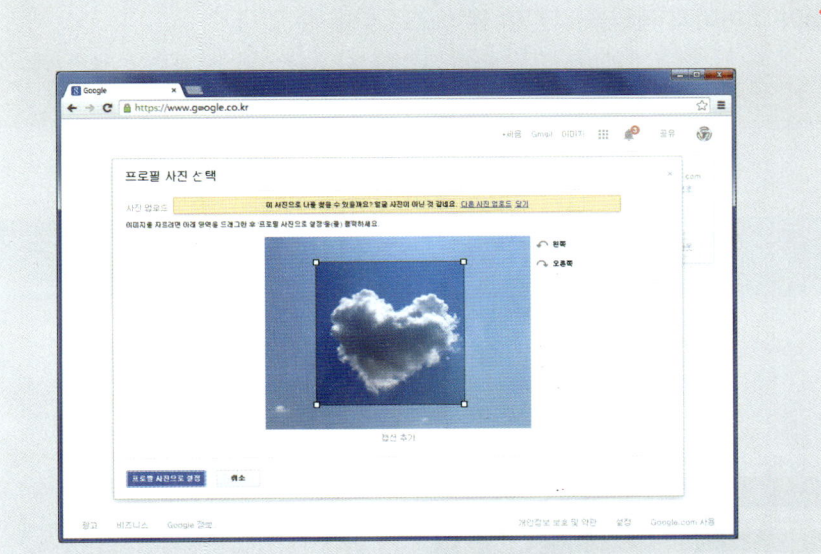

02 다음과 같이 시작 페이지를 변경해 보세요.

• 예제파일 | 없음   • 완성파일 | 없음

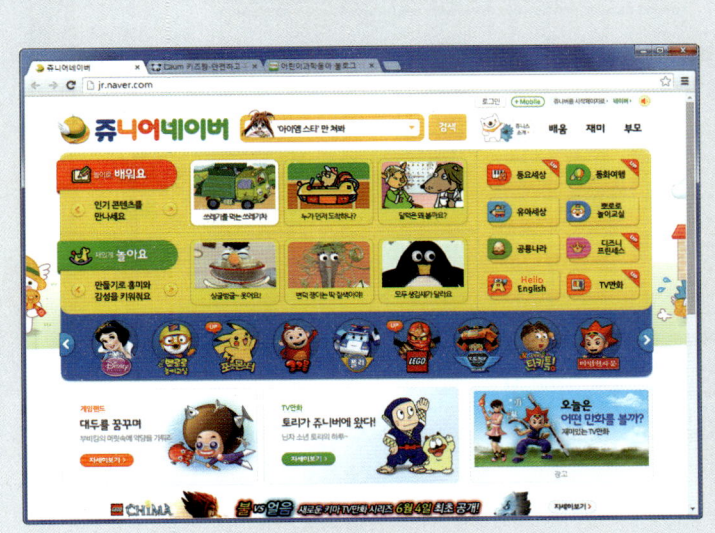

① 여러 개의 시작 페이지 지정 : [시작 페이지] 창에서 '새 페이지 추가'에 입력할 URL 주소 : http://jr.naver.com, http://kids.daum.net, http://ksdsuper.blog.me

② 시작 페이지를 기본 설정으로 변경

03 구글 검색 사용하기

CHAPTER

- ☑ 고급 검색 기능을 이용하여 정확하게 원하는 정보를 찾을 수 있다.
- ☑ 세이프서치 필터 기능을 설정할 수 있다.
- ☑ 문서 파일이나 이미지 파일을 다양한 방법으로 찾을 수 있다.

완성파일 미리보기

google chrome

• 예제파일 | 없음   • 완성파일 | 없음

▲ 고급 검색 기능을 이용한 검색

▲ 문서 파일 검색

01 | 고급 검색 기능 알아보기

구글 검색은 정확하게 원하는 정보를 찾을 수 있도록 고급 검색 기능을 제공합니다.

❶ 바탕화면에서 크롬 바로 가기 아이콘( )을 더블 클릭하여 실행합니다.

❷ [새 탭]에서 ▦(앱)을 클릭하여 [검색 8]를 선택합니다.

❸ 구글 검색 화면이 나타나면 검색어(아시안게임)를 입력하고 Enter 키를 누릅니다.

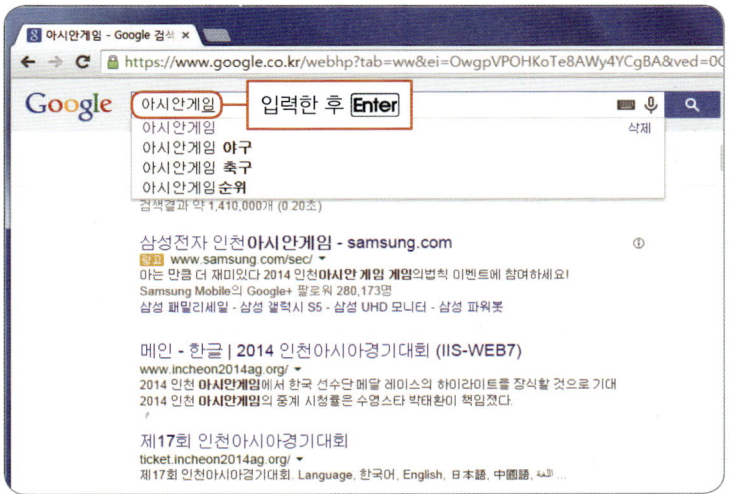

❹ 검색 결과를 확인하고 화면 오른쪽 위에 〈 ✿ (옵션)〉 단추를 클릭하여 [고급검색]을 선택합니다.

03 구글 검색 사용하기 • 25

❺ 고급검색 화면에서 '다음 단어 중 아무거나 포함'-'수영', '다음 단어 제외'-'축구'를 입력하고 Enter 키를 누릅니다.

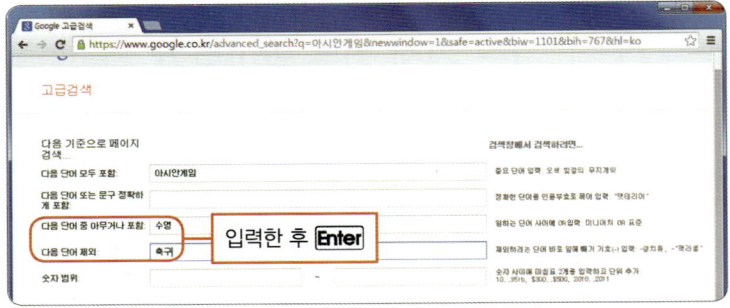

❻ '아시안게임'에서 '수영'을 반드시 포함하고, '축구'를 제외한 검색 결과가 표시된 것을 확인합니다.

02 | 검색 환경설정 알아보기

구글 검색은 성적 콘텐츠를 필터링하는 '세이프서치 필터' 기능과 페이지당 검색결과 개수, 검색결과 여는 창 등을 설정할 수 있습니다.

❶ '아시안게임'에서 '수영'을 반드시 포함하고, '축구'를 제외한 검색 결과 화면 오른쪽 위에서 〈⚙(옵션)〉 단추를 클릭하여 [검색 환경설정]을 선택합니다.

❷ 음란한 콘텐츠를 필터링하는 [세이프서치 필터]에서 [음란물을 필터링합니다.]를 클릭하여 선택 표시를 하고 [세이프서치 잠금 설정]을 클릭합니다.

❸ [비밀번호를 다시 입력하세요] 화면에서 비밀번호를 다시 입력하고 Enter 키를 누릅니다.

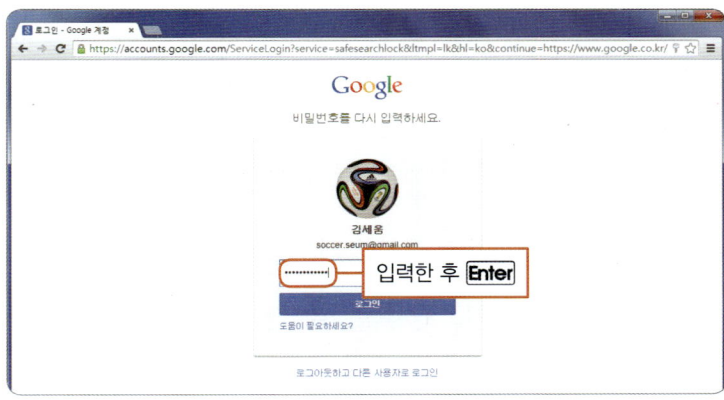

❹ [세이프서치 필터링] 화면에서 〈세이프서치 잠금 설정〉 단추를 클릭하면 '모든 Google 도메인에서 세이프서치를 잠금 설정하는 중..'이라는 메시지가 표시됩니다.

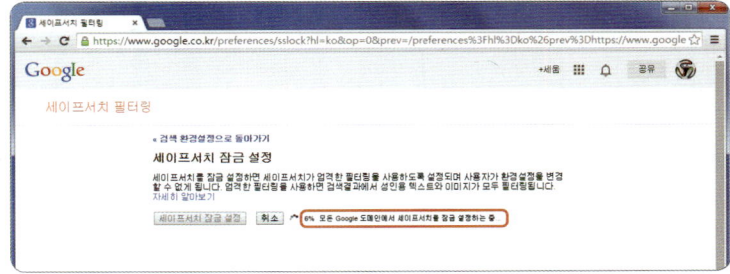

❺ '세이프서치가 부분적으로 잠겼습니다.' 메시지를 확인하고 [검색 환경설정으로 돌아가기]를 클릭합니다.

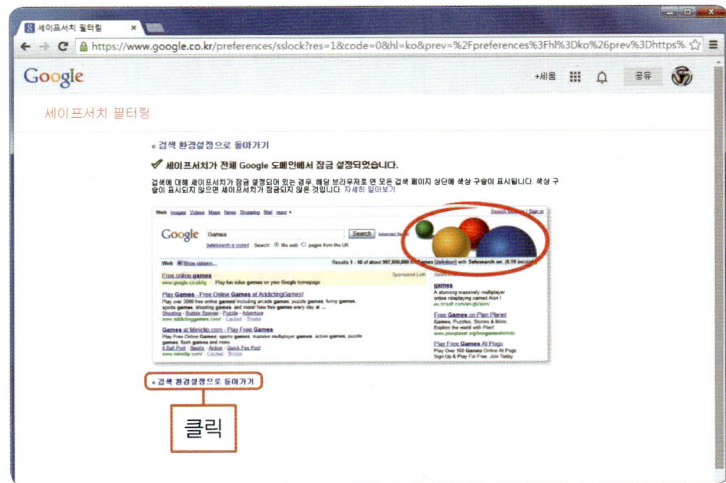

❻ 수직 스크롤 바를 아래로 드래그하여 [검색결과 여는 창]에서 '선택한 검색결과를 새 브라우저 창에서 열기'에 선택 표시가 된 것을 확인하고 〈저장〉 단추를 클릭합니다.

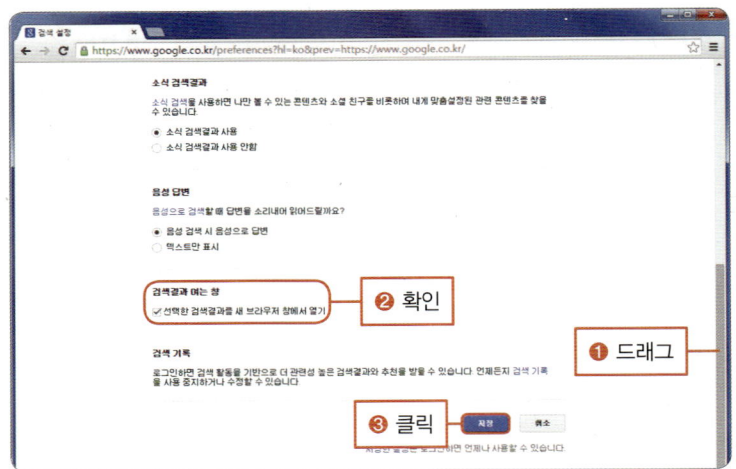

> **TIP** 검색결과 여는 창
> '선택한 검색결과를 새 브라우저 창에서 열기'가 선택 해제된 경우에는 검색 결과를 클릭할 때 마다 현재 브라우저 창에서 열리게 되므로 ←(뒤로)를 눌러야 이전 페이지 내용을 볼 수 있게 되므로 사용하기가 매우 불편합니다.

❼ [환경설정이 저장되어있습니다.] 메시지 창에서 〈확인〉 단추를 클릭합니다.

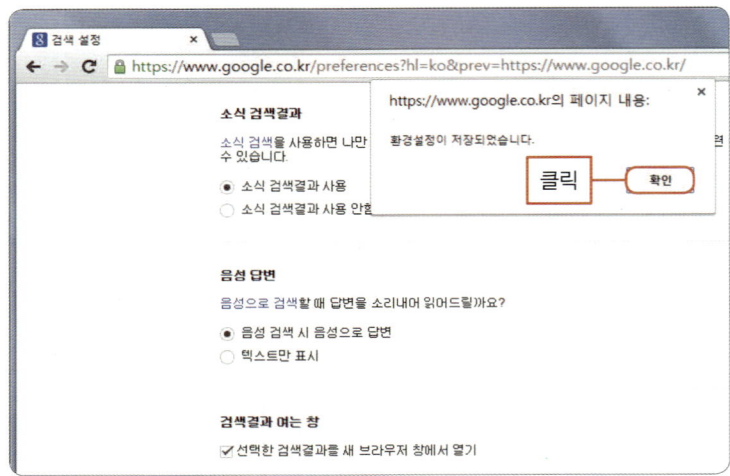

❽ 구글 검색 화면이 나타나면 검색어(자유여신상 미국)를 입력하고 Enter 키를 누릅니다. '세이프서치 잠김' 메시지를 확인합니다. 검색 결과에서 원하는 내용을 클릭합니다.

❾ [새 탭] 형식으로 클릭한 내용이 표시되는 것을 확인합니다.

03 | 문서 파일 및 이미지 검색하기

❶ [자유여신상 미국 - Google 검색] 탭을 클릭합니다. 구글 검색 화면이 나타나면 검색어(filetype:pdf 이순신장군)를 입력하고 Enter 키를 누릅니다. 검색 결과에서 원하는 내용을 클릭합니다.

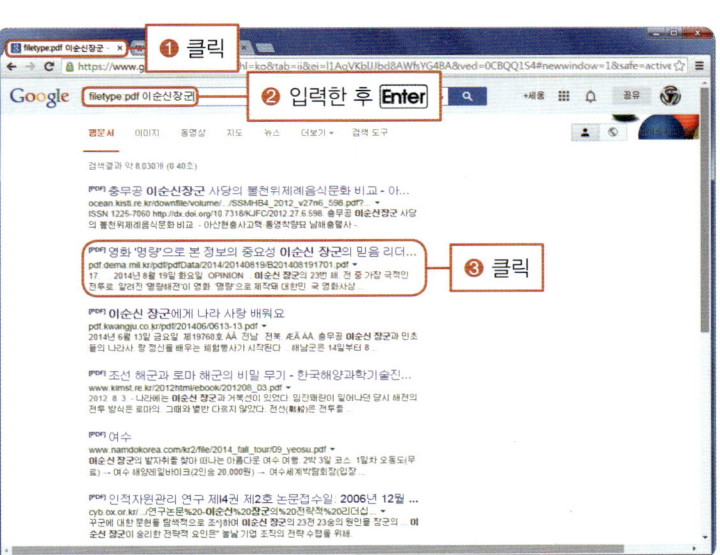

> **TIP 문서 파일 검색하기**
> 구글 검색에서 특정 파일 형식을 갖는 파일을 검색하려면 'filetype:'을 입력한 검색할 파일 형식과 검색어를 입력하면 됩니다.
> [예] 문서 파일 형식에 따른 사용 예
> - filetype:pdf 소래포구 - pdf 형식으로 '소래포구'라는 파일명이 가진 파일을 검색합니다.
> - filetype:docx 소래포구 - docx(MS 워드) 형식으로 '소래포구'라는 파일명이 가진 파일을 검색합니다.
> - filetype:pptx 소래포구 - pptx(MS 파워포인트) 형식으로 '소래포구'라는 파일명이 가진 파일을 검색합니다.
> - filetype:xlsx 소래포구 - xlsx(MS 파워포인트) 형식으로 '소래포구'라는 파일명이 가진 파일을 검색합니다.
> - filetype:hwp 소래포구 - hwp 형식으로 '소래포구'라는 파일명이 가진 파일을 검색합니다.

❷ [새 탭] 형식으로 표시된 PDF 문서 내용을 확인합니다.

❸ [filetype:pdf 이순신장군 - Google 검색] 탭을 클릭합니다. 구글 검색 화면이 나타나면 검색 결과에서 [이미지]를 클릭합니다.

❹ [검색 도구]를 클릭한 후 [유형]-[클립아트]를 선택합니다.

❺ 검색 결과에서 이미지 유형이 클립아트로 검색된 것을 확인합니다.

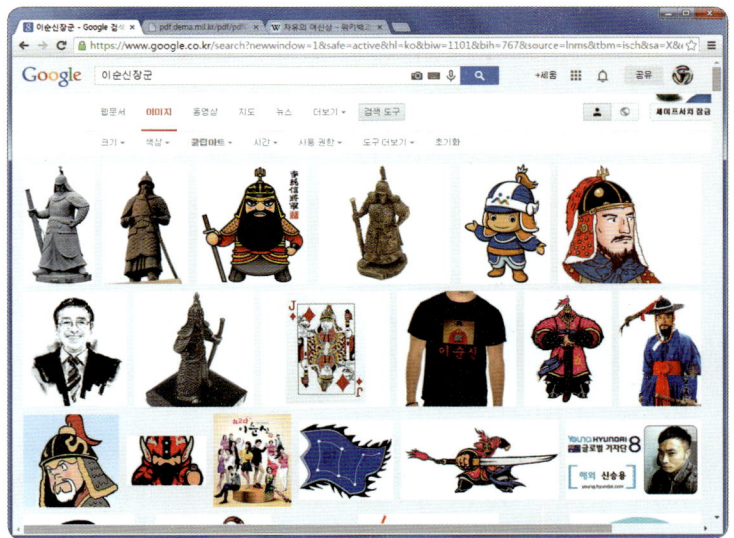

❻ [크기]-[중간 사이즈]를 선택합니다.

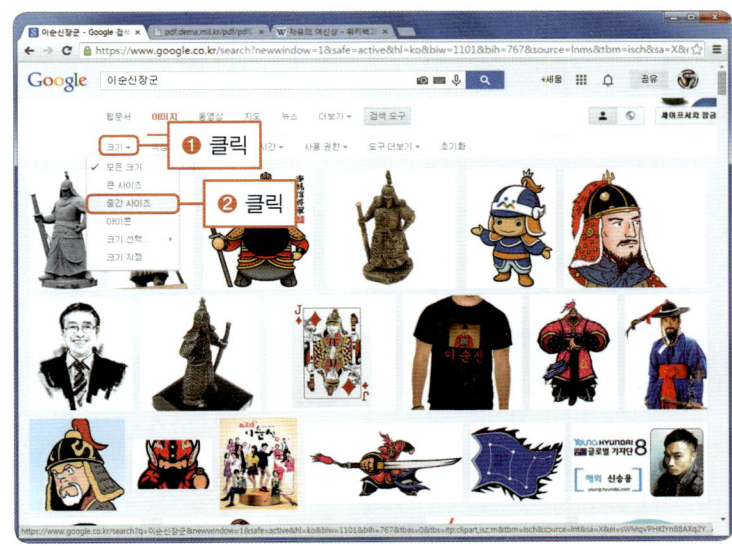

❼ 검색 결과가 변경된 것을 확인합니다.

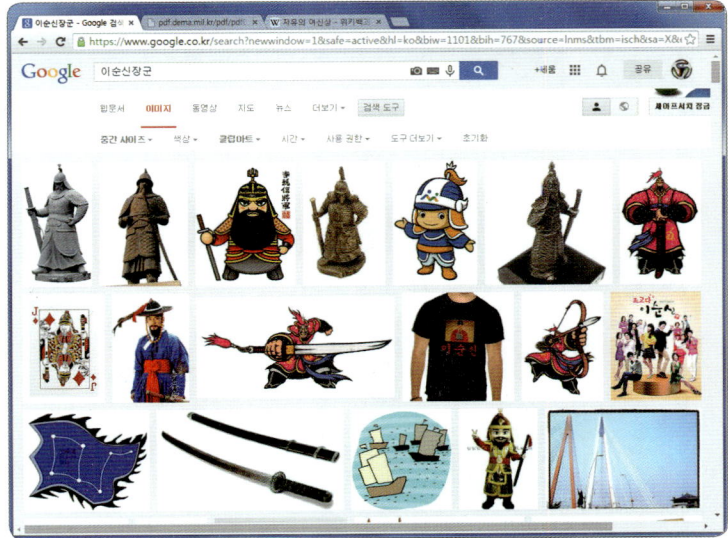

혼자 할 수 있어요!

Google chrome

01 구글 검색에서 hwp 형식으로 된 '세계전통놀이' 파일을 검색 다운로드해 보세요.

❶ 'filetype:hwp 세계전통놀이'로 검색   • 예제파일 | 없음   • 완성파일 | 없음

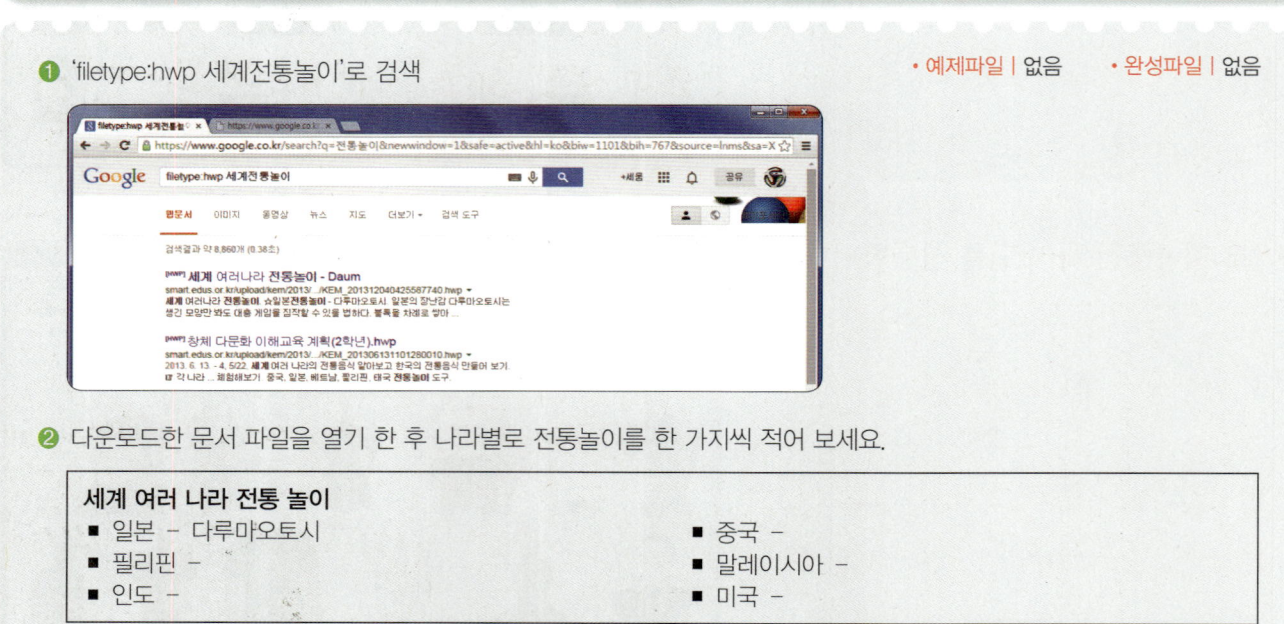

❷ 다운로드한 문서 파일을 열기 한 후 나라별로 전통놀이를 한 가지씩 적어 보세요.

세계 여러 나라 전통 놀이	
■ 일본 - 다루마오토시	■ 중국 -
■ 필리핀 -	■ 말레이시아 -
■ 인도 -	■ 미국 -

02 구글 검색에서 노란색의 '단풍' 이미지만 검색해 보세요.

• 예제파일 | 없음   • 완성파일 | 없음

메모 MEMO

04 CHAPTER Gmail 설정하기

☑ 메일에 나만의 서명을 추가하여 메일을 보낼 수 있다.
☑ Gmail의 테마를 변경할 수 있다.

 완성파일 미리보기

google chrome

• 예제파일 | 없음   • 완성파일 | 없음

▲ Gmail 테마 설정

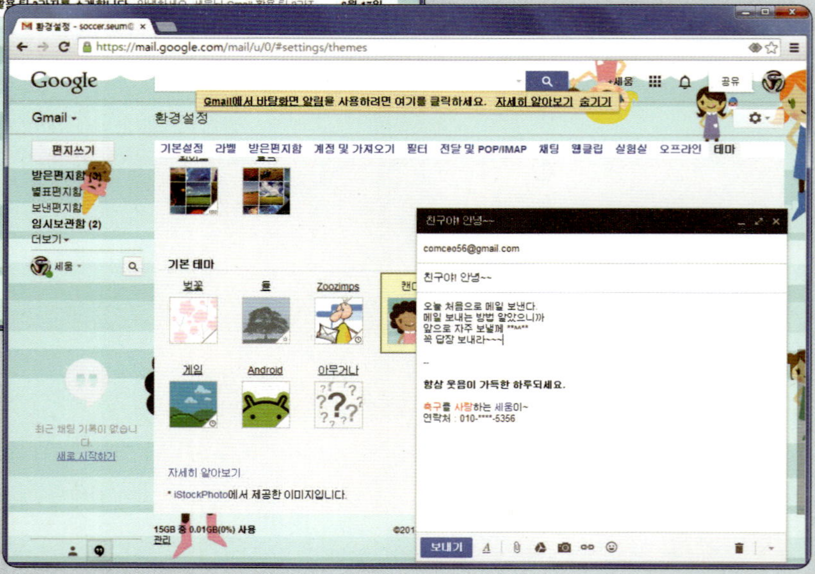

▲ 메일 보내기

01 | Gmail 서명 설정하기

서명은 전자 메일을 보낼 때 메일 내용 끝에 보내는 사람의 이름이나 소속, 주소, 전화번호 등의 간단한 메시지를 자동으로 추가하는 기능입니다.

❶ 바탕화면에서 크롬 바로 가기 아이콘( )을 더블 클릭하여 실행합니다. [새 탭]에서 오른쪽 위 [Gmail]을 클릭합니다.

❷ 자동으로 표시된 [받은편지함] 탭에서 오른쪽 위   (환경설정)에서 를 눌러 [환경 설정]을 클릭합니다.

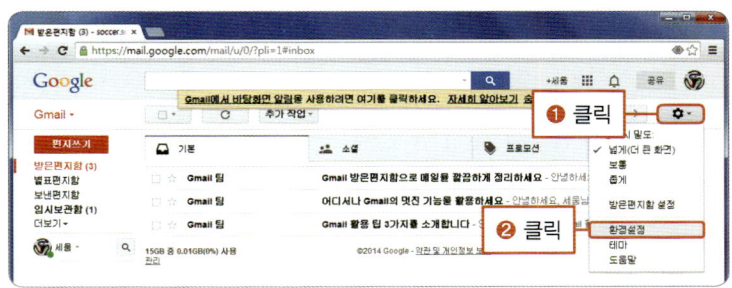

❸ 수직 스크롤바를 아래쪽으로 드래그하여 [서명:] 항목에서 다음과 같이 서명 내용을 입력합니다.

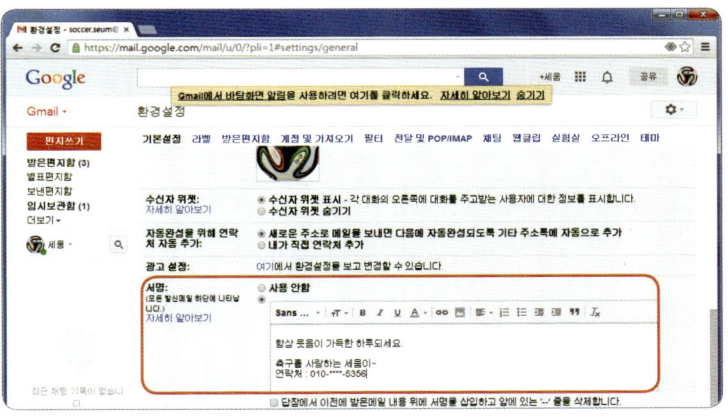

❹ 텍스트를 드래그하여 블록 지정하여 도구 상자에서 (굵게), (텍스트 색상)를 클릭하여 수정합니다.

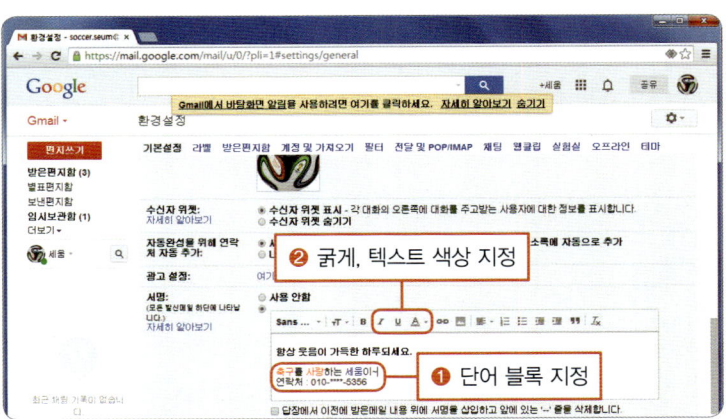

04 Gmail 설정하기 • 35

❺ 수직 스크롤바를 아래쪽으로 드래그하여 〈변경사항 저장〉 단추를 클릭합니다.

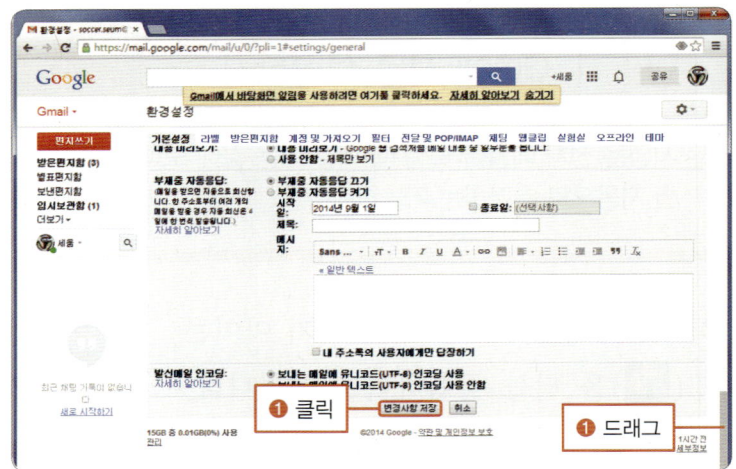

02 | 나만의 Gmail 테마 설정하기

❶ [환경설정] 탭에서 오른쪽 위 ⚙▼ (환경설정)에서 ▾를 눌러 [테마]를 클릭합니다.

❷ Gmail 테마는 기본적으로 [색상 테마]에 있는 [화이트]로 설정되어 있습니다.

❸ 수직 스크롤바를 아래쪽으로 드래그하여 [기본 테마]에서 원하는 테마(캔디)를 클릭하여 테마가 변경되는 것을 확인합니다.

36 • Part 01 크롬 브라우저 활용하기

03 | 메일 발송하기

❶ 친구에게 메일을 쓰기 위해 〈편지쓰기〉 단추를 클릭합니다.

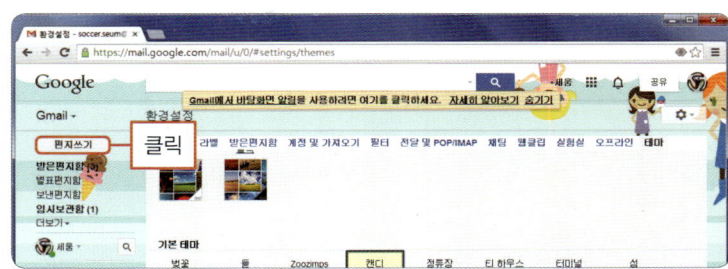

❷ 다음과 같이 [새 메일] 창에 받을 사람 메일 주소와 제목, 내용을 입력하고 〈보내기〉 단추를 클릭합니다.

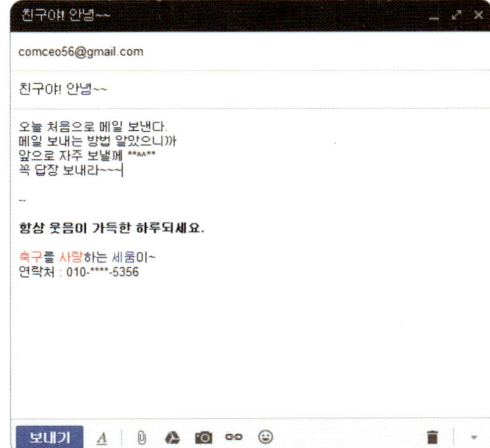

★ 친구의 메일 주소를 미리 알아두면 좋아요.

> **TIP** [새 메일] 창 구성 알아보기
> ❶ 서식 지정 옵션 : 글꼴이나 글꼴 모양(굵게, 텍스트 색상 등), 들여쓰기 등을 지정합니다.
> ❷ 파일 첨부 : 내 컴퓨터에 있는 파일을 삽입합니다.
> ❸ 드라이브에 저장된 파일 : Google 드라이브에 저장된 파일을 삽입합니다.
> ❹ 사진 삽입 : 이미지를 메일 본문에 삽입하거나 파일로 첨부하여 삽입합니다.
> ❺ 링크 삽입 : 웹 주소나 이메일 주소를 메일 본문에 삽입합니다.
> ❻ 이모티콘 삽입 : 다양한 이모티콘을 선택하여 삽입합니다.
> ❼ 임시보관 메일 삭제 : 작성중인 메일을 삭제합니다.
> ❽ 옵션 더보기 : 메일 내용을 인쇄하거나 라벨, 맞춤법 검사, 전체화면을 기본 등을 선택합니다.

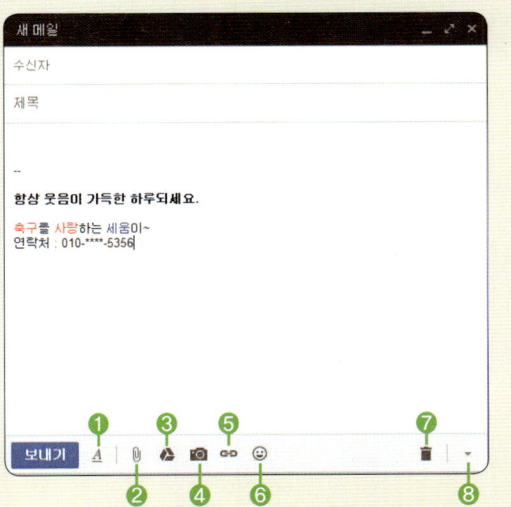

❸ 메일이 전송되었다는 메시지를 확인하고 '메일 보기'를 클릭합니다.

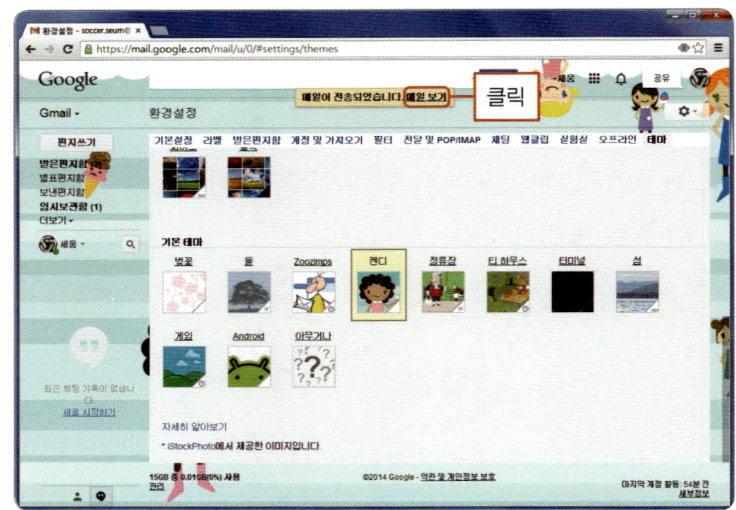

❹ [보낸편지함]에 있는 보낸 메일의 내용을 확인할 수 있습니다.

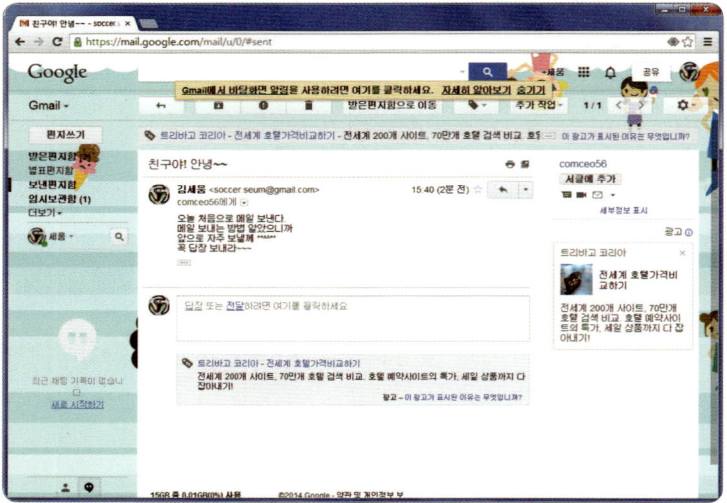

혼자 할 수 있어요!

Google chrome

01 Gmail 테마를 변경해 보세요.

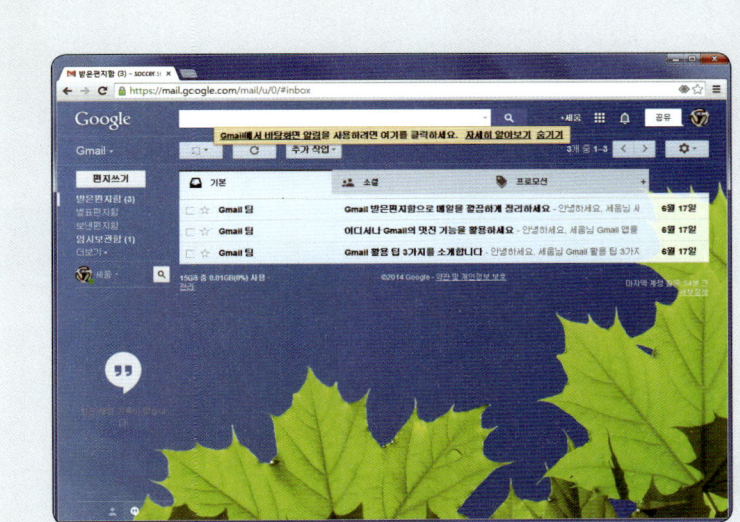

• 예제파일 | 없음   • 완성파일 | 없음

• 'HD 테마'에서 '나무' 선택

02 다음과 같이 이모티콘을 이용하여 메일을 작성한 후 파일 첨부하여 친구에게 보내 보세요.

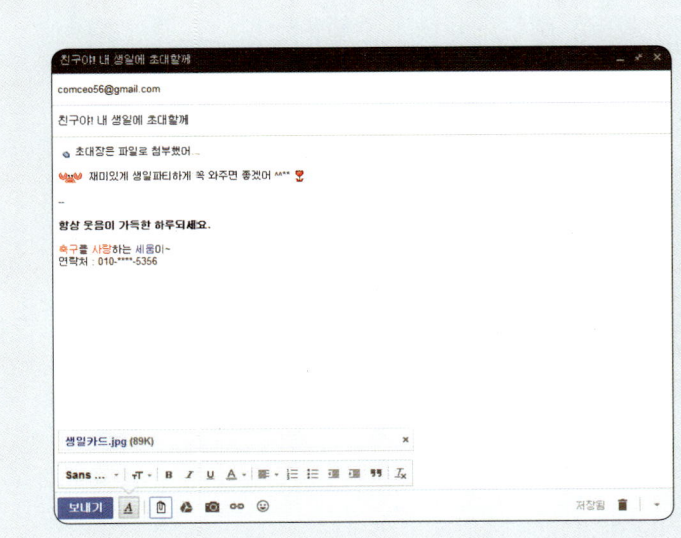

• 예제파일 | 없음   • 완성파일 | 없음

• 첨부파일 : 생일카드.jpg

05 CHAPTER 자동 번역 기능 사용하기

☑ 자동 번역 기능을 설정하거나 해제할 수 있다.
☑ 번역 기능을 이용하여 외국어로 작성된 웹페이지에 접속하여 다양한 정보를 확인할 수 있다.

완성파일 미리보기

google chrome

• 예제파일 | 없음   • 완성파일 | 없음

▲ 자동 번역

01 | 자동 번역 기능 설정 확인하기

크롬 브라우저를 이용하여 외국어로 작성된 웹페이지에 접속하면 언어를 자동으로 인식하여 번역바가 자동으로 표시되어 번역 여부를 묻습니다. 기본적으로 번역 기능이 제공되는 언어는 영어이며, [언어 관리]를 이용하여 번역 기능에 사용할 언어를 추가할 수 있습니다.

❶ 바탕화면에서 크롬 바로 가기 아이콘( )을 더블 클릭하여 실행합니다.

❷ 주소 입력창에서 [≡(Chrome 맞춤설정 및 제어)]-[설정]을 클릭합니다.

❸ [설정] 항목에서 더 많은 기능을 보기 위해 수직 스크롤 바를 드래그한 후 **[고급 설정 표시]**를 클릭합니다.

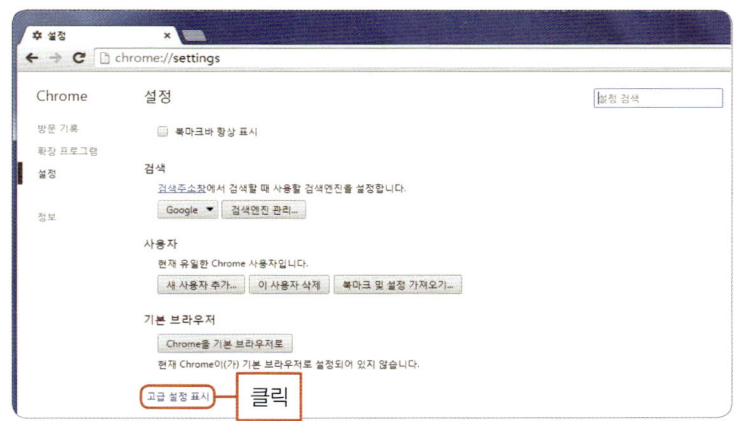

❹ 수직 스크롤 바를 드래그 한 후 [언어]에서 '사용 언어가 다른 페이지에 대한 번역 옵션 제공'이 체크 표시를 되어 있는지 확인합니다. 만약 '사용 언어가 다른 페이지에 대한 번역 옵션 제공'에 체크 표시가 되어 있지 않다면 클릭하여 체크 표시를 해야 자동 번역 기능을 제공합니다.

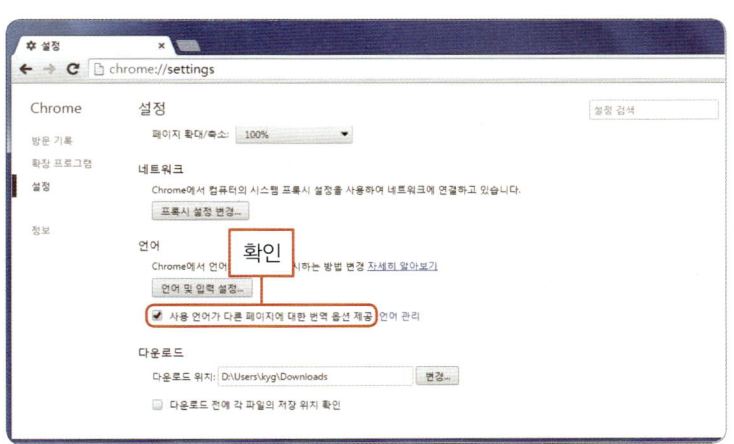

02 | 자동 번역 기능 이용하기

크롬 브라우저를 이용하여 외국어로 작성된 웹페이지에 접속하면 자동적으로 웹페이지가 번역되어 표시됩니다. 만약 영문 페이지로 내용을 확인하려면 주소 입력창 오른쪽 아래 메시지 창에서 〈원본 보기〉 단추를 클릭하면 됩니다.

❶ (새 탭)을 클릭합니다. [새 탭]의 주소 입력창에 '디즈니랜드'를 입력하고 Enter 키를 누릅니다.

❷ 검색 결과에서 'Disneyland Park'를 클릭합니다.

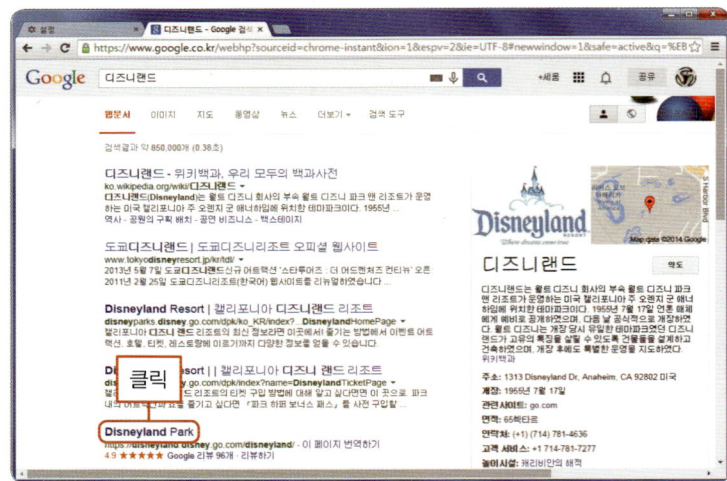

❸ 주소 표시줄 오른쪽 아래 '이 페이지를 번역하시겠습니까?' 메시지 창에서 〈번역〉 단추를 클릭합니다.

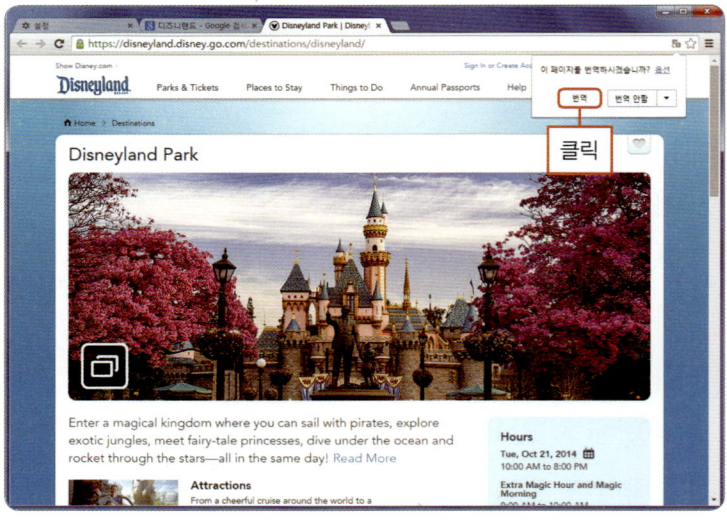

④ 한글로 웹페이지 내용이 변경된 것을 확인합니다. 영문 웹페이지의 내용을 보기 위해 '페이지가 번역되었습니다.' 메시지 창에서 〈원본 보기〉 단추를 클릭합니다.

> **TIP 원본 보기**
> 만약 주소 입력창 오른쪽 아래 메시지 창이 사라진 경우에는 주소 입력창의 오른쪽 끝에 🗺(이 페이지 번역하기)를 클릭한 후 〈원본 보기〉 단추를 클릭하면 영문 페이지를 볼 수 있습니다.
>
>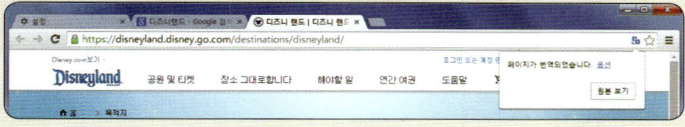

⑤ 영문으로 웹페이지 내용이 변경된 것을 확인합니다.

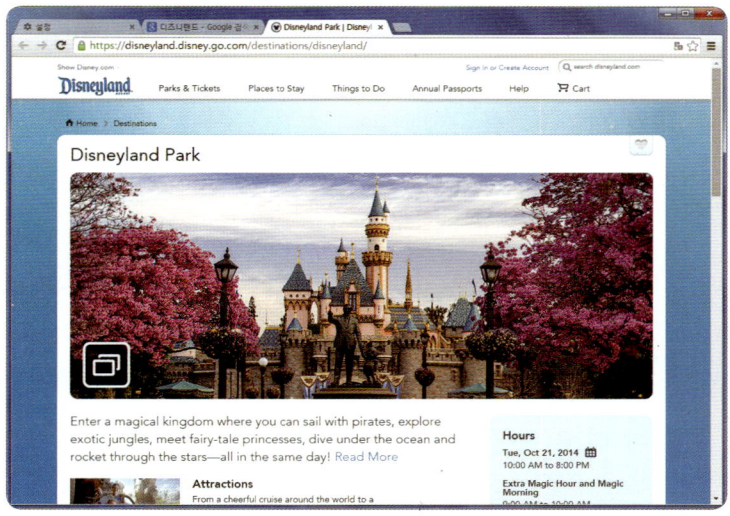

05 자동 번역 기능 사용하기 • **43**

⑥ 주소 입력창의 오른쪽 끝에 ■(이 페이지 번역하기)를 클릭하여 〈옵션〉을 클릭합니다.

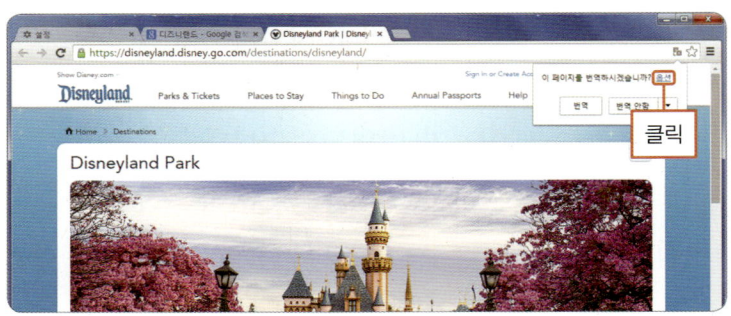

⑦ 영문 웹페이지에 접속하면 자동 번역이 되도록 '항상 번역'을 클릭하여 선택 표시를 하고 〈번역〉 단추를 클릭합니다.

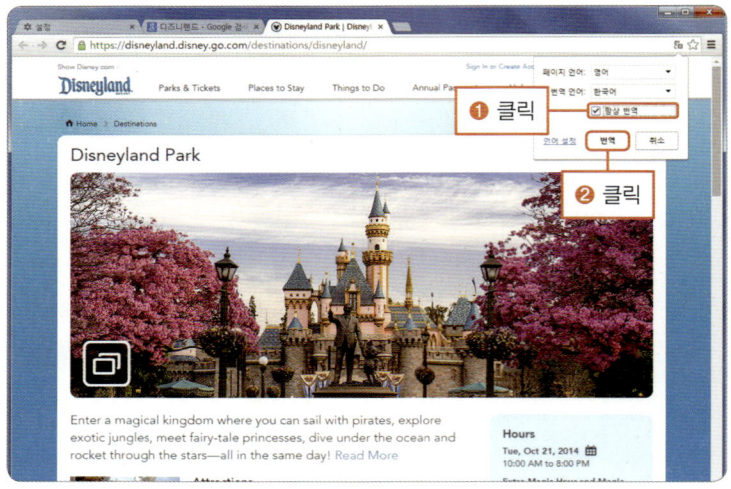

⑧ 디즈니랜드의 테마 파크 티켓 요금을 알아보기 위해 **[공원 및 티켓]-[티켓-공원 티켓]**를 클릭합니다.

⑨ 자동 번역된 내용에서 일 수별을 선택하여 티켓 요금을 확인합니다.

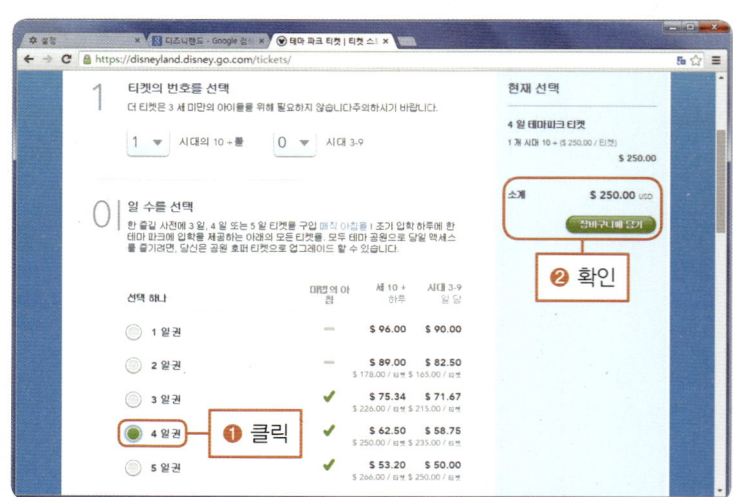

혼자 할 수 있어요!

Google chrome

01 미국 자연사 박물관(http://www.amnh.org/) 홈페이지에 접속하여 현재 전시중인 전시회를 적어 보세요.

• 예제파일 | 없음   • 완성파일 | 없음

현재 전시회

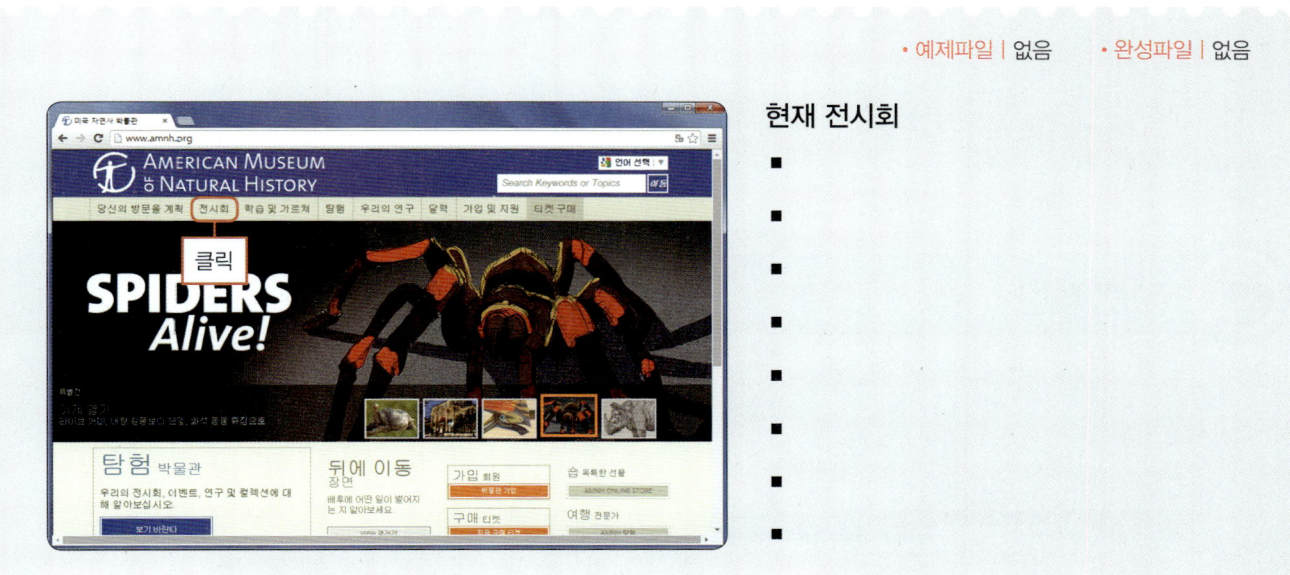

02 디스커버리 키즈(http://discoverykids.com/) 홈페이지에 접속하여 관심있는 영화를 감상해 보세요.

• 예제파일 | 없음   • 완성파일 | 없음

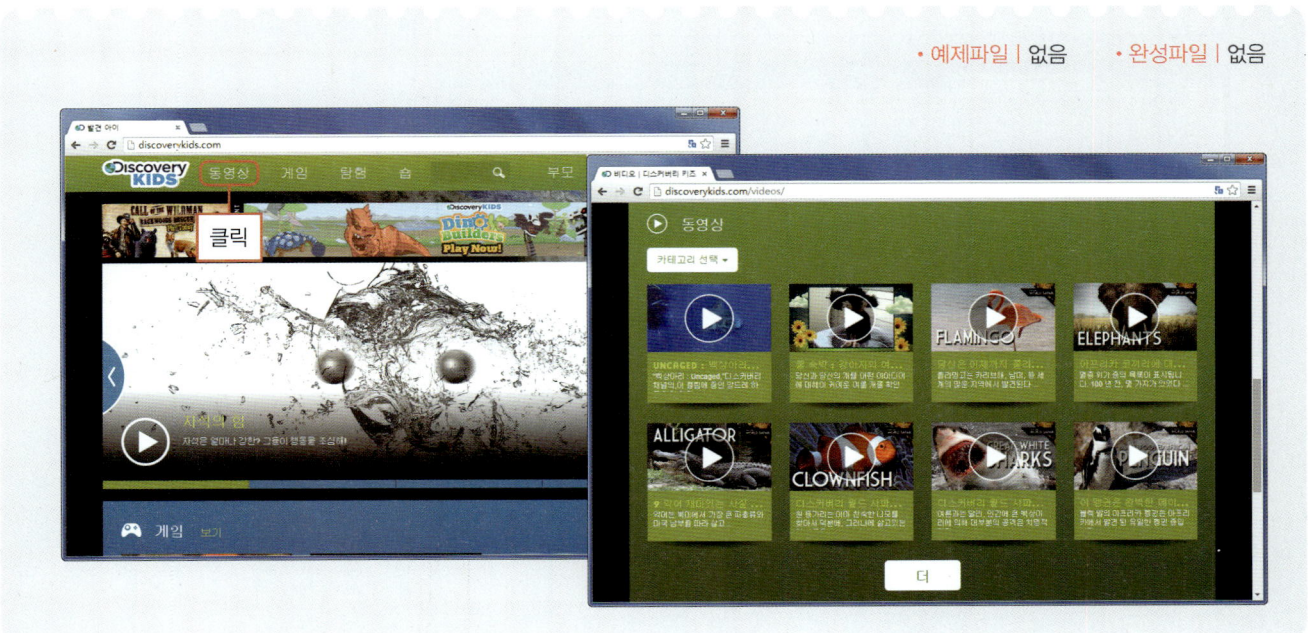

06 CHAPTER 구글 번역 사이트 이용하기

☑ 구글 번역 사이트를 이용하여 한국어를 다른 나라 언어로 번역할 수 있다.
☑ 구글 번역 사이트를 이용하여 다른 나라 언어를 한국어로 번역할 수 있다.

완성파일 미리보기

google chrome

• 예제파일 | 번역해보기.txt   • 완성파일 | 없음

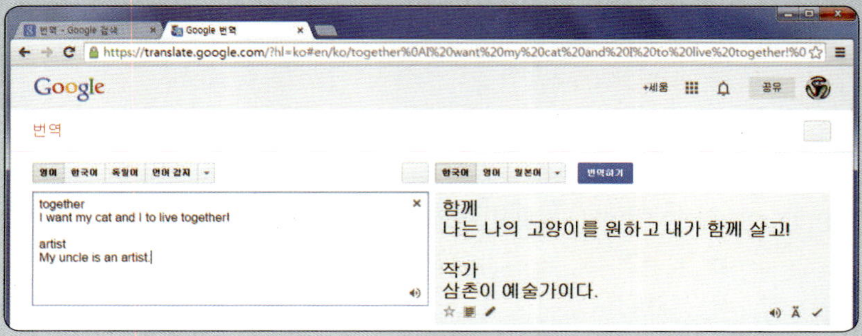

◀ 영어를 한국어로 번역

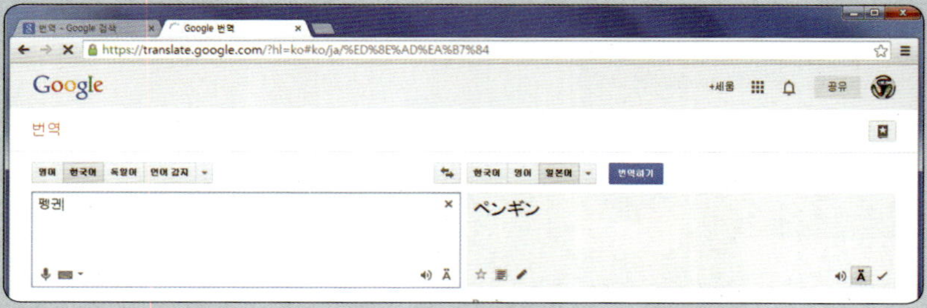

◀ 한국어를 일본어로 번역

◀ 한국어를 프랑스어로 번역

01 | 영어를 한국어로 번역하기

구글 번역기는 무료 서비스로 80여 개의 나라의 언어가 번역 가능합니다. 구글 번역기는 기계 번역 시스템으로 영어에서 한국어로 한국어에서 영어로 번역할 때 단어나 문맥이 이상하게 나오는 등 자연스럽게 번역되는 경우가 있습니다.

❶ 바탕화면에서 크롬 바로 가기 아이콘(   )을 더블 클릭하여 실행합니다.

❷ 주소 입력창에 '번역'을 입력하고 Enter 키를 누릅니다.

❸ 검색 결과에서 'Google 번역'를 클릭합니다.

❹ 번역 페이지에서 왼쪽 번역할 내용을 입력하는 창에 'favorite'을 입력하고 오른쪽 번역된 내용을 확인하는 창에서 번역 내용을 확인합니다.

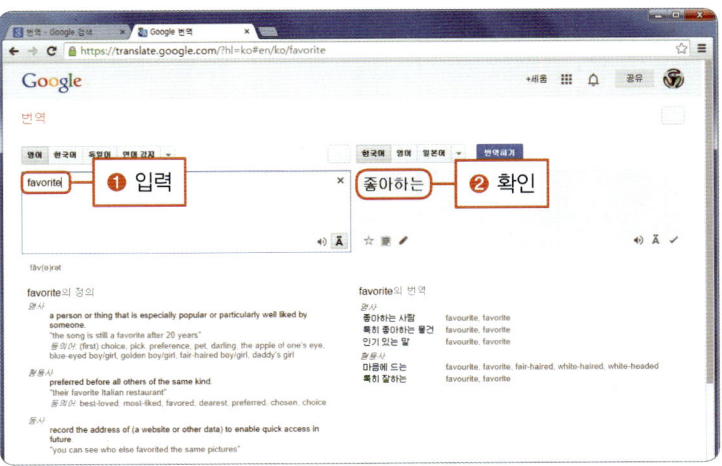

TIP 번역된 외국어 듣기
한국어를 영어나 일본어 등 외국어로 번역한 경우를 ◉(듣기)클릭하면 어떻게 읽는지 들을 수 있습니다.

❺ Enter 키를 누릅니다. 번역할 문장 'My favorite subject is English'를 입력하고 번역 내용을 확인합니다.

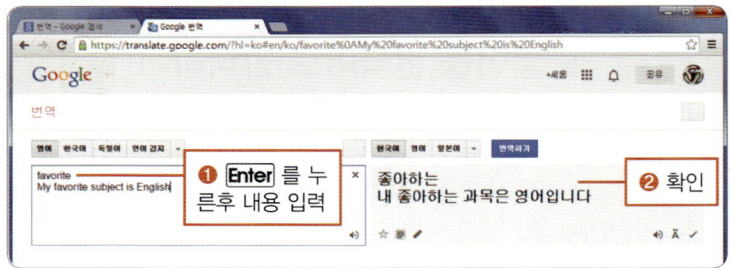

❻ 바탕화면에서 컴퓨터(　)를 실행하여 [예제파일]-[6차시] 폴더에서 '번역해보기.txt' 파일을 더블 클릭합니다.

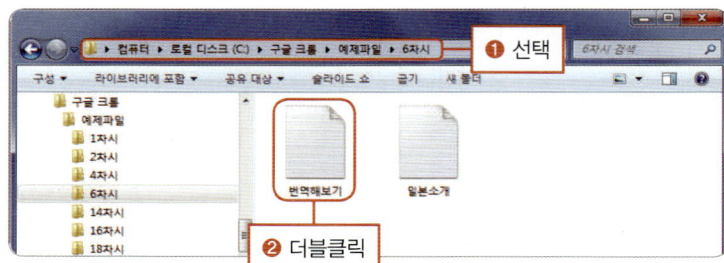

❼ 메모장에서 전체 내용을 블록 지정한 후 Ctrl + C 키를 눌러 복사합니다.

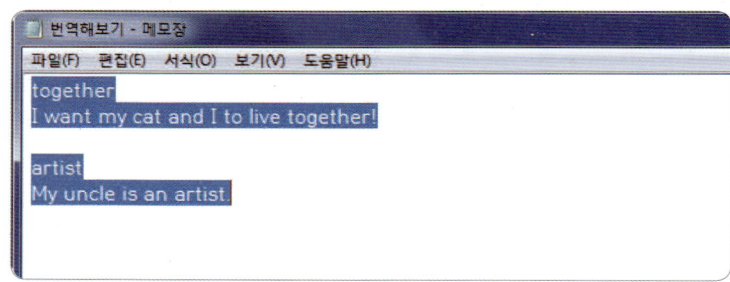

❽ 크롬 브라우저의 [Google 번역] 탭에서 다음과 같이 Ctrl + V 키를 눌러 붙여넣기합니다. 번역된 내용을 확인합니다.

02 | 한국어를 다른 나라 언어로 번역하기

❶ [Google 번역] 탭에서 왼쪽 번역할 내용을 입력하는 창에 '펭귄'를 입력합니다.

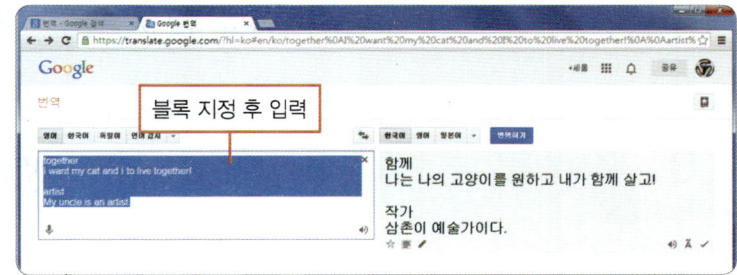

❷ 한국어를 영어로 변환하기 위해 〈 ⇄ (언어 전환)〉 단추를 클릭합니다.

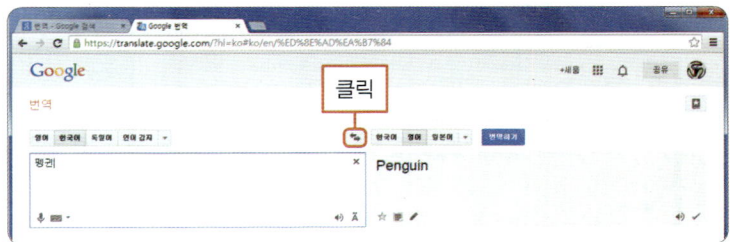

❸ 한국어를 일본어로 번역하기 위해 오른쪽 번역된 내용을 확인하는 창에서 〈일본어〉 단추를 클릭합니다.

❹ 한국어를 프랑스어로 번역하기 위해 오른쪽 번역된 내용을 확인하는 창에서 ▼를 눌러 [프랑스]를 선택합니다.

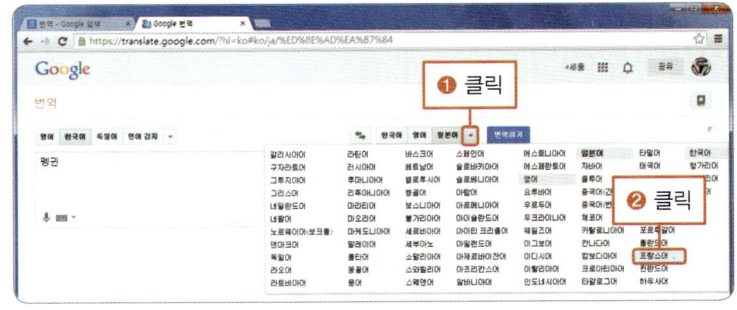

❺ 프랑스어로 번역된 것을 확인합니다.

혼자 할 수 있어요!

Google chrome

01 일본어로 작성된 내용을 한국어로 번역한 후 적어 보세요.

• 예제파일 | 일본소개.txt　• 완성파일 | 없음

- 메모장을 실행하여 '일본소개.txt' 파일을 불러온 후 복사

번역된 내용을 적어보세요.

02 한국어로 작성된 내용을 영어로 번역한 후 적어보세요.

• 예제파일 | 없음   • 완성파일 | 없음

❶ 서울랜드 홈페이지(www.seoulland.co.kr)에 접속
❷ [즐거운 상상]-[연간축제안내]-[할로윈페스티벌] 내용 블록 지정한 후 복사

번역된 내용을 적어보세요.

07 구글+ 사용하기(1)

CHAPTER

- ✓ 구글+를 사용하여 내 프로필을 설정할 수 있다.
- ✓ 구글+를 사용하여 사용자를 추가할 수 있다.

 완성파일 미리보기

google chrome

• 예제파일 | 없음   • 완성파일 | 없음

▲ 프로필 등록

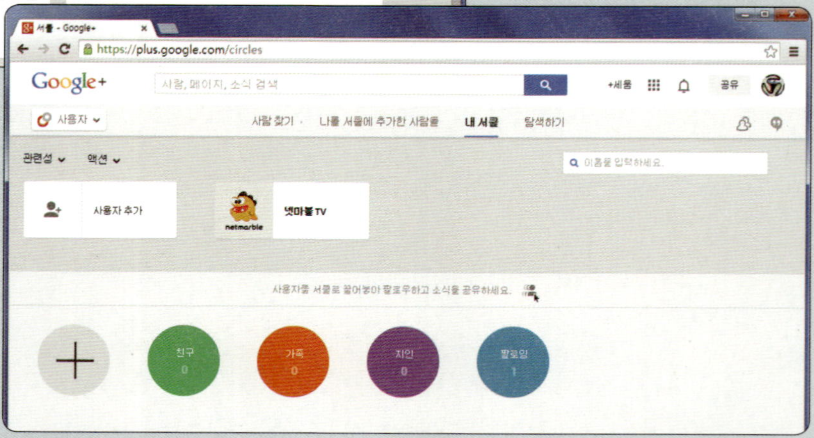

▲ 사용자 등록

01 | 구글+ 실행하기

구글+는 구글에서 운영하는 소셜 네트워크 서비스입니다.

❶ 바탕화면에서 크롬 바로 가기 아이콘( )을 더블 클릭하여 실행합니다.

❷ [새 탭]에서 (앱)을 클릭하여 구글+에 해당하는 를 선택합니다.

❸ 구글+ 페이지에서 위로 마우스를 이동하여 구글+에서 제공하는 여러 기능을 확인합니다.

- 프로필 : 프로필 사진을 업데이트하고 나에 대한 간단한 소개를 작성합니다.
- 사용자 : 학교 친구 이름으로 찾아 내 서클에 등록할 수 있습니다.
- 사진 : 사진을 업로드하여 공유합니다.
- 인기 소식 : 여러 사용자가 올린 내용을 볼 수 있습니다.
- 커뮤니티 : 나와 관심이 같은 여러 사용자들을 만날 수 있습니다.

02 | 구글+ 프로필 등록하기

구글+ 프로필에서는 내가 다니는 학교와 사는 곳, 연락처 등의 정보를 입력하거나 수정할 수 있습니다.

① 프로필을 설정하기 위해 [홈] 위로 마우스를 이동하여 [프로필]을 클릭합니다.

② [정보]에서 어느 학교에 다니고 있는지를 입력하기 위해 [학력]에서 [수정]을 클릭합니다.

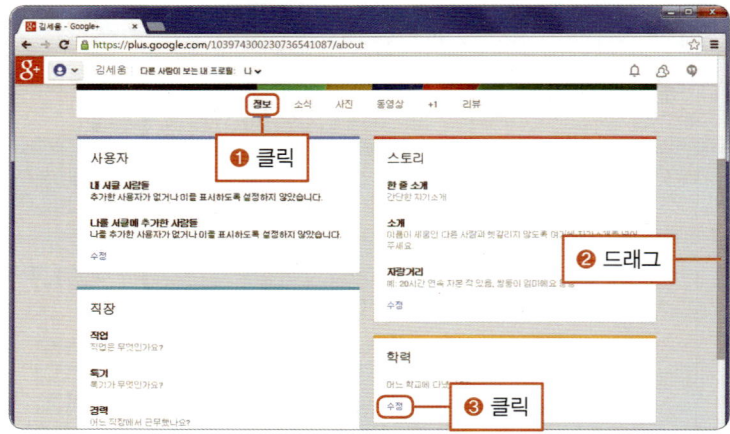

③ 다음과 같이 학력을 입력하고 〈저장〉 단추를 클릭합니다.

④ 다음과 같이 학력이 수정된 것을 확인합니다.

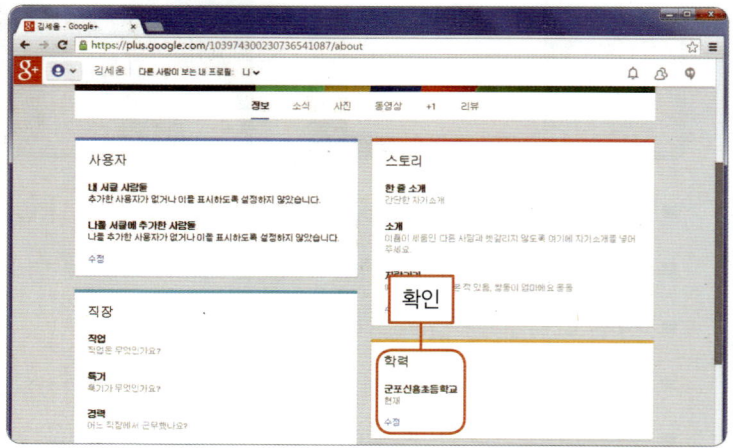

54 • Part 01 크롬 브라우저 활용하기

5 수직 스크롤바를 아래로 드래그한 후 [살았던 곳]에서 [수정]을 클릭합니다.

6 다음과 같이 살았던 곳과 현재 사는 곳의 도시 이름을 입력하고 〈저장〉 단추를 클릭합니다.

7 다음과 같이 살았던 곳이 수정된 것을 확인합니다.

03 | 구글+ 사용자 등록하기

구글+ 사용자를 사용하여 내 서클에 사용자를 추가하거나 다른 써클에 팔로윙할 수 있으며, 나를 써클에 추가한 사람도 확인할 수 있습니다.

1 8+ 위로 마우스 포인터를 이동한 후 [사용자]를 클릭합니다.

❷ '누구를 찾을지 모르시겠나요?' 메시지 창이 표시되면 〈×(닫기)〉를 클릭합니다. [사람 찾기]에서 사용자로 추가할 리스트 제목(**군포신흥초등학교**)을 클릭합니다.

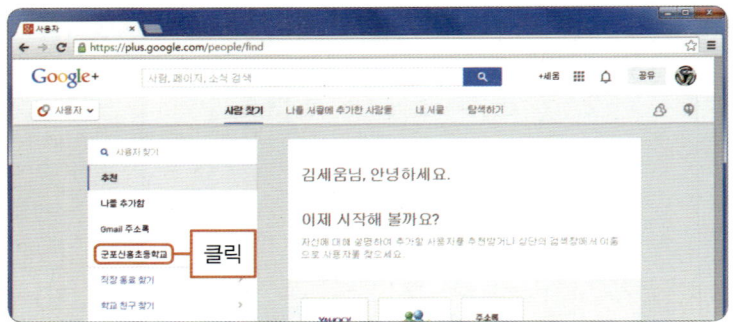

❸ 내가 다니는 학교로 등록된 사용자 목록이 왼쪽 화면에 표시됩니다. 내가 찾는 친구가 있다면 〈추가하기〉 단추 위로 마우스 포인터를 이동한 후 '친구'를 클릭합니다. [서클에 추가] 창이 표시되면 〈확인〉 단추를 클릭합니다.

❹ [내 서클]을 클릭하면 친구로 등록된 내용을 확인할 수 있습니다.

혼자 할 수 있어요!

Google chrome

01 구글+ 프로필에서 내 스토리를 수정해 보세요.

• 예제파일 | 없음   • 완성파일 | 없음

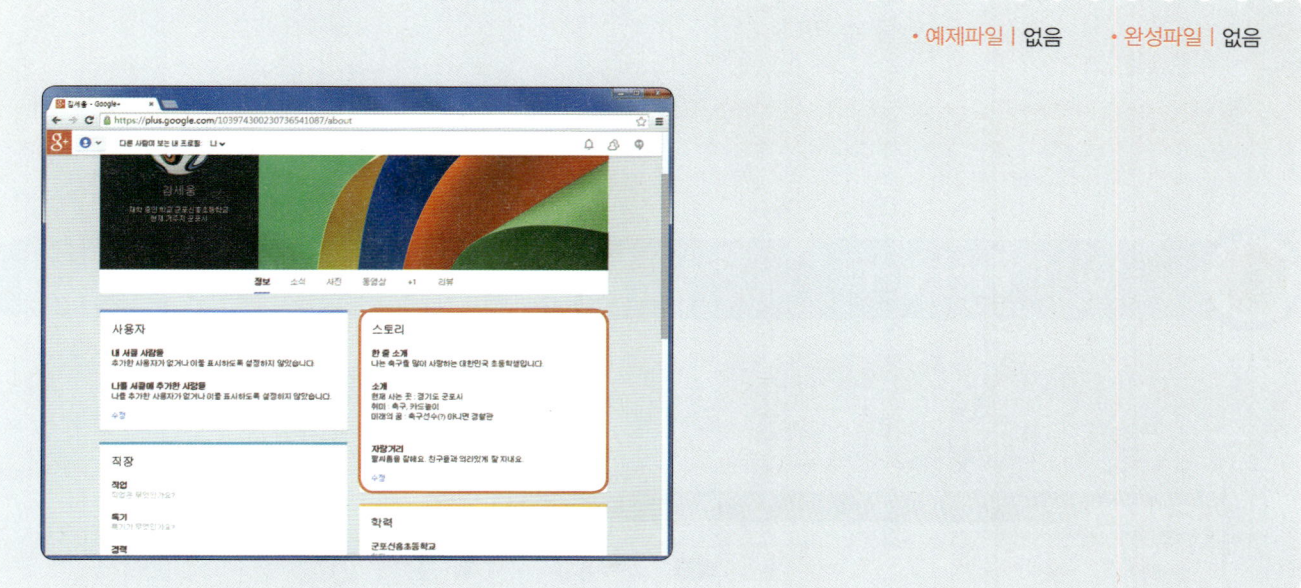

02 구글+ 사용자에서 친구 이메일 주소를 이용하여 친구로 등록해 보자.

• 예제파일 | 없음   • 완성파일 | 없음

- [사용자 찾기] 검색 입력 상자를 클릭한 후 친구의 구글 이메일 주소를 입력하면 자동으로 목록이 표시됩니다.

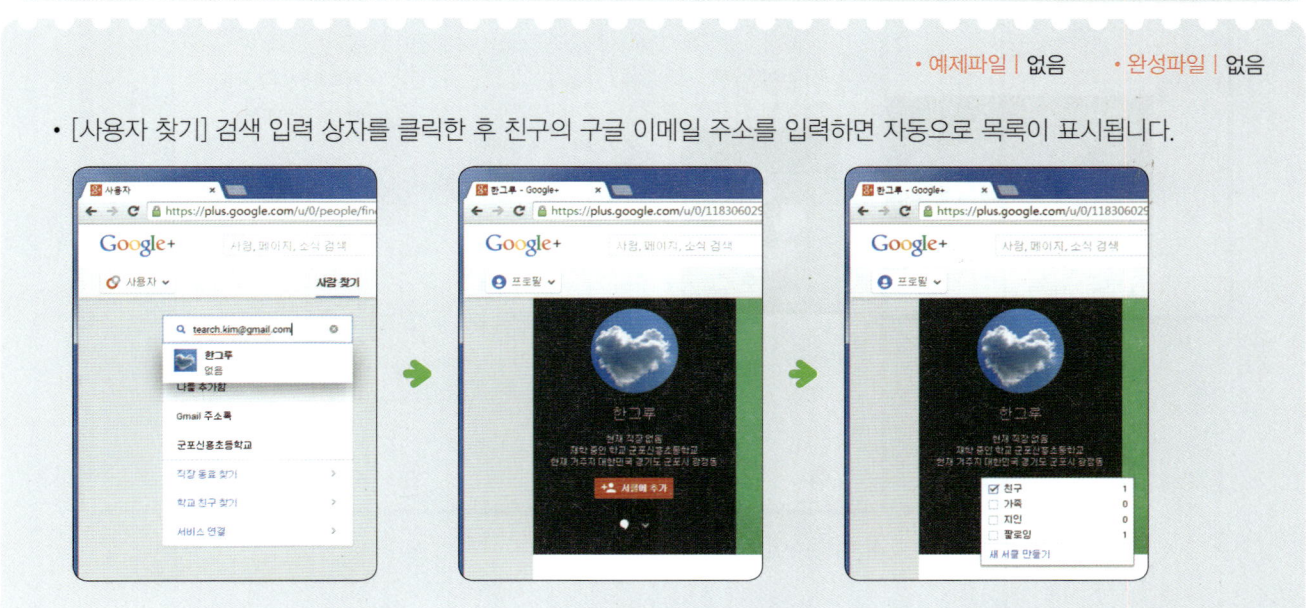

08 CHAPTER 구글+ 사용하기(2)

- ✔ 구글+를 사용하여 인기 소식을 확인하고 공유할 수 있다.
- ✔ 구글+를 사용하여 추천 커뮤니티를 등록하고 새로운 내 커뮤니티를 만들 수 있다.

완성파일 미리보기

google chrome

• 예제파일 | 없음   • 완성파일 | 없음

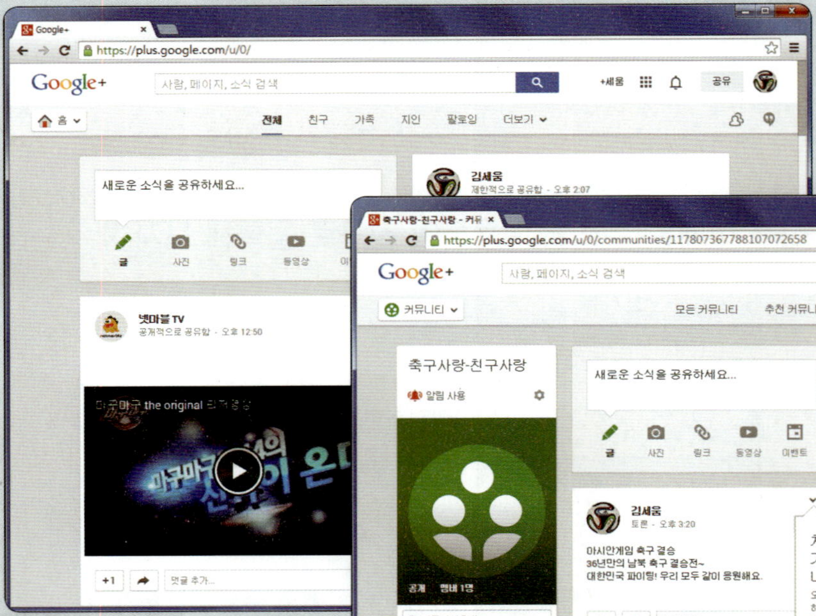

▲ 인기 소식 공유

▲ 커뮤니티

01 | 구글+ 인기소식 이용하기

❶ 바탕화면에서 크롬 바로 가기 아이콘(　)을 더블 클릭하여 실행합니다.

❷ [새 탭]에서 　(앱)을 클릭하여 구글+에 해당하는 　를 선택합니다.

❸ 인기 소식을 보기 위해 　 위로 마우스를 이동하여 [인기 소식]을 클릭합니다.

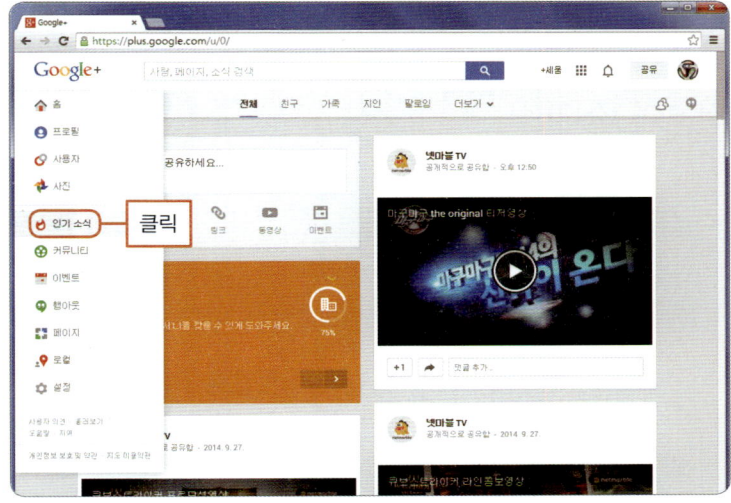

❹ 인기 소식 화면에서 관심 있는 내용이 있는 지 확인합니다.

❺ 댓글 추가 입력 상자를 클릭하여 댓글 (아름다운 풍경.. 너무 좋습니다.)을 입력하고 〈댓글올리기〉 단추를 누르면 등록됩니다.

❻ 댓글이 입력된 것을 확인합니다. 소식을 추천하기 위해 '+17 (이 소식을 +1)'를 클릭합니다.

❼ 추천된 것을 확인하고 소식을 공유하기 위해 '➡ (소식 공유)'를 클릭합니다.

❽ [받는 사람] 입력 상자를 클릭한 후 표시된 목록에서 [내 서클]을 선택하고 〈공유하기〉 단추를 클릭합니다.

❾ '스트림에 공유되었습니다' 메시지를 확인합니다.

❿ 위로 마우스 포인터를 이동한 후 [홈]를 클릭합니다. 공유한 소식이 추가된 것을 확인합니다.

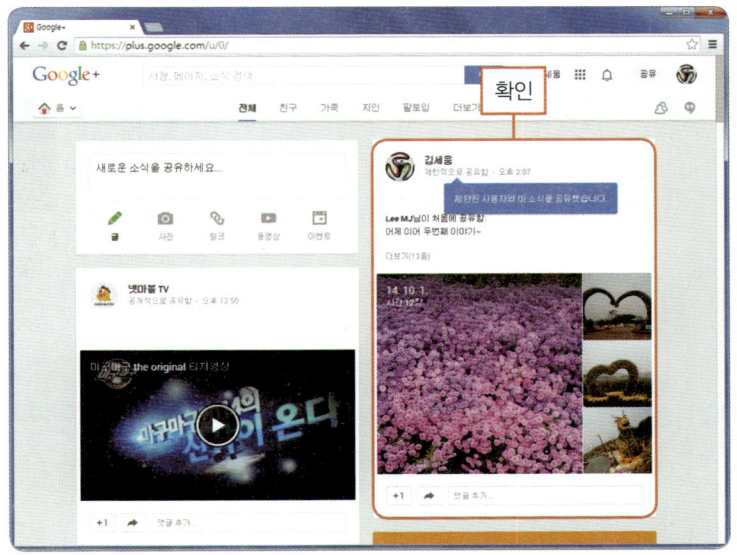

02 | 구글+ 커뮤니티 이용하기

❶ 커뮤니티를 이용하기 위해 위로 마우스를 이동하여 [커뮤니티]를 클릭합니다.

❷ [커뮤니티 검색] 입력 상자를 클릭하고 관심 있는 분야(축구)를 입력하고 Enter 키를 누릅니다.

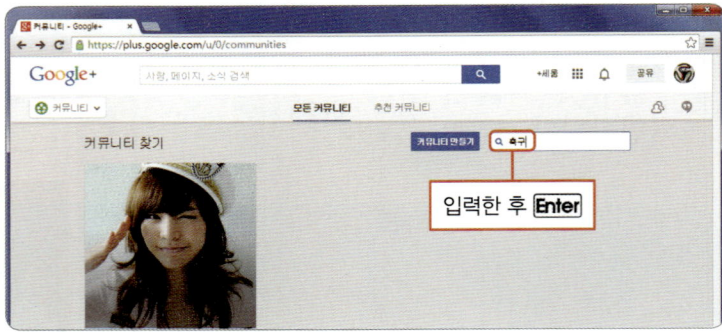

❸ 커뮤니티 목록 중에서 참여할 커뮤니티를 찾은 후 〈참여〉 단추를 클릭합니다.

❹ [프로필에 커뮤니티 표시] 창에서 〈표시〉 단추를 클릭합니다.

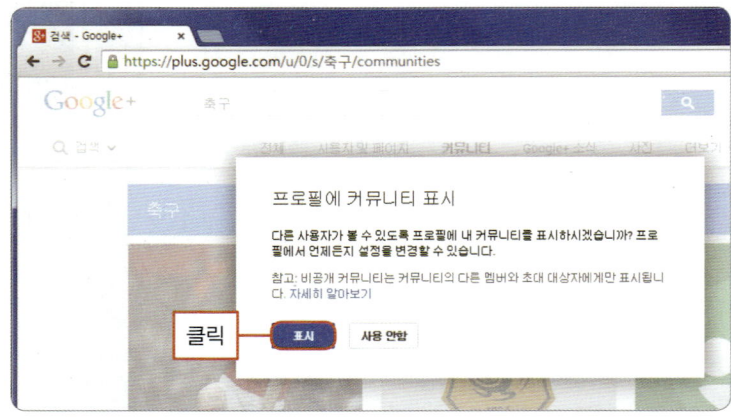

❺ 〈보기〉 단추를 클릭하면 '풋볼플러스 Football+' 커뮤니티에 등록된 소식을 살펴보고 [모든 커뮤니티]를 클릭합니다.

❻ [모든 커뮤니티]에서 내가 가입한 커뮤니티가 등록된 것을 확인하고 〈커뮤니티 만들기〉 단추를 클릭합니다.

❼ '어떤 유형의 커뮤니티를 만드시겠습니까?' 메시지 창에서 [공개]를 클릭한 후 커뮤니티 이름을 입력하고 〈커뮤니티 만들기〉 단추를 클릭합니다.

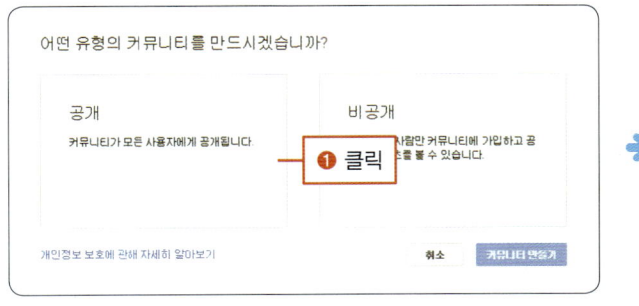 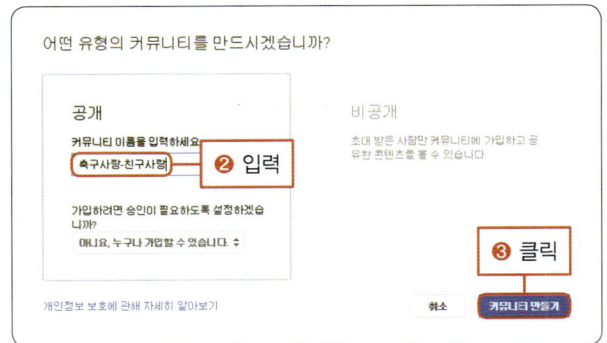

❽ 커뮤니티 화면을 확인하고 〈완료〉 단추를 클릭합니다.

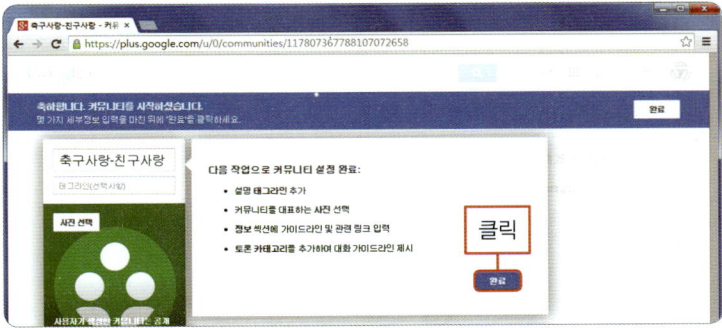

⑨ [이 커뮤니티 공유] 창에서 다음과 같이 설정하고 〈공유하기〉 단추를 클릭합니다.

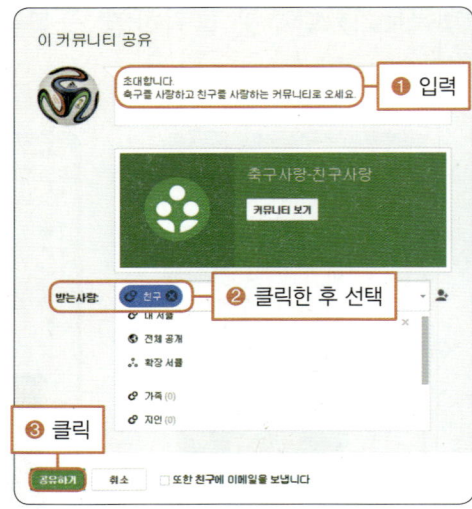

⑩ '새로운 소식을 공유하세요.'를 클릭한 후 다음과 같이 내용을 입력하고 〈공유하기〉 단추를 클릭합니다.

⑪ 커뮤니티에 새 소식이 등록된 것을 확인합니다.

혼자 할 수 있어요!

Google chrome

01 구글+ 인기 소식에서 여행과 관련 소식을 찾아보고 공유해 보세요.

• 예제파일 | 없음   • 완성파일 | 없음

• 인기 소식 검색하기

02 구글+ 커뮤니티에서 관심 있는 커뮤니티에 가입한 후 다양한 소식을 확인해 보세요.

• 예제파일 | 없음   • 완성파일 | 없음

09 CHAPTER 유튜브 즐기기

- ☑ 내가 보고싶은 동영상을 유튜브에서 검색하여 감상할 수 있다.
- ☑ 유튜브에서 필터 기능을 이용하여 동영상을 검색을 할 수 있다.
- ☑ 친구에게 동영상을 메일로 보낼 수 있다.

 **완성파일** 미리보기   google chrome

• 예제파일 | 없음   • 완성파일 | 없음

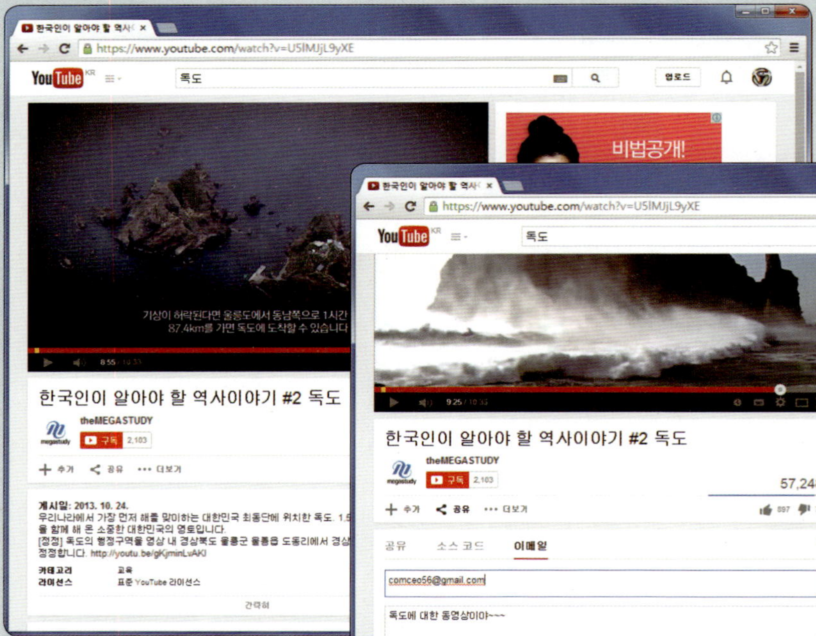

▲ 동영상 보기

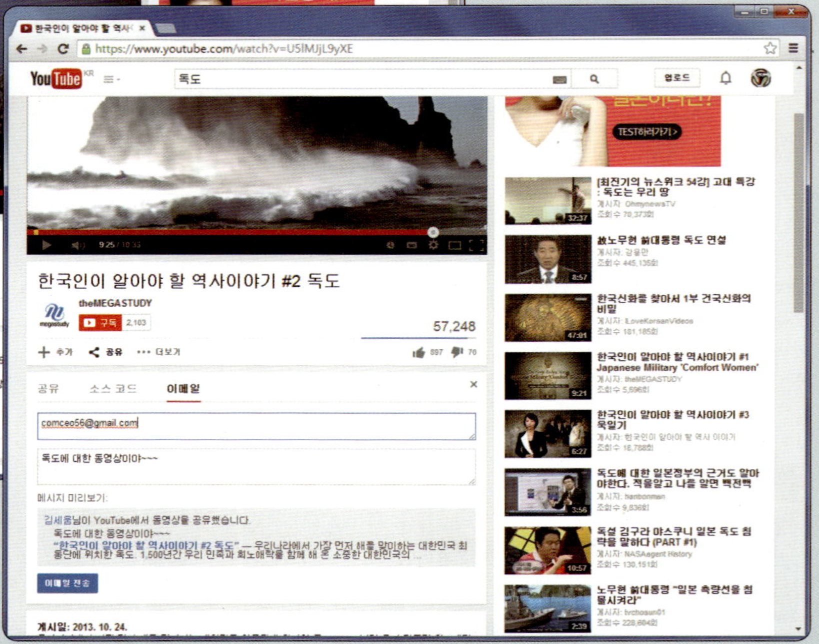

▲ 동영상 메일로 보내기

66 • Part 01 크롬 브라우저 활용하기

01 | 내가 보고 싶은 동영상 검색하기

유튜브 페이지 어디에서나 화면 위쪽에 있는 탐색 표시줄에 관심 있는 동영상 제목이나 내용 등을 입력하여 쉽게 찾을 수 있습니다.

❶ 바탕화면에서 크롬 바로 가기 아이콘( )을 더블 클릭하여 실행합니다.

❷ [새 탭]에서 ⊞(앱)을 클릭하여 [YouTube]를 선택합니다.

❸ 탐색 표시줄에 검색할 동영상 제목 '인터넷예절'을 입력하고 Enter 키를 누릅니다.

❹ 검색한 동영상 목록에서 원하는 동영상을 클릭하여 감상합니다.

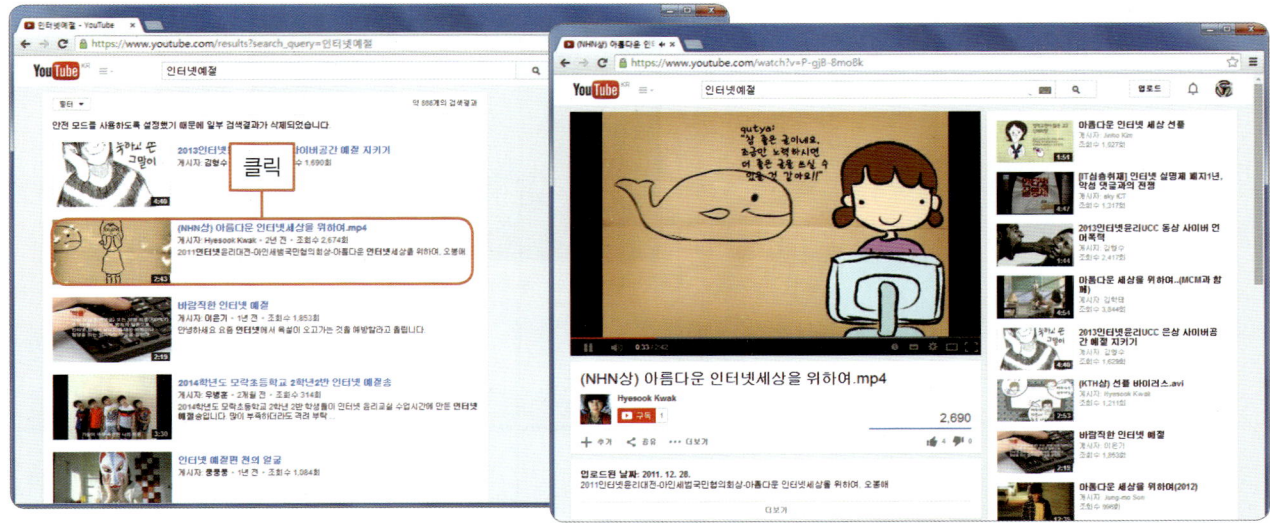

02 | 필터 기능을 통한 동영상 검색하기

1. 탐색 표시줄에 검색할 동영상 제목 '독도'를 입력하고 Enter 키를 누릅니다.

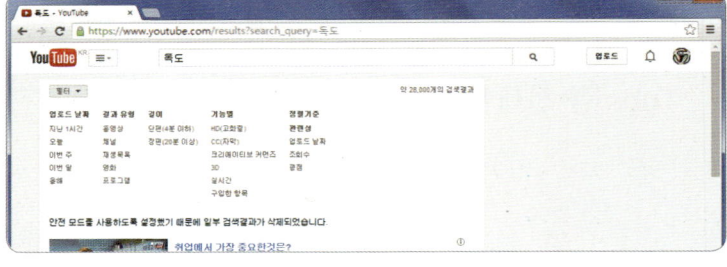

2. 검색한 동영상 목록 위에 〈필터〉 단추를 클릭한 후 [업로드 날짜]에서 [올해]를 선택합니다. 다시 〈필터〉 단추를 클릭하여 [결과 유형]-[동영상], [기능별]-[HD(고화질)]를 선택합니다.

3. 필터 조건에 따른 검색 결과를 확인합니다.

4. 검색한 동영상 목록에서 '한국인이 알아야 할 역사이야기 #2 독도'을 클릭하여 감상합니다.

03 | 관심있는 동영상 메일로 보내기

❶ 동영상을 친구에 메일로 보내기 위해 [공유]를 클릭합니다.

❷ [이메일]을 클릭합니다.

> **TIP** 다른 방법으로 동영상 공유하기
> - 공유 : 트위터, 페이스북, 구글+등의 다양한 SNS로 해당 동영상을 공유하여 볼 수 있습니다.
> - 소스 코드 : 게시판이나 html 형태로 동영상을 공유하여 볼 수 있습니다.

▲ 트위터로 링크 공유하기

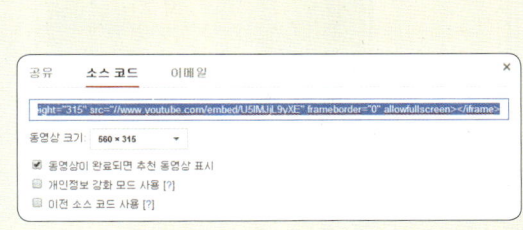

▲ 소스 코드를 이용하여 공유하기

❸ 받을 친구의 메일 주소와 내용을 입력하고 <이메일 전송> 단추를 클릭합니다.

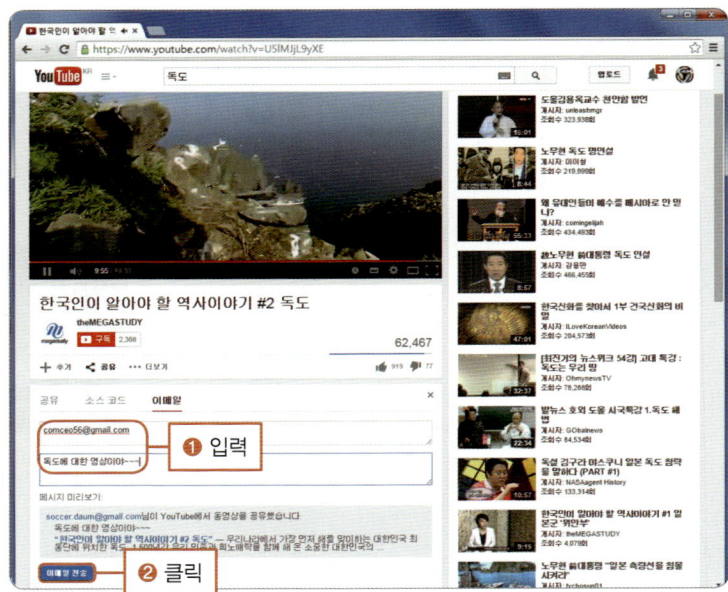

❹ 정상적으로 메일을 보냈다는 메시지를 확인합니다.

> **TIP** 보낸 메일 확인 화면

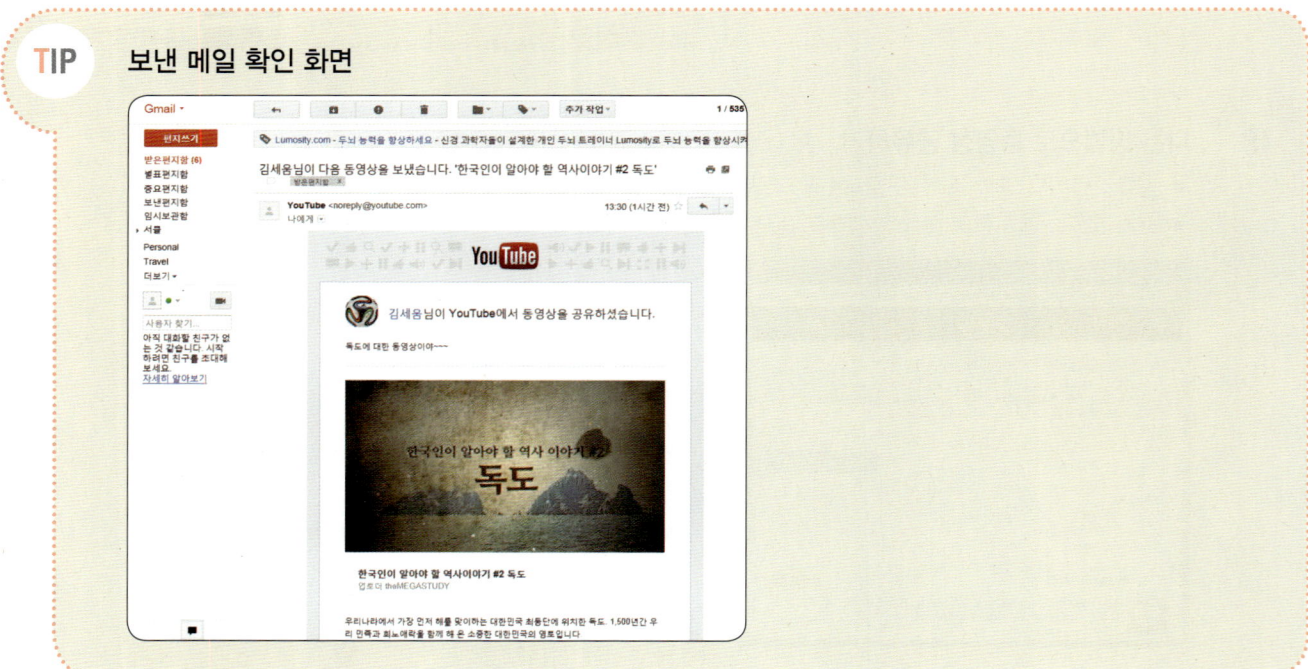

혼자 할 수 있어요!

Google chrome

01 유튜브에서 '라바 시즌 3'에 대한 동영상을 검색하여 감상해 보세요.

• 예제파일 | 없음   • 완성파일 | 없음

• 필터 기능을 이용 : [정렬 기준]-[업로드 날짜] 선택

02 유튜브에서 '타요의 씽씽 극장'에 대한 동영상을 검색하여 친구에게 이메일로 공유해 보세요.

• 예제파일 | 없음   • 완성파일 | 없음

10 CHAPTER 구글 지도와 구글 어스 이용하기

☑ 구글 지도를 이용하여 특정 위치를 찾고 가는 방법을 검색할 수 있다.
☑ 구글 어스를 다운로드하여 설치하고 활용할 있다.

 **완성파일** 미리보기

google chrome

• 예제파일 | 없음   • 완성파일 | 없음

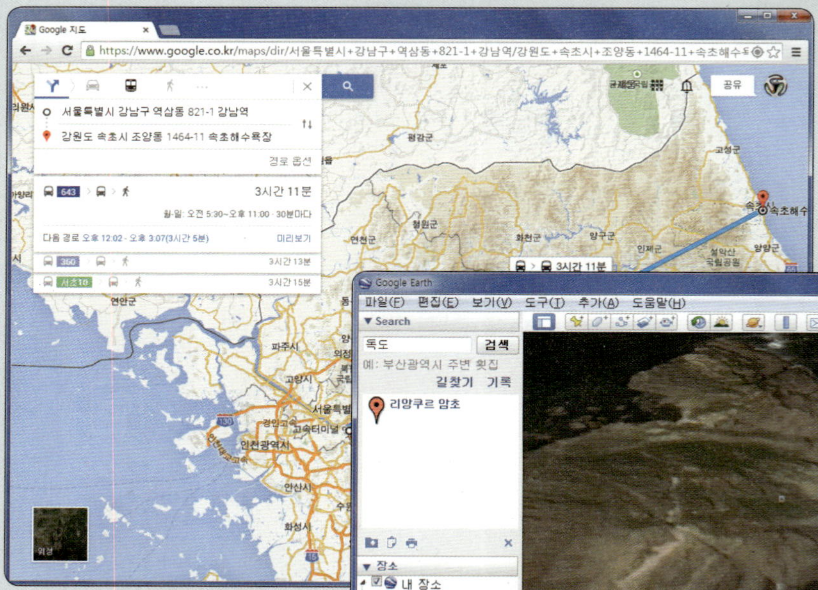

▲ 구글 지도

▲ 구글 어스

01 | 구글 지도 활용하기

❶ 바탕화면에서 크롬 바로 가기 아이콘( )을 더블 클릭하여 실행합니다.

❷ [새 탭]에서 (앱)을 클릭하여 [지도]를 선택합니다.

❸ 현재 자신 위치의 주변 지도가 표시됩니다. 다음과 같이 검색어 입력란에 '속초해수욕장'을 입력하고 Enter 키를 누릅니다.

❹ 화면 오른쪽 아래의 〈 (확대/축소)〉 단추에서 〈 - (축소)〉 단추를 두 번 클릭합니다.

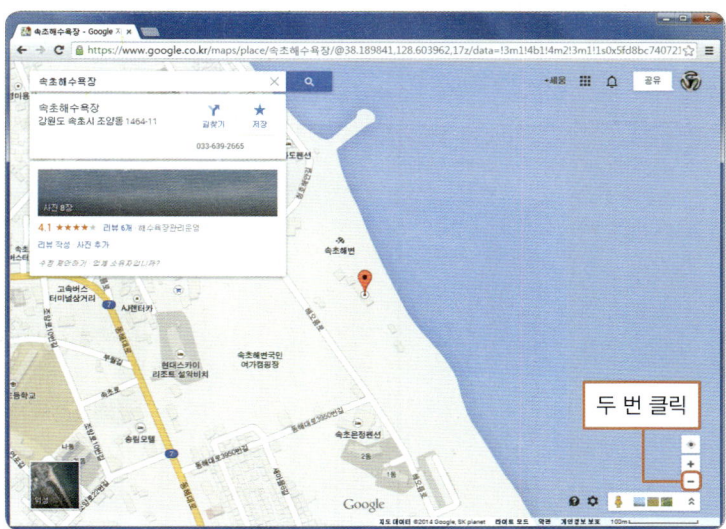

10 구글 지도와 구글 어스 이용하기 • 73

❺ 축소된 지도 보기에서 속초 해수욕장 주변 환경을 확인합니다. 화면 왼쪽 아래에 〈위성〉을 클릭합니다.

❻ 위성 보기 형식으로 속초 해수욕장 주변 환경을 좀 더 자세하게 볼 수 있습니다.

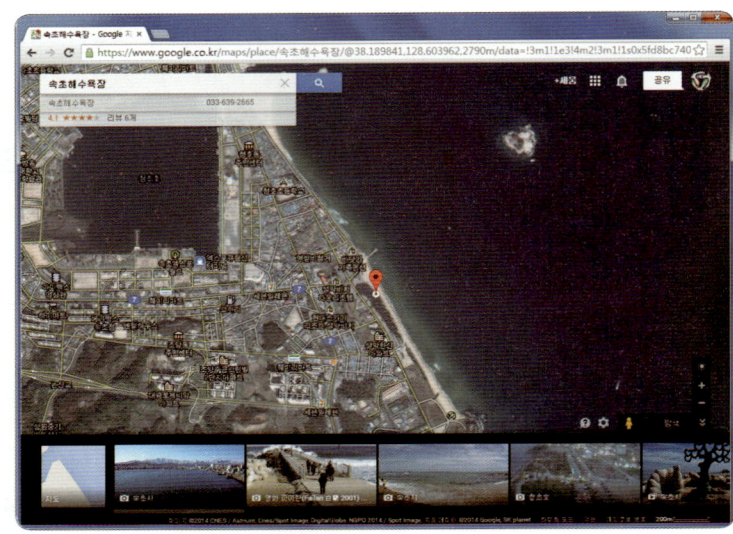

❼ 검색어 입력란을 클릭한 후 [길찾기]를 클릭합니다.

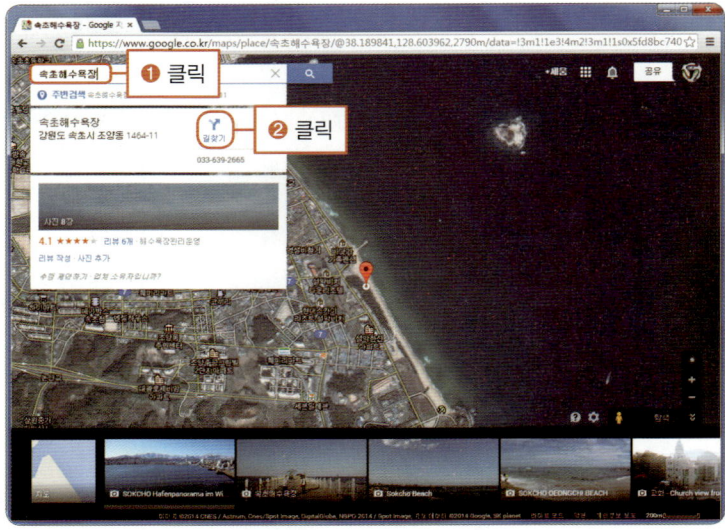

❽ 출발지를 '**강남역**' 입력하고 Enter 키를 누릅니다.

❾ 화면 왼쪽 아래에 <**지도**>를 클릭합니다. 강남역에서 대중교통을 이용하여 가장 빠른 방법으로 속초 해수욕장까지 가는 방법과 지도에 표시된 경로를 확인합니다.

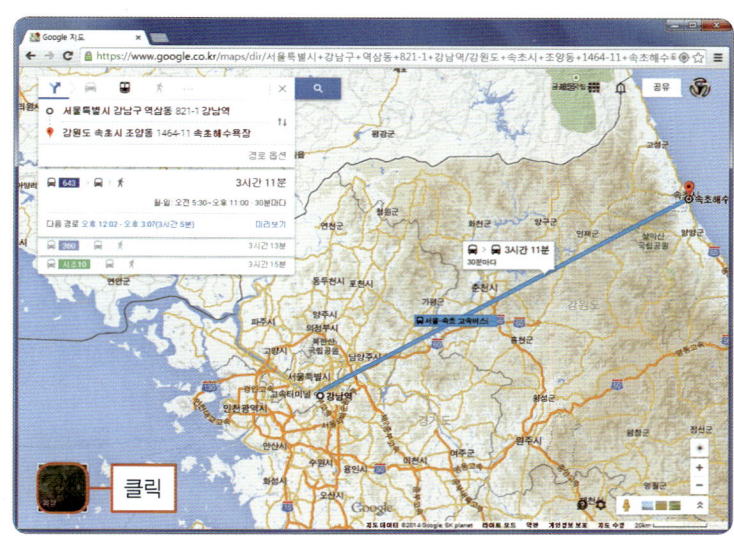

> **TIP** **지도를 공유하거나 블로그에 삽입하는 방법**
>
> 화면 오른쪽 아래에서 (설정)을 클릭을 클릭하여 [지도 공유 및 삽입]을 클릭합니다.
>
>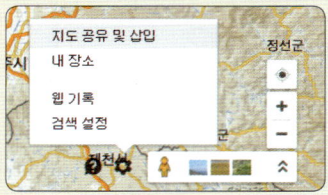
>
> ❶ 링크 공유 : [링크 공유] 탭에서 '약식 URL'를 클릭하여 선택한 후 URL 주소를 드래그하여 복사하여 전자우편 등으로 보내 다른 친구들과 공유할 수 있습니다.
> ❷ 지도 삽입 : [지도 삽입] 탭에서 HTML 코드를 복사한 후 블로그나 홈페이지에 붙여넣기하여 지도를 삽입합니다.
>
>
>
> ▲ [링크 공유] 탭   ▲ [지도 삽입] 탭

02 | 구글 어스 설치 및 활용하기

구글 어스는 전 세계 지도가 입체적으로 표시되며 주변의 다양한 정보를 확인할 수 있습니다.

❶ 주소 입력줄에 'earth.google.com'를 입력하고 Enter 키를 누릅니다.

❷ Google 어스 페이지에서 〈Google 어스 다운로드〉 단추를 클릭합니다.

❸ 〈동의 및 다운로드〉 단추를 클릭합니다.

❹ 왼쪽 화면 아래에서 'GoogleEarth Setup.exe' 클릭하여 설치합니다.

❺ [파일 열기 - 보안 경고] 창에서 〈실행〉 단추를 클릭합니다.

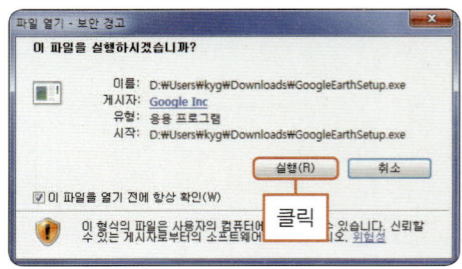

❻ 구글 어스가 정상적으로 설치되면 [시작 도움말] 창에서 〈(닫기)〉 단추를 클릭합니다.

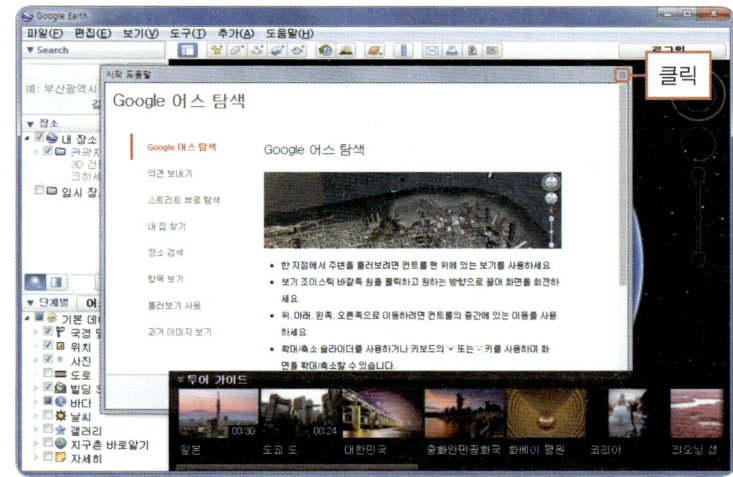

❼ 다음과 같이 [Google Earth] 창이 실행되면서 지구가 표시됩니다. 왼쪽 위 검색 입력란에 '자유의 여신상'을 입력하고 Enter 키를 누르거나 〈검색〉 단추를 클릭합니다.

> **TIP 구글 어스 실행하기**
> 컴퓨터에 구글 어스가 이전에 설치된 경우에는 [(시작)]-[모든 프로그램]-[Google Earth]-[Google 어스]를 클릭하여 실행합니다.

❽ 마우스 휠을 위로 드래그하여 화면을 확대하고 마우스로 화면을 드래그하여 자유의 여신상을 구경합니다. [Google Earth] 창에서 〈(닫기)〉 단추를 눌러 종료합니다.

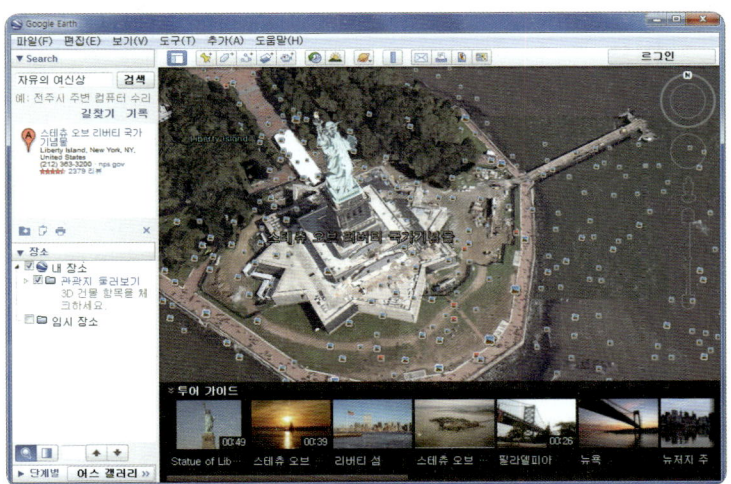

10 구글 지도와 구글 어스 이용하기 • **77**

혼자 할 수 있어요!

Google chrome

01 대중교통을 이용하여 집 근처 재래시장까지 가장 빨리 가는 방법과 예상 시간을 검색하여 적어 보세요.

- 출발 :
- 도착 :
- 예상 시간 :
- 버스 노선 :

02 명동역에서 N서울타워까지 도보로 가는데 걸리는 시간과 거리를 검색하여 적어 보세요.

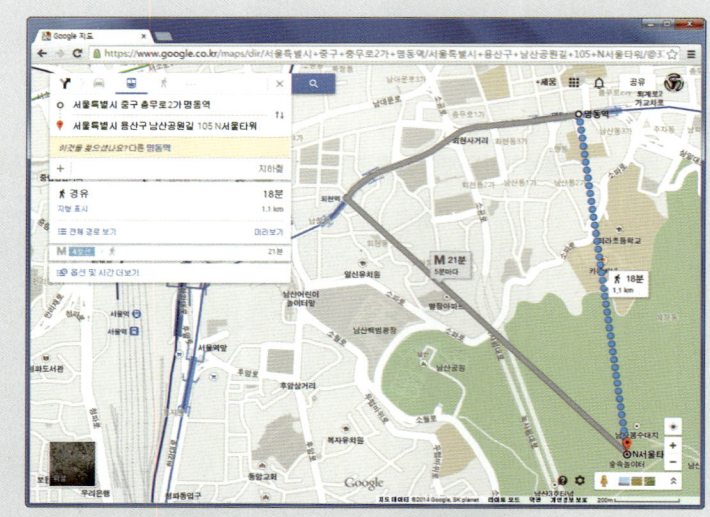

- 출발 : 명동역
- 도착 : N서울타워
- 예상 시간 :
- 거리 :

03 구글 어스를 실행하여 프랑스에 있는 에펠탑을 구경해 보세요.

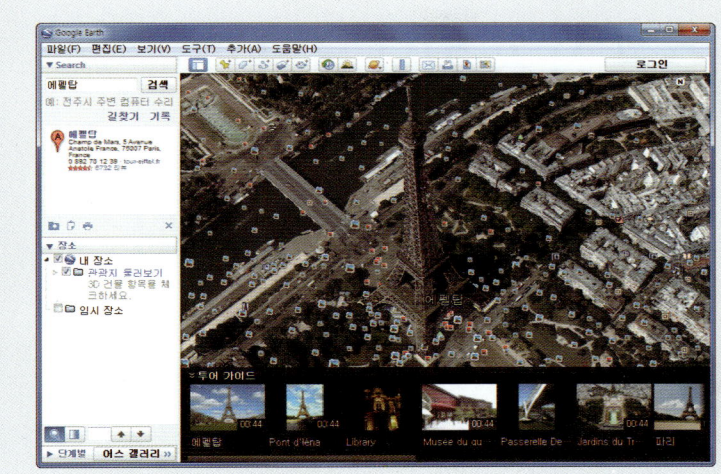

04 구글 어스를 실행하여 학교 주변에 있는 건물이나 공공기관을 찾아 적어 보세요.

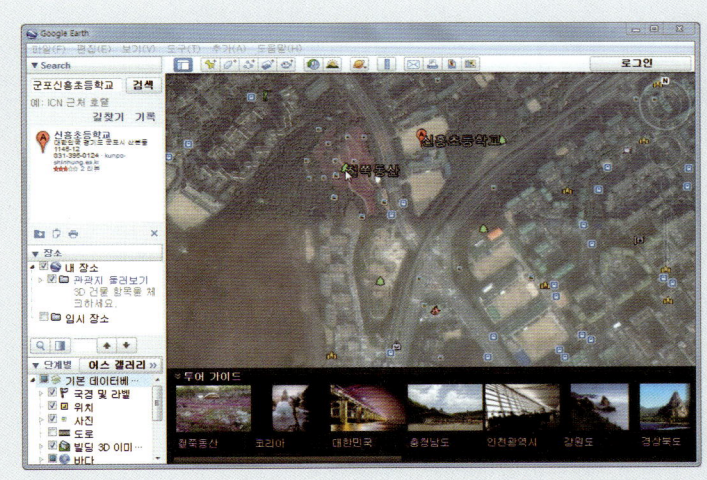

- 철쭉동산
- 양지근린공원
- 군포 소방서
-
-
-

TIP 구글 어스 화면에서 아이콘을 클릭하면 해당 정보를 확인할 수 있습니다.

11 CHAPTER 맞춤 형식으로 뉴스 기사 보기

☑ 관심 있는 뉴스 주제만 설정하여 뉴스 기사를 볼 수 있다.
☑ 관심 있는 새로운 뉴스 주제를 추가하여 뉴스 기사를 볼 수 있다.

 완성파일 미리보기

google chrome

• 예제파일 | 없음   • 완성파일 | 없음

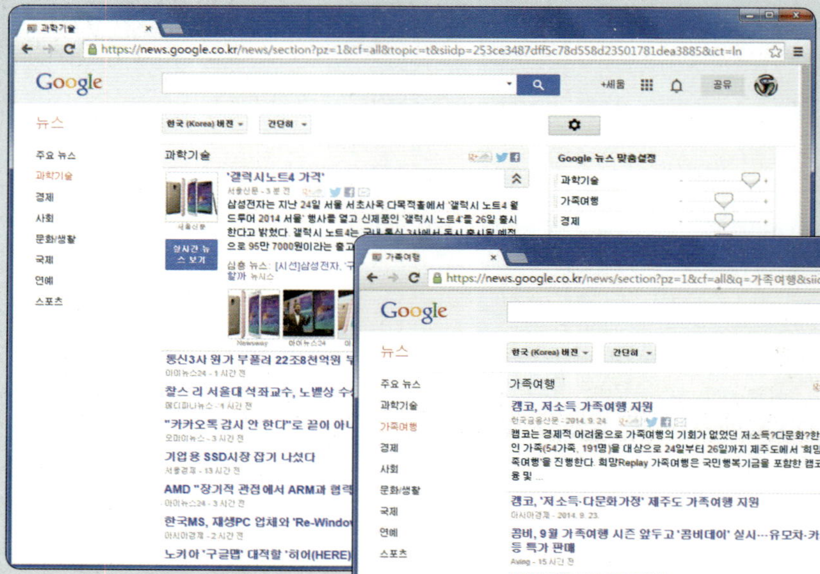

▲ '과학기술' 뉴스 주제 설정

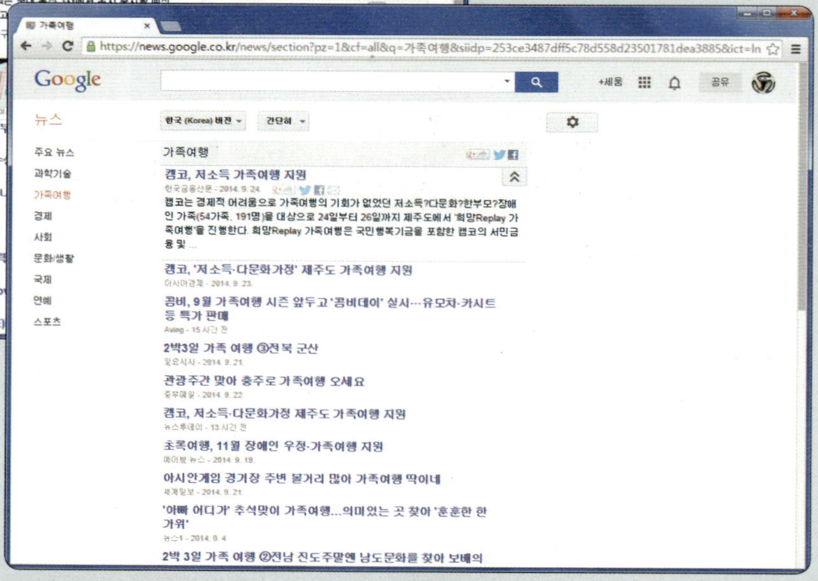

▲ '가족여행' 뉴스 주제 설정

01 | 관심 있는 뉴스 주제 설정하기

Google 뉴스 맞춤 설정을 이용하여 내가 관심 있는 뉴스 주제와 특정 키워드에 해당하는 뉴스 주제를 추가하여 뉴스만 볼 수 있습니다.

❶ 바탕화면에서 크롬 바로 가기 아이콘( )을 더블 클릭하여 실행합니다.

❷ [새 탭]에서 ▦(앱)을 클릭하여 [뉴스]를 선택합니다.

❸ [Google 뉴스를 맞춤설정하세요.] 창에서 ✕를 클릭하여 메시지 창을 닫습니다. 〈 ✿ (뉴스 맞춤설정)〉 단추를 클릭합니다.

❹ [Google 뉴스 맞춤 설정]이 표시됩니다. 관심 있는 뉴스 주제(과학기술)를 마우스로 드래그하여 리스트의 맨 위로 이동합니다.

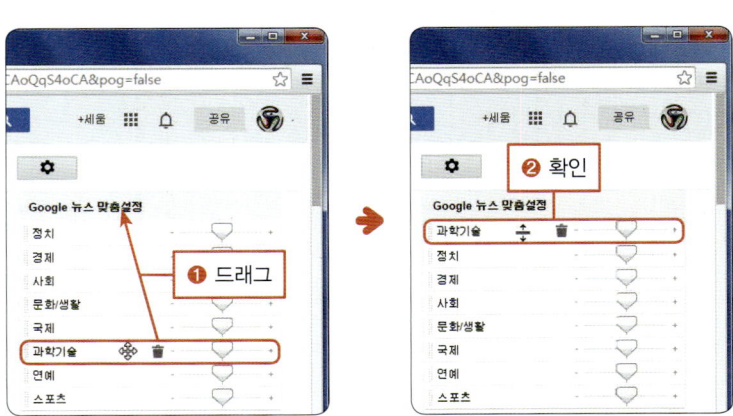

❺ 관심 있는 뉴스 주제(과학기술)의 기사 내용이 많이 나오게 하기 위해 ▽를 마우스로 드래그하여 오른쪽으로 이동합니다.

❻ 관심 있는 뉴스 주제를 삭제하려면 해당 주제(정치) 위로 마우스를 이동한 후 🗑(휴지통)를 클릭하면 됩니다. 〈설정〉 단추를 눌러 변경된 내용을 저장합니다.

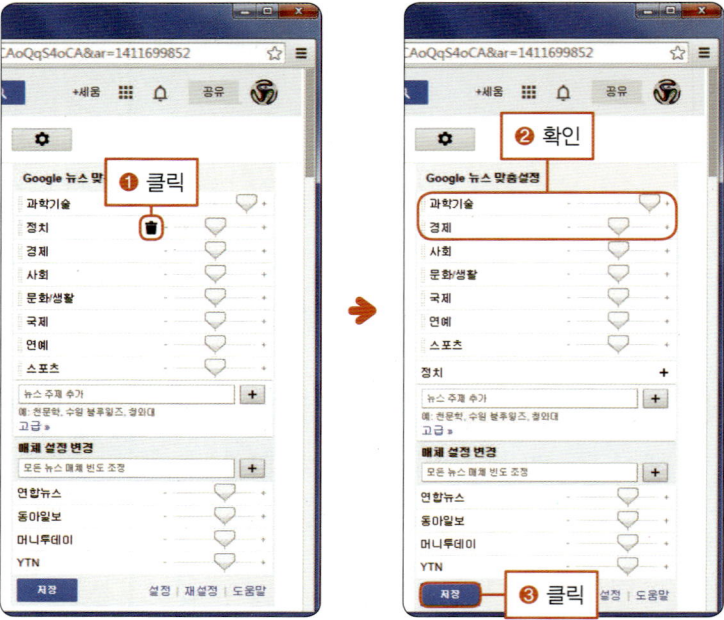

❼ 화면 왼쪽 목록에서 뉴스 주제 순서가 변경된 것을 확인합니다. [뉴스]-[과학기술]을 클릭하여 기사 목록을 확인합니다.

02 | 관심 있는 뉴스 주제 추가하기

❶ 〈 ✿ (뉴스 맞춤설정)〉 단추를 클릭합니다.

❷ 입력 상자에 관심있는 뉴스 주제(**가족여행**)을 입력하고 ➕를 클릭합니다.

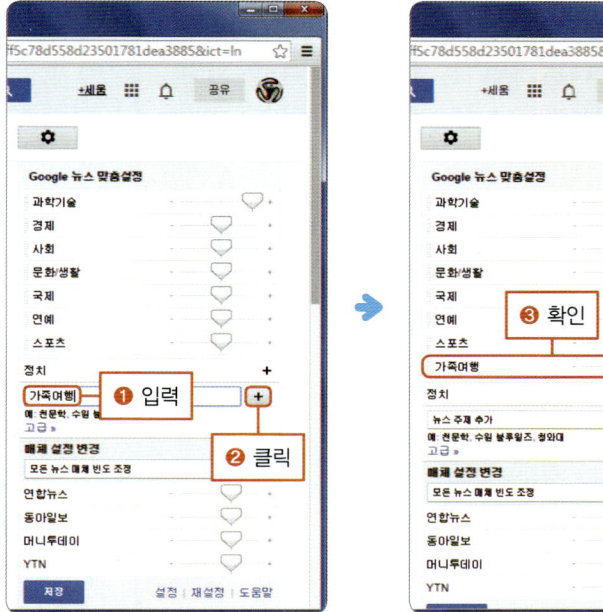

❸ '가족여행' 뉴스 주제를 목록 위로 이동한 후 〈저장〉 단추를 클릭합니다.

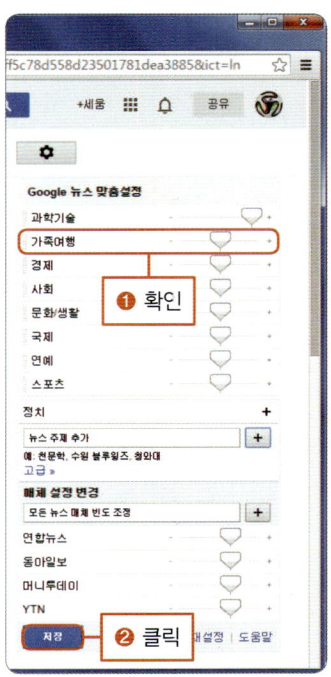

TIP 맞춤 설정 사용 금지
내가 설정한 맞춤 설정을 삭제하려면 〈 ✱ (뉴스 맞춤설정)〉 단추를 클릭한 후 [재설정]을 선택합니다.

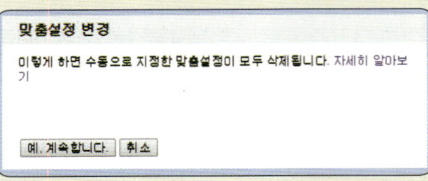

④ 화면 왼쪽 목록에서 뉴스 주제 순서가 변경된 것을 확인합니다. [뉴스]-[가족여행]을 클릭하여 기사 목록을 확인하고 관심 있는 뉴스 제목을 클릭합니다.

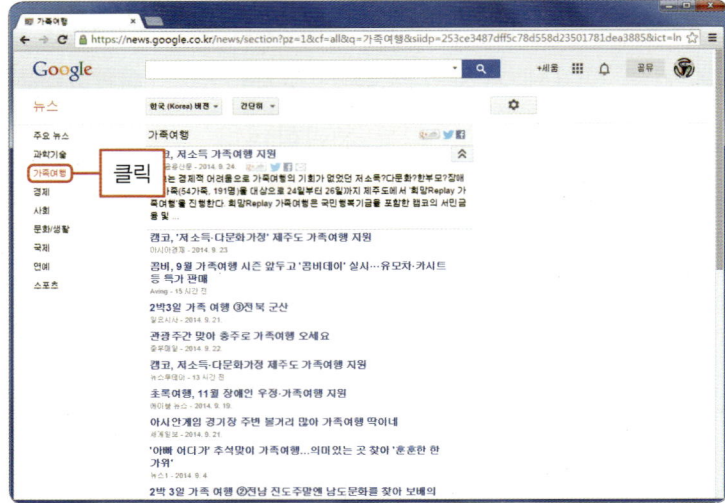

⑤ 기사 내용을 확인합니다.

혼자 할 수 있어요!

Google chrome

01 다음과 같이 'Google 뉴스 맞춤설정'에서 관심 주제를 등록해 보세요.

• 예제파일 | 없음   • 완성파일 | 없음

02 관심 주제로 등록한 '최신 어플'을 클릭하여 관심 있는 기사 내용 확인해 보세요.

• 예제파일 | 없음   • 완성파일 | 없음

12 CHAPTER 캘린더 이용하기

☑ 캘린더를 이용하려 개인 일정을 등록할 수 있다.
☑ 친구와 나의 개인 일정 캘린더를 공유할 수 있다.

완성파일 미리보기

google chrome

• 예제파일 | 없음   • 완성파일 | 없음

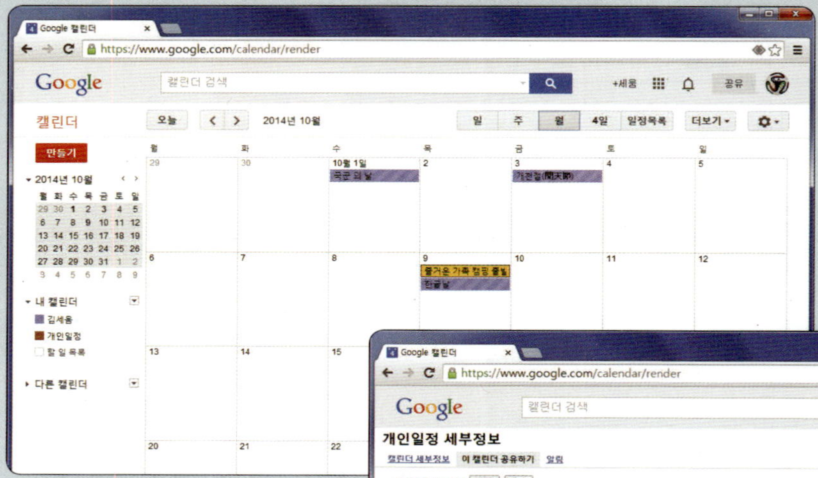

▲ 개인 일정 등록

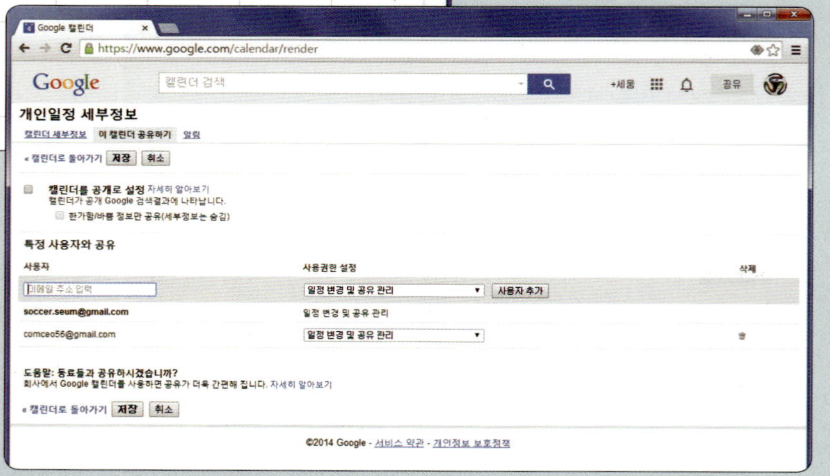

▲ 개인 일정 공유

01 | '개인일정' 캘린더 만들기

❶ 바탕화면에서 크롬 바로 가기 아이콘( )을 더블 클릭하여 실행합니다.

❷ [새 탭]에서 ▦(앱)을 클릭하여 [캘린더]를 선택합니다.

❸ 환영 메시지 창에서 〈다음 : 일정 알림 수신 방법〉 단추를 클릭합니다.

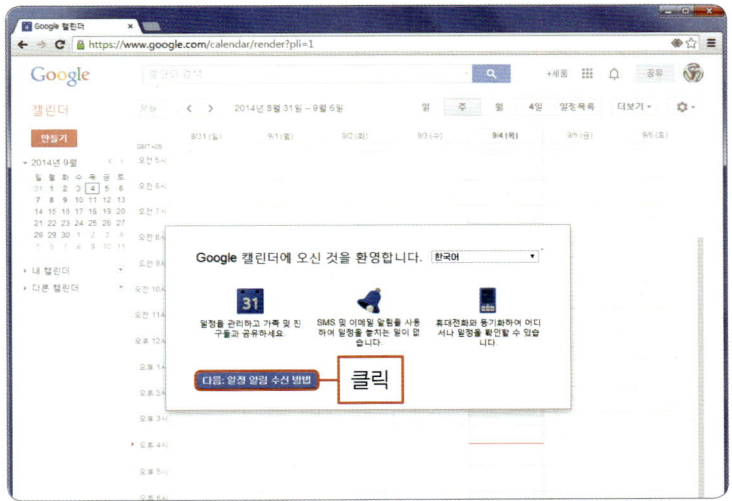

❹ [일정 알림 수신 방법] 창에서 알림 수신 방법을 확인하고 〈 × (닫기)〉 단추를 클릭합니다.

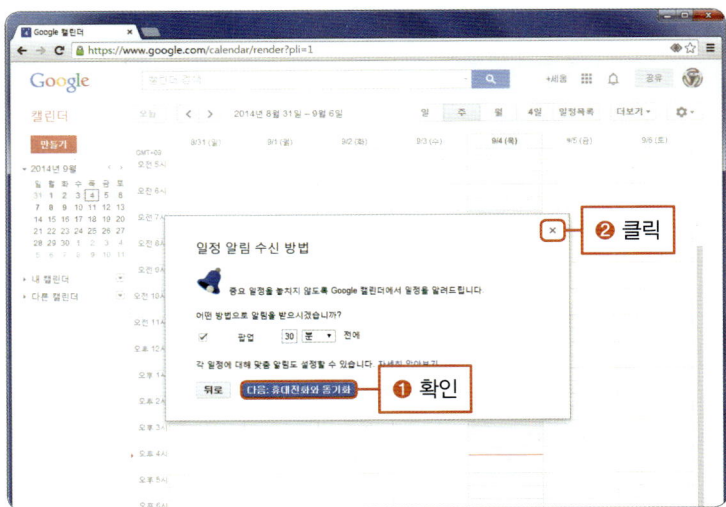

12 캘린더 이용하기 • **87**

❺ 왼쪽 메뉴에서 [내 캘린더]의 ▼(목록 단추)를 클릭하여 **[새 캘린더 만들기]**를 선택합니다.

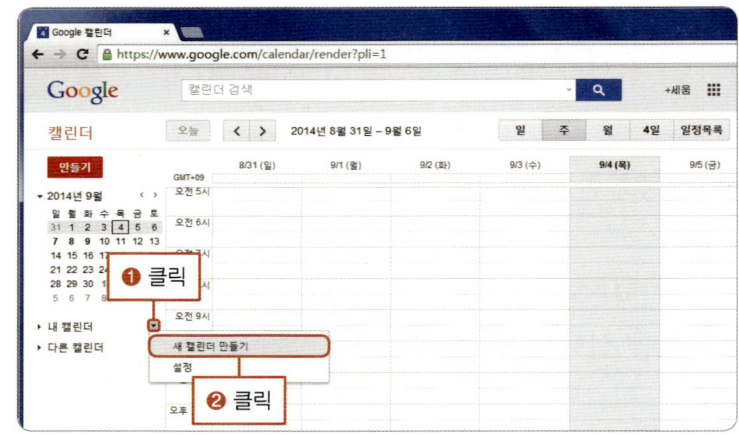

❻ '캘린더 이름'과 '설명'를 입력하고 〈캘린더 만들기〉 단추를 클릭합니다.

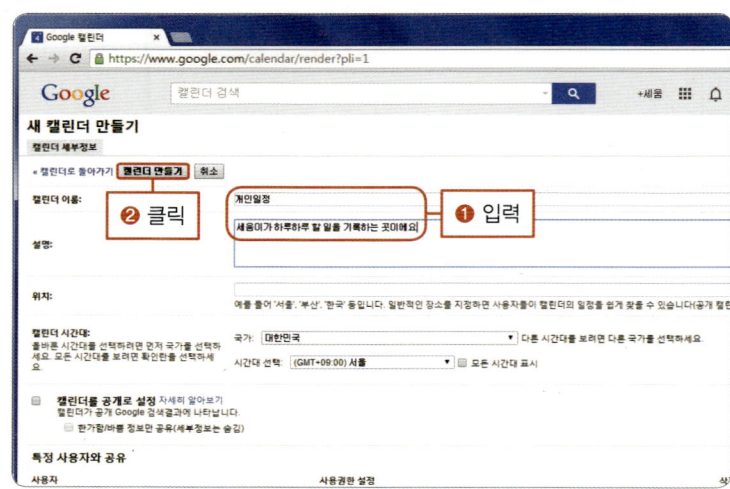

> **TIP** 캘린더를 공개로 설정하기
> '캘린더를 공개로 설정'을 클릭하여 선택 표시를 하면 모든 사람이 일정을 확인할 수 있습니다.

❼ 개인일정 캘린더가 만들어 진 것을 확인하고 화면 구성을 알아 봅니다.

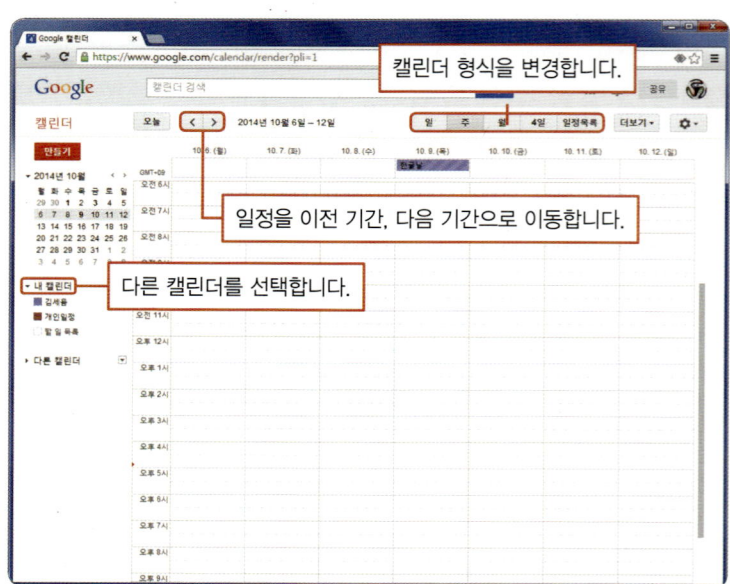

02 | 일정 등록하기

❶ 일정을 등록할 날짜를 클릭하여 내용을 입력하고 〈일정 만들기〉 단추를 클릭합니다.

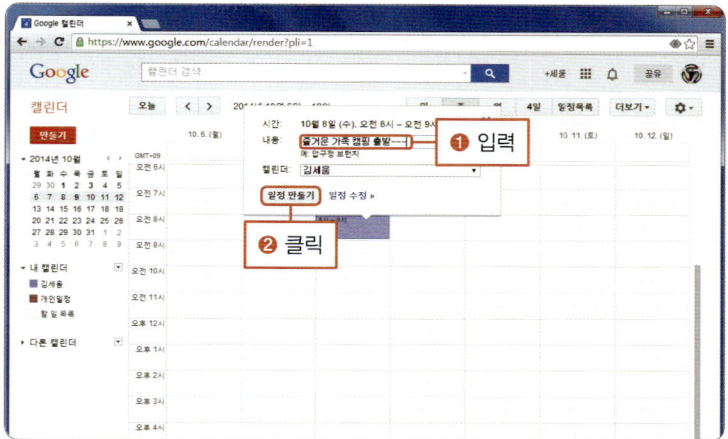

❷ 일정이 등록된 것을 확인합니다.

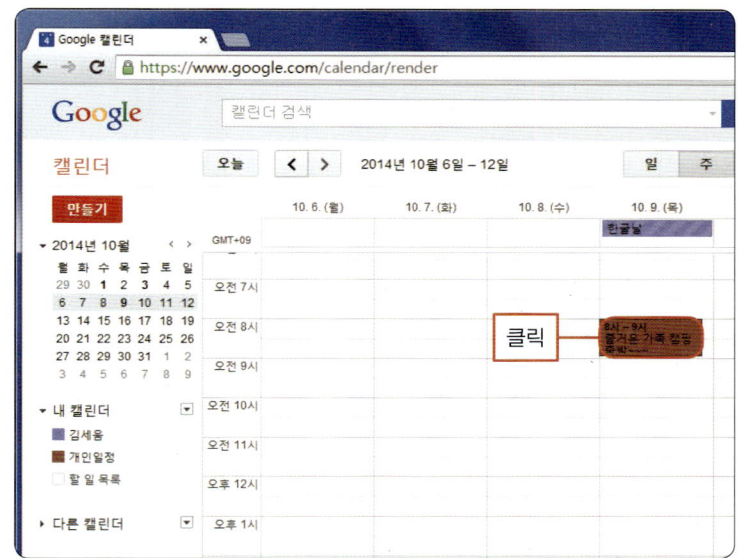

❸ 등록된 일정을 클릭하여 다음과 같이 변경하고 〈저장〉 단추를 클릭합니다.

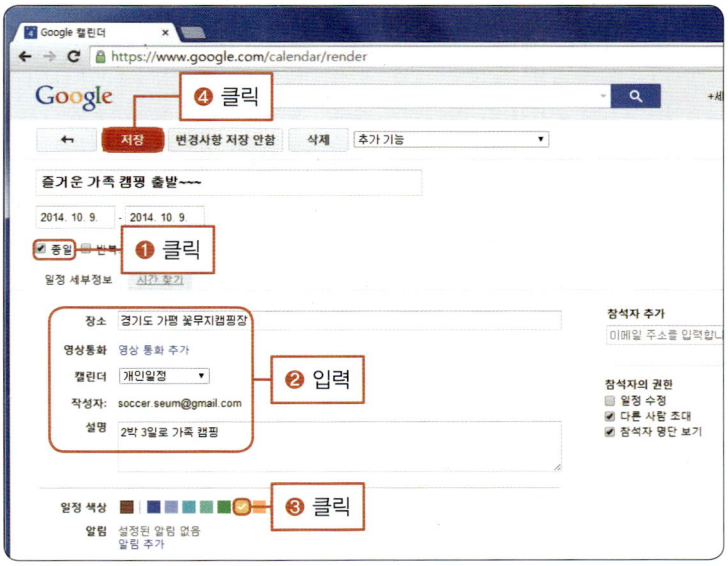

④ 개인일정이 변경된 것을 확인합니다.

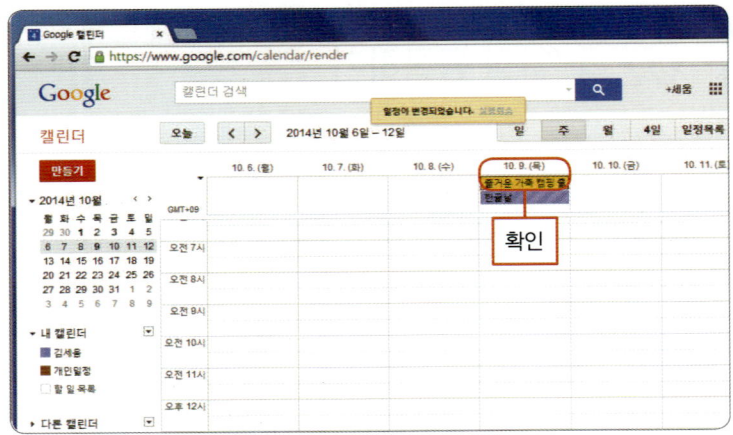

⑤ 화면 위쪽에서 〈월〉 단추를 클릭하여 캘린더 형식을 변경합니다.

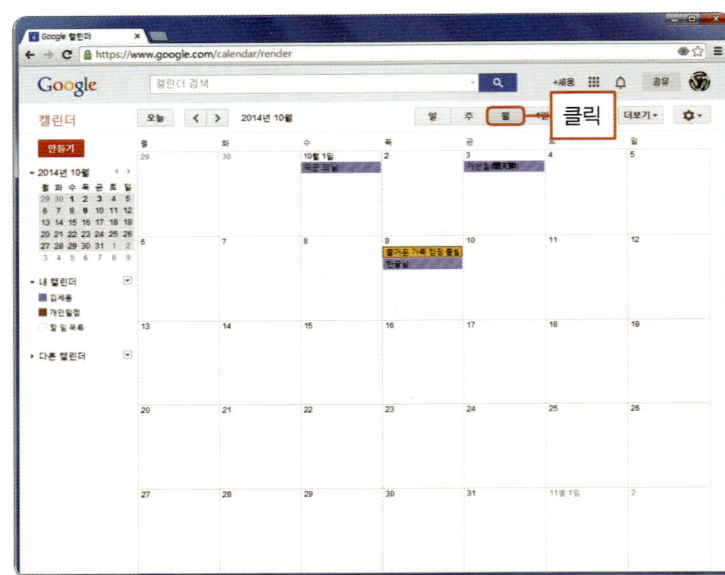

03 | 친구와 나의 캘린더 공유하기

① 왼쪽 메뉴에서 [내 캘린더]에서 [개인일정]의 ▼(목록 단추)를 클릭하여 **[이 캘린더 공유하기]**를 선택합니다.

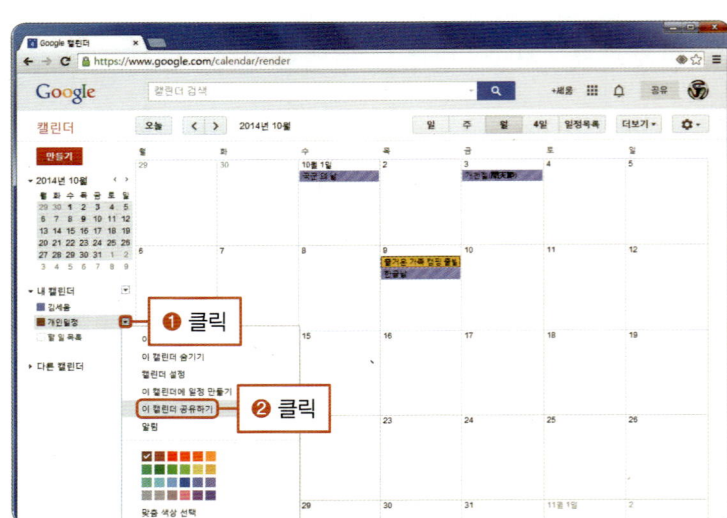

❷ [특정 사용자와 공유]에서 '사용자' 입력란에서 친구의 Gmail 주소을 입력합니다. '사용권한 설정'에서 권한을 선택하고 〈사용자 추가〉 단추를 클릭합니다.

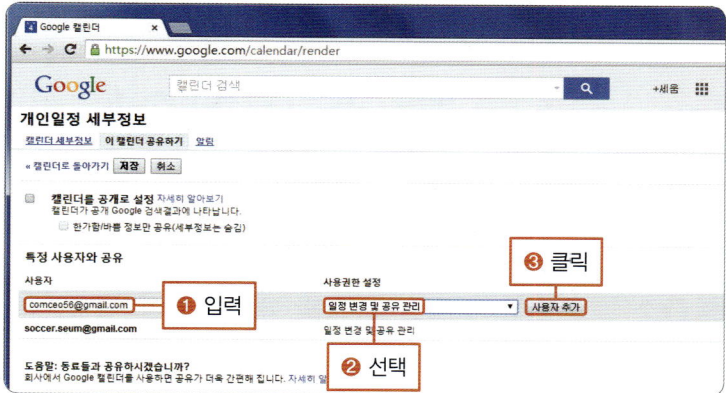

❸ 친구가 등록된 것을 확인하고 〈저장〉 단추를 클릭합니다.

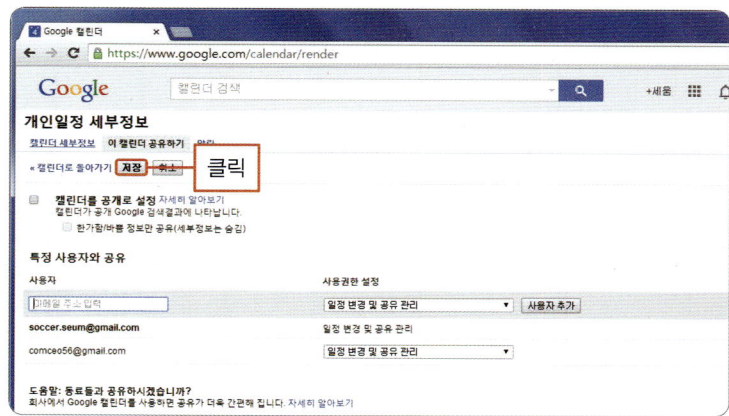

❹ 변경사항이 저장되었다는 메시지를 확인합니다.

TIP 캘린더를 공유한 친구에게 보낸 메일 내용 확인하기

혼자 할 수 있어요!

Google chrome

01 다음과 같이 11월달 개인일정을 등록해 보세요.

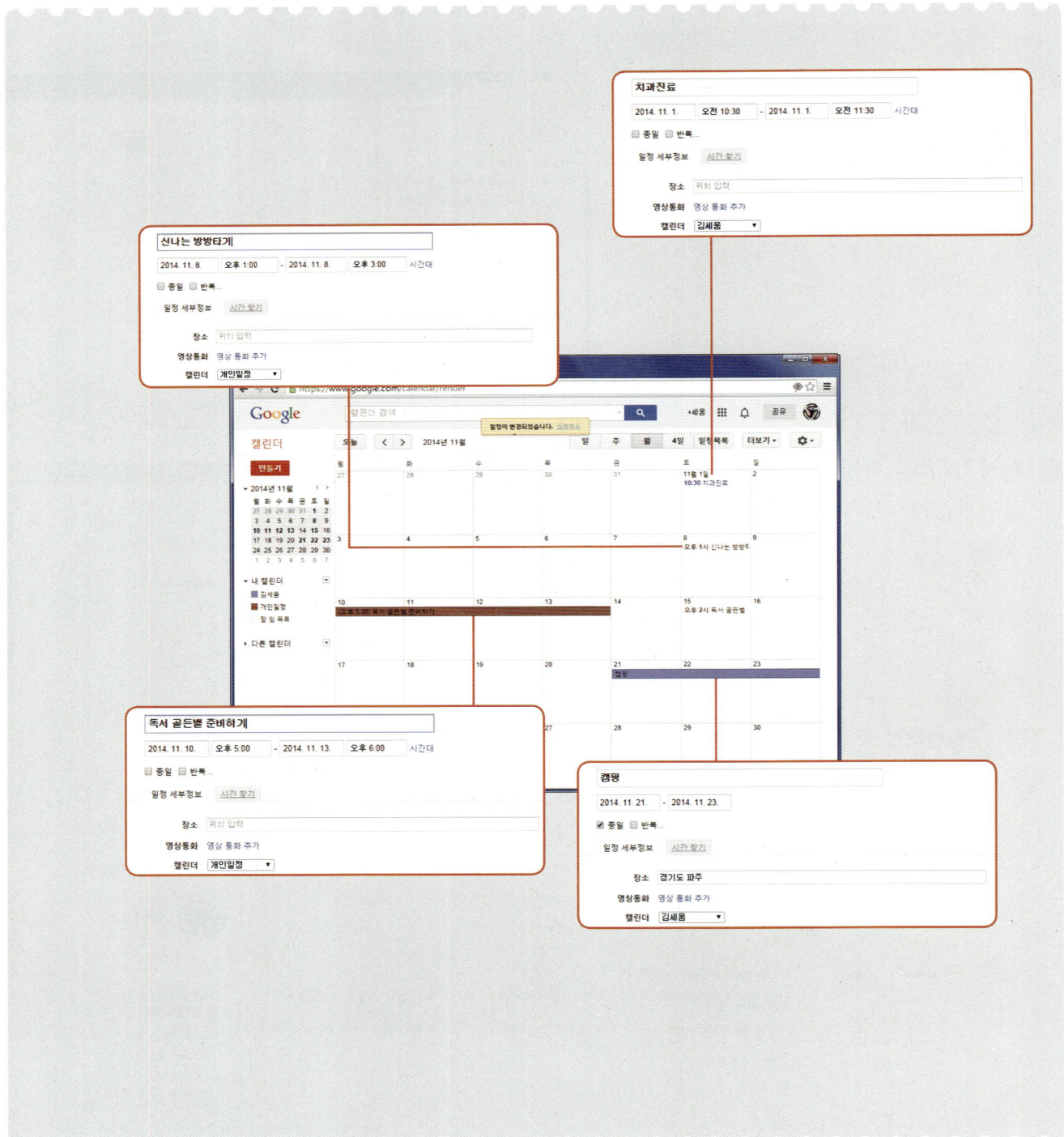

PART 02
앱 프로그램 활용하기

Chapter 13   테마 변경하기
Chapter 14   나만의 크롬 테마 만들기
Chapter 15   타닥타닥 타자 프로그램 사용하기
Chapter 16   간단하게 이미지 편집하기
Chapter 17   온라인 광고 차단하기

13 CHAPTER 테마 변경하기

✓ 스토어를 이용하여 크롬 브라우저의 테마를 변경할 수 있다.
✓ 친구들과 크롬 브라우저 테마를 공유할 수 있다.

완성파일 미리보기

google chrome

• 예제파일 | 없음   • 완성파일 | 없음

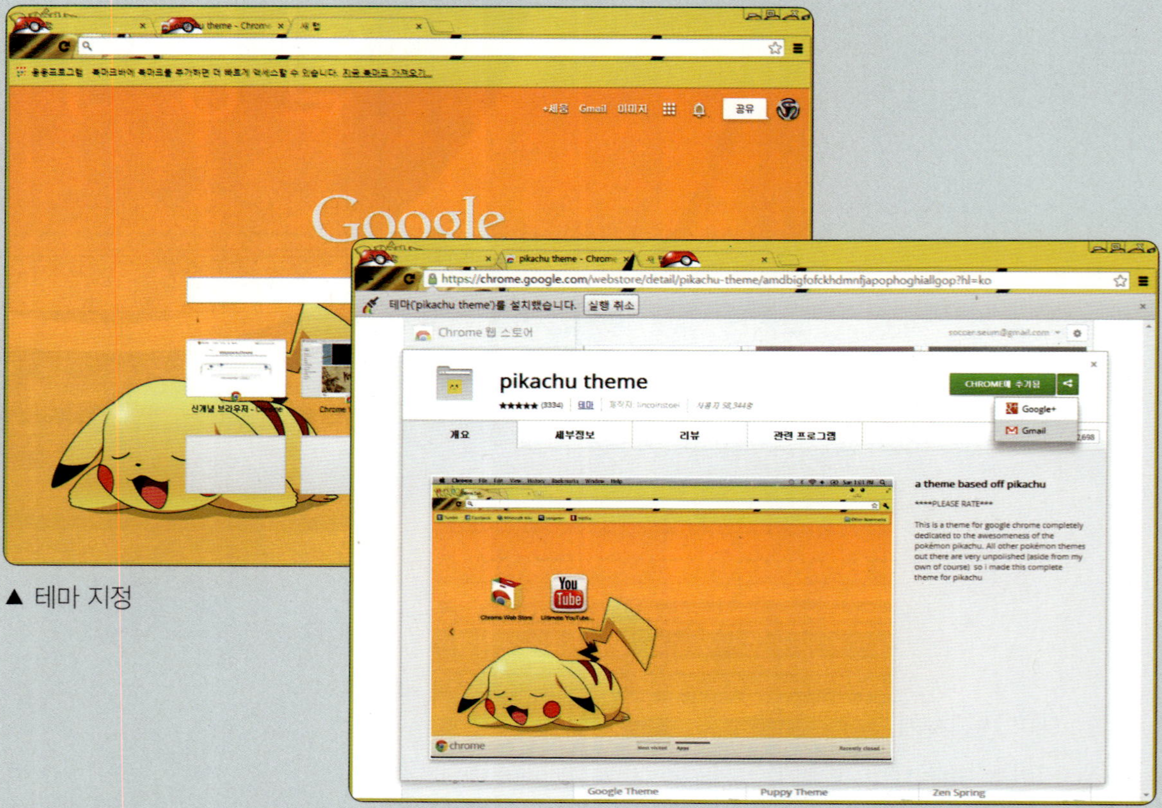

▲ 테마 지정

▲ 테마 공유

01 | 테마 바꾸기

크롬 브라우저에서 디자인을 바꿀 수 있는 테마 기능을 이용하여 나만의 브라우저를 꾸밀 수 있습니다.

❶ 바탕화면에서 크롬 바로 가기 아이콘 ( )을 더블 클릭하여 실행한 후 주소 입력창에서 [☰(Chrome 맞춤설정 및 제어)]-[설정]을 클릭합니다.

❷ [모양]에서 〈테마 추가〉 단추를 클릭합니다.

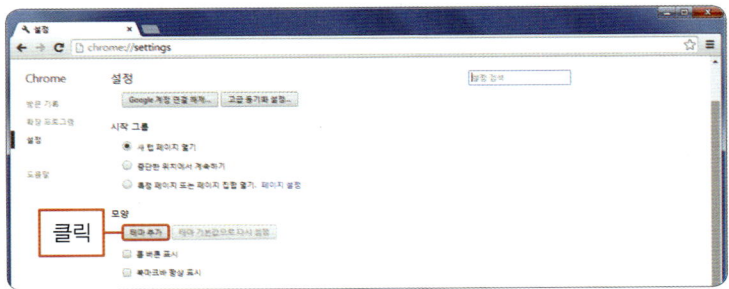

❸ [Chrome 웹 스토어] 탭에 표시되는 다양한 테마 중에서 마음에 드는 것을 클릭합니다.

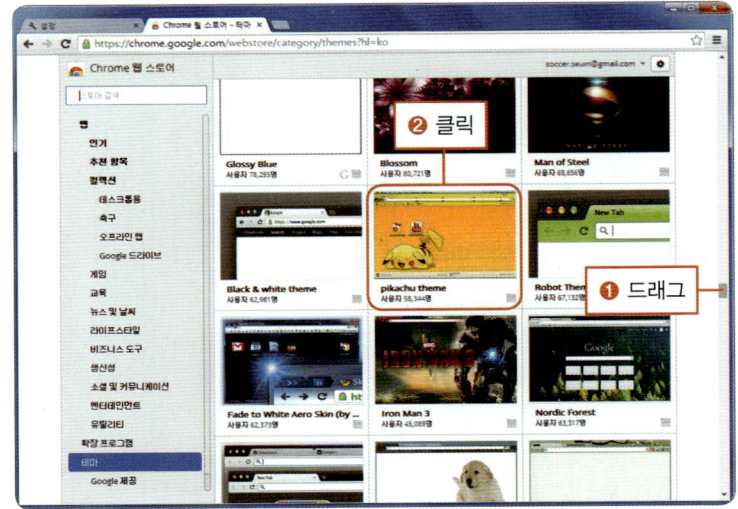

> **TIP** **웹 스토어**
> 웹 스토어는 구글에서 크롬 브라우저를 통해 운영하는 웹 기반 앱 스토어으로 크롬의 기능을 넓혀주는 다양한 웹 응용 프로그램과 테마를 제공합니다.

④ 설치 창에서 〈무료〉 단추를 클릭합니다.

⑤ 크롬 브라우저 화면 아래에 해당 프로그램을 'Chrome에 추가하는 중..' 이라는 메시지 창이 표시됩니다.

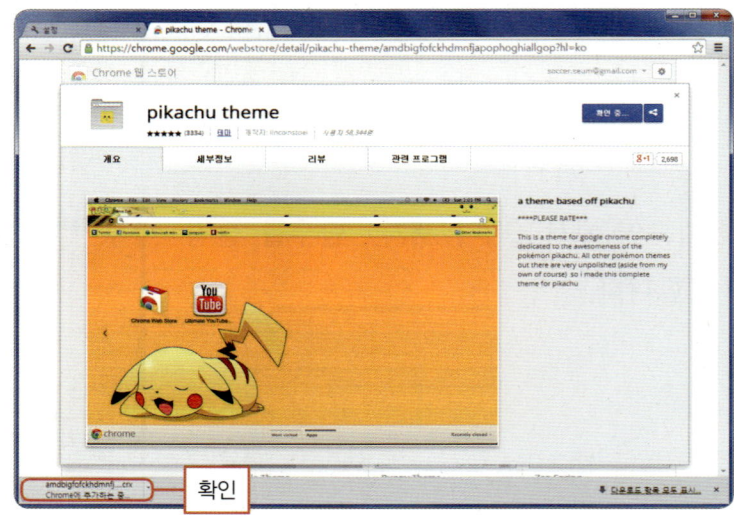

⑥ 설치가 완료되면 설치 창에서 〈CHROME에 추가됨〉이 표시되며, 크롬 브라우저의 테마가 변경됩니다. 테마 설치를 취소하려면 주소 표시줄 아래에 표시된 메시지 창에서 〈실행 취소〉 단추를 클릭합니다.

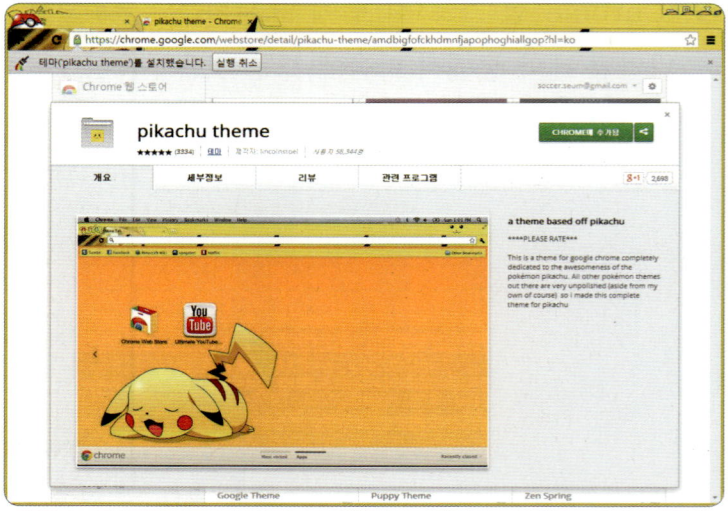

❼ ▭(새 탭)을 클릭하여 설치된 테마의 첫 페이지를 확인합니다.

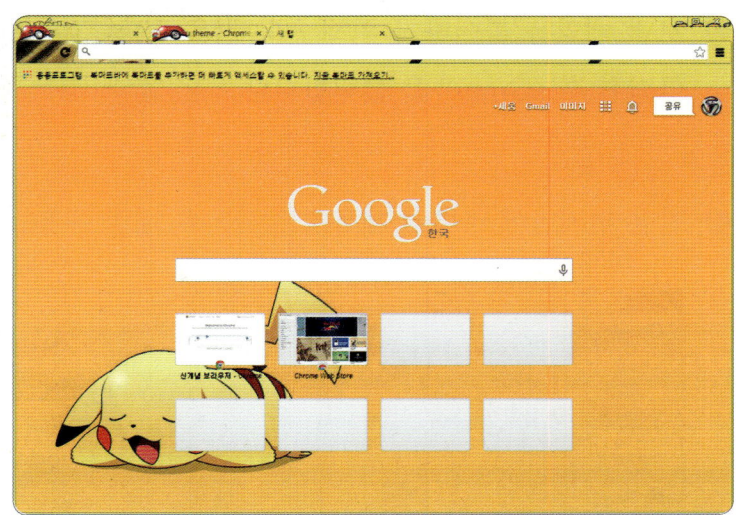

02 | Gmail를 이용하여 테마 공유하기

무료로 다운로드 받은 테마를 Google+나 Gmail를 이용해 공유할 수 있습니다.

❶ [Pikachu theme – Chrome] 탭을 클릭합니다. 설치 창에서 ◀를 클릭하여 [Gmail]을 선택합니다.

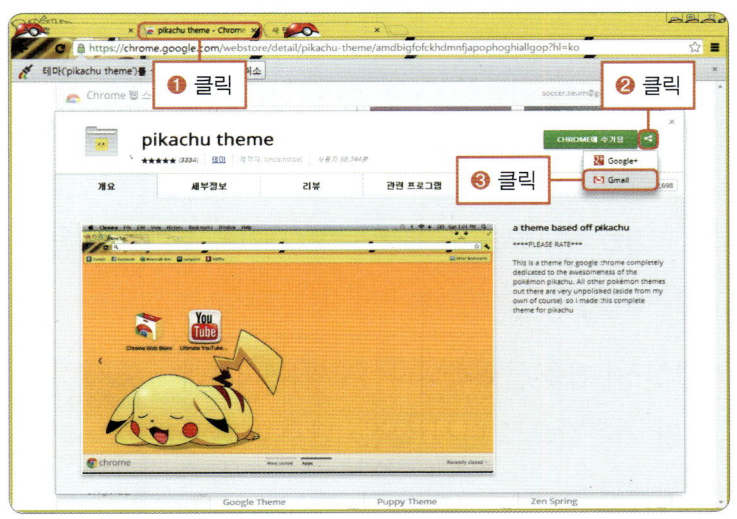

❷ 친구 메일 주소와 간단한 내용을 입력하고 〈보내기〉 단추를 클릭합니다. 교재에서는 자신이 메일 주소를 입력합니다.

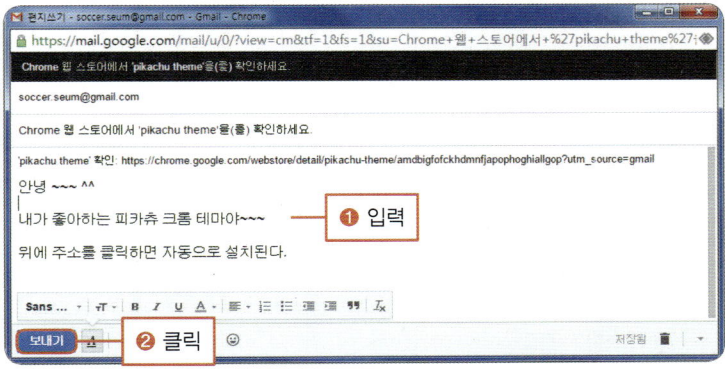

13 테마 변경하기 • 97

❸ 보낸 메일을 확인하기 위해 [새 탭]을 클릭한 후 〈Gmail〉을 클릭합니다.

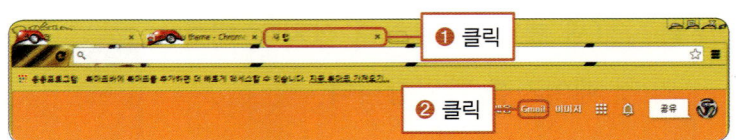

❹ 받은 편지함에서 메일 제목을 클릭하여 메일 내용을 확인합니다.

03 | 기본 테마로 변경하기

변경된 테마에서 다시 원래의 기본 테마로 변경할 수 있습니다.

❶ [설정] 탭을 클릭합니다. [모양]에서 〈테마 기본값으로 다시 설정〉 단추를 클릭합니다.

❷ 다시 원래의 기본 테마로 변경된 것을 확인합니다.

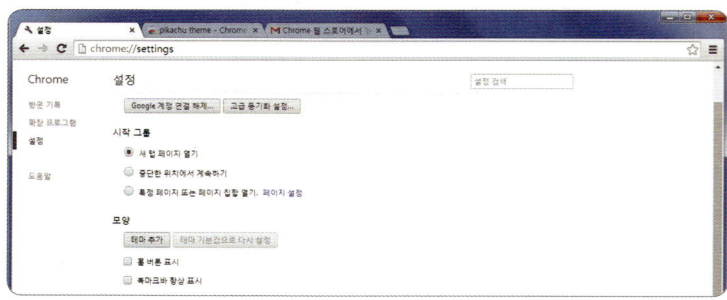

혼자 할 수 있어요!

Google chrome

01 크롬 웹브라우저의 테마를 임의로 변경하고 변경한 테마의 이름을 적어 보세요.

• 예제파일 | 없음   • 완성파일 | 없음

변경한 테마의 이름은
(　　　　　　)이다.

02 친구에게 추천해주고 싶은 테마를 찾은 후 메일로 추천해 보세요.

• 예제파일 | 없음   • 완성파일 | 없음

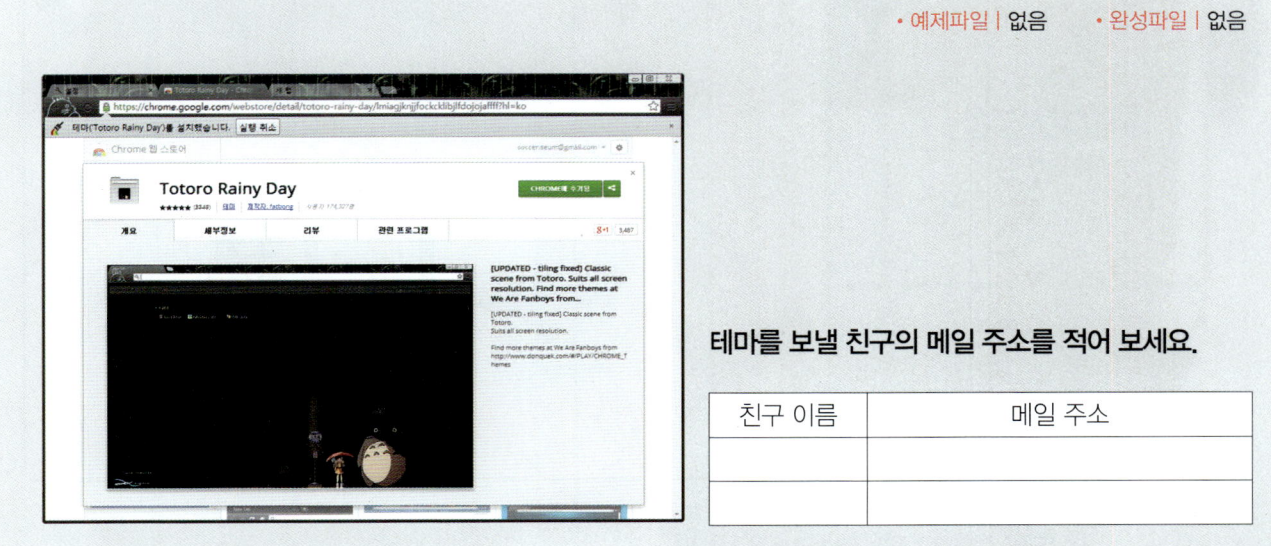

테마를 보낼 친구의 메일 주소를 적어 보세요.

친구 이름	메일 주소

14 CHAPTER 나만의 크롬 테마 만들기

- ☑ 웹 스토어에서 '내 Chrome 테마' 프로그램을 다운로드하여 설치할 수 있다.
- ☑ '내 Chrome 테마' 프로그램을 이용하여 나만의 테마를 만들고 친구들과 공유할 수 있다.

완성파일 미리보기

google chrome

• 예제파일 | 테마.jpg   • 완성파일 | 없음

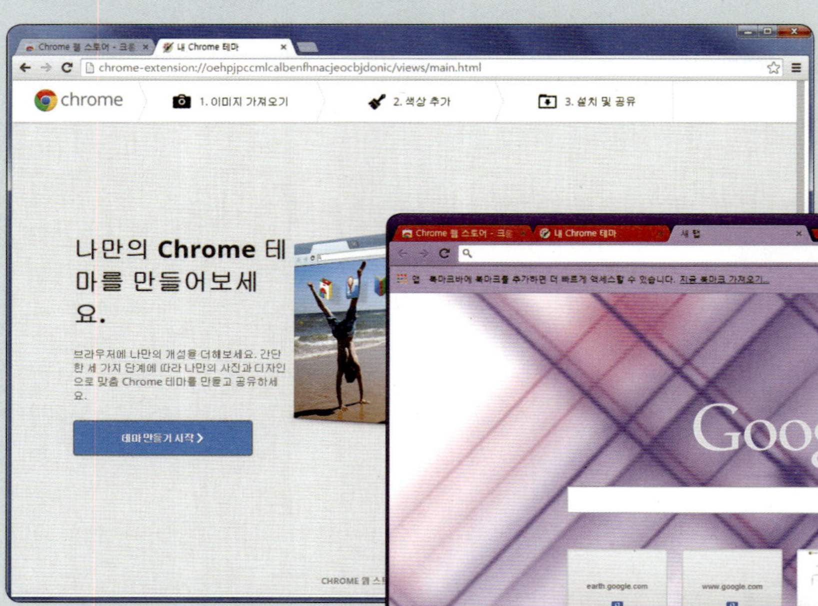

▲ 테마 만들기

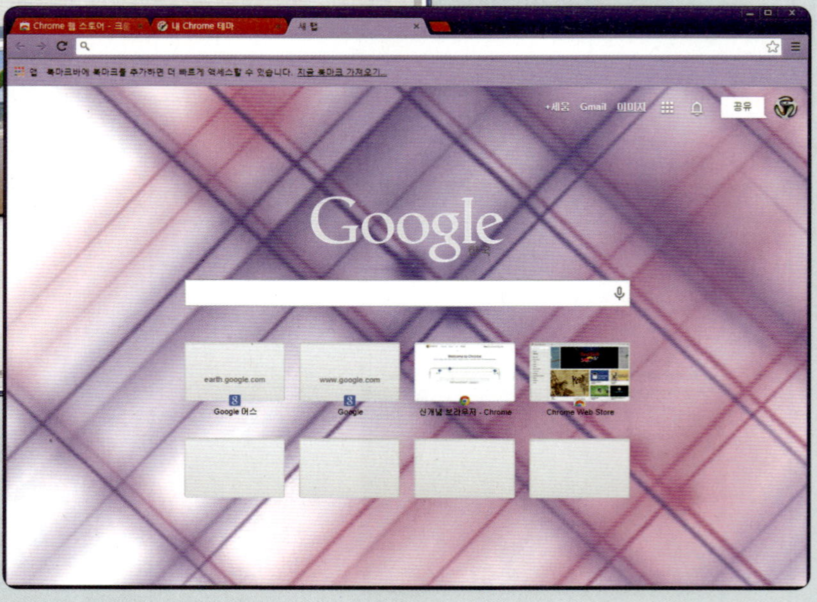

▲ 테마 지정하기

01 | 웹 스토어에서 프로그램 다운로드하기

웹 스토어에서 누구나 쉽게 크롬 테마를 만들 수 있도록 기능을 제공하는 프로그램을 다운로드하여 설치합니다.

❶ 바탕화면에서 크롬 바로 가기 아이콘( )을 더블 클릭하여 실행합니다.

❷ 주소표시줄 아래에 있는 [앱]을 클릭합니다. [앱] 탭에서 자주 사용하는 기본 앱 프로그램 중 [웹 스토어]를 클릭합니다.

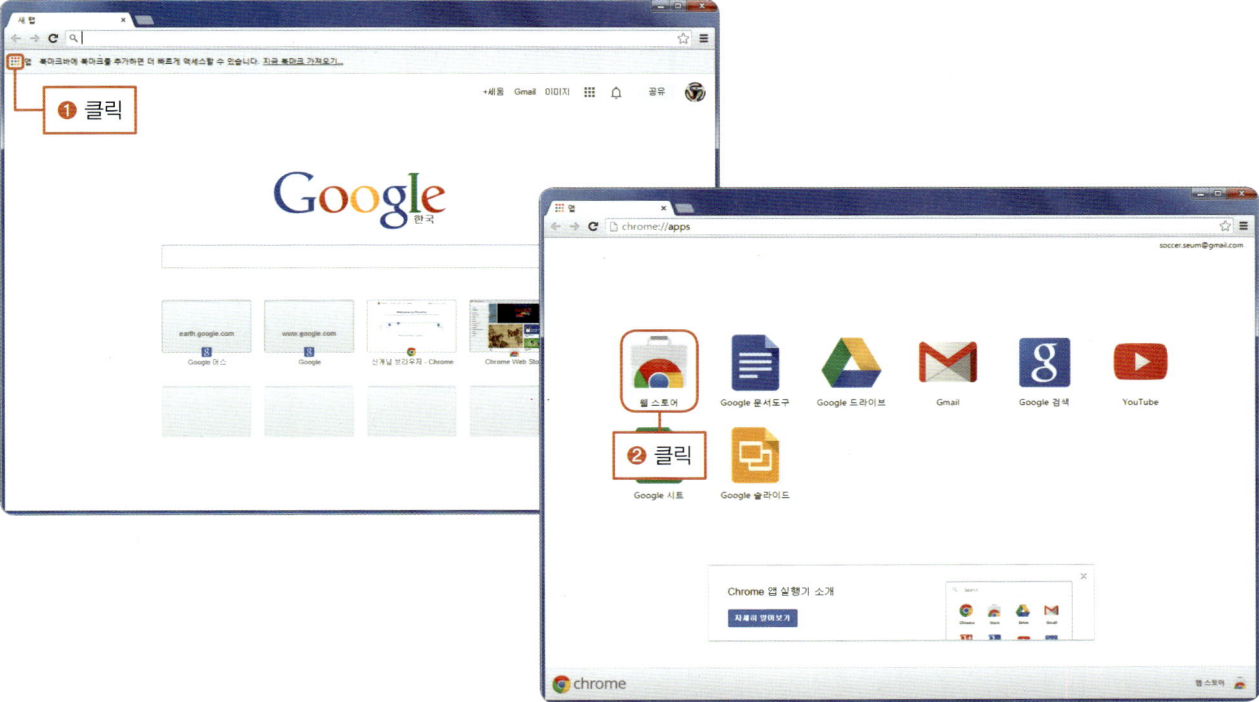

❸ 검색 상자에 '크롬 테마'를 입력하고 Enter 키를 누릅니다. 앱 검색 결과에서 '내 Chrome 테마'의 〈+무료〉 단추를 클릭합니다.

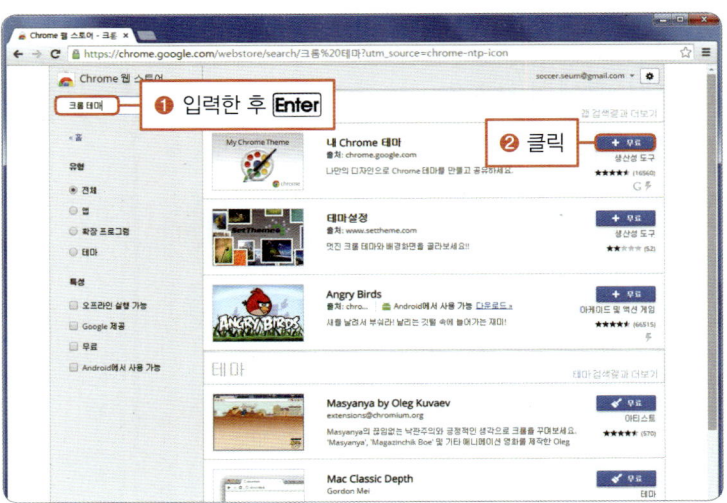

❹ [새 앱 확인] 창에서 〈추가〉 단추를 클릭합니다.

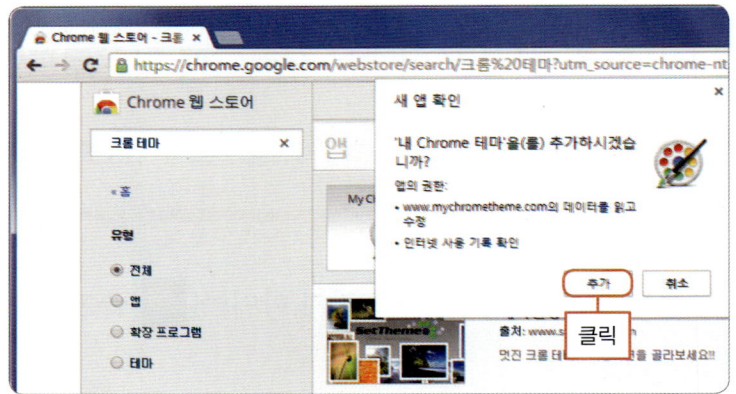

❺ '내 Chrome 테마'가 설치되면 [앱] 탭이 자동으로 표시되며 새로 설치된 '내 Chrome 테마'를 확인할 수 있습니다.

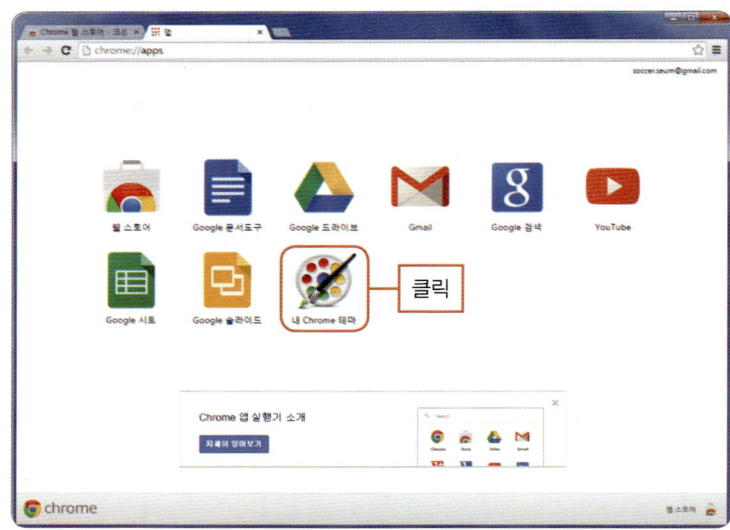

02 | 크롬 테마 만들기

'내 Chrome 테마' 프로그램을 이용하여 내가 원하는 크롬 테마를 만들 수 있습니다.

❶ [앱] 탭에서 **[내 Chrome 테마]**를 클릭합니다.

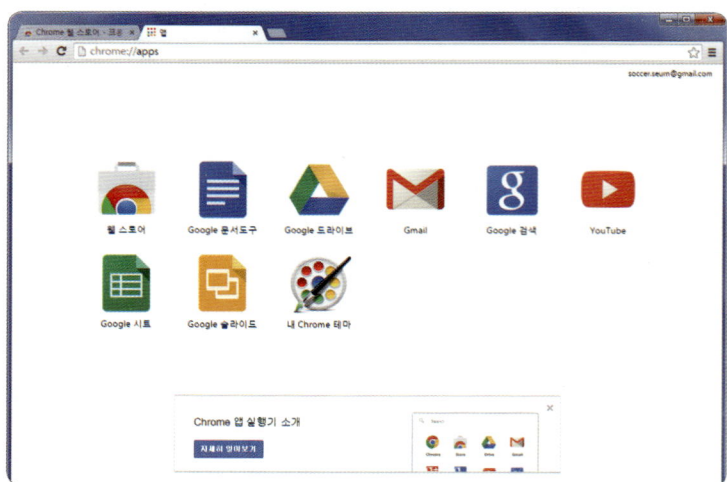

❷ 〈테마 만들기 시작〉 단추를 클릭합니다.

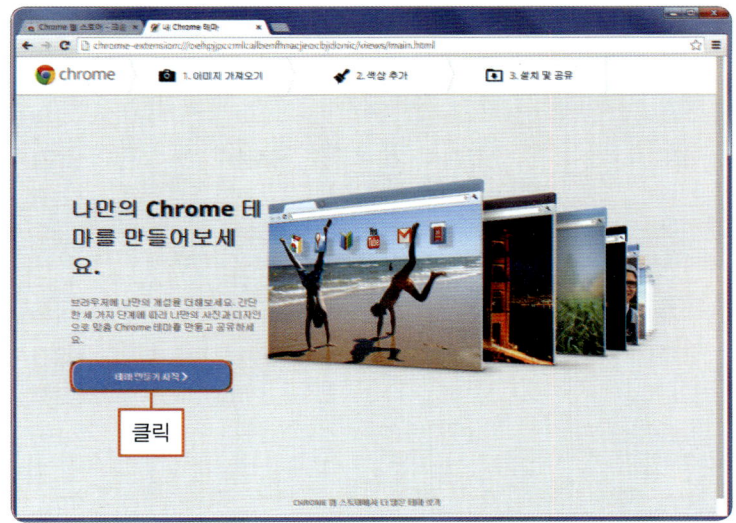

❸ [새 탭]에서 〈이미지 업로드〉를 클릭합니다. [열기] 대화상자에서 '테마([예제파일]-[14차시] 폴더)' 이미지를 선택한 후 〈열기〉 단추를 클릭합니다.

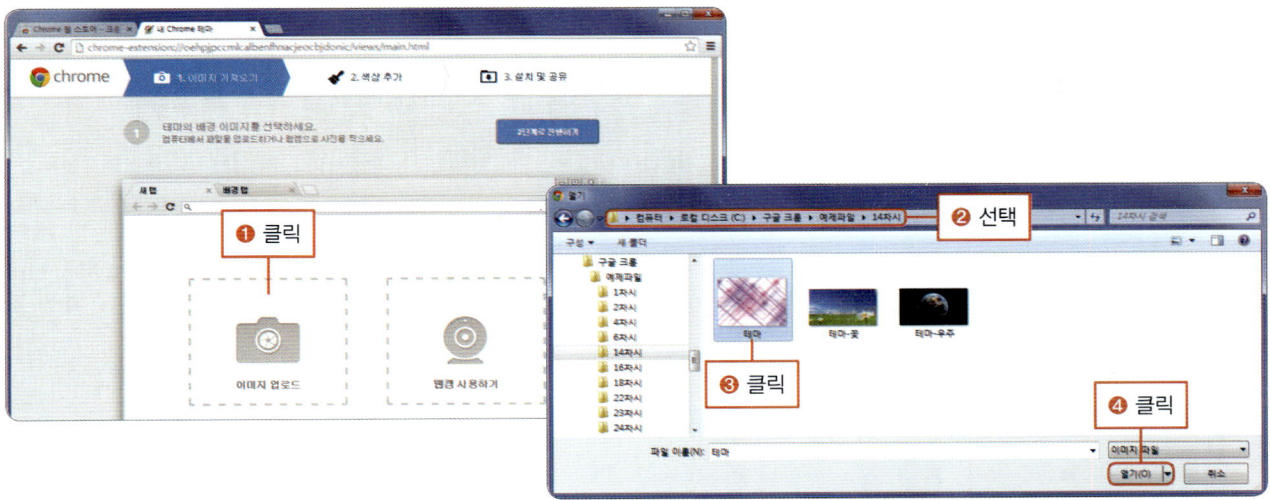

❹ 〈위치 조정〉 단추를 클릭합니다. [위치 조정] 창에서 '화면 채우기'-'가운데 맞춤'을 선택한 후를 ×를 클릭합니다.

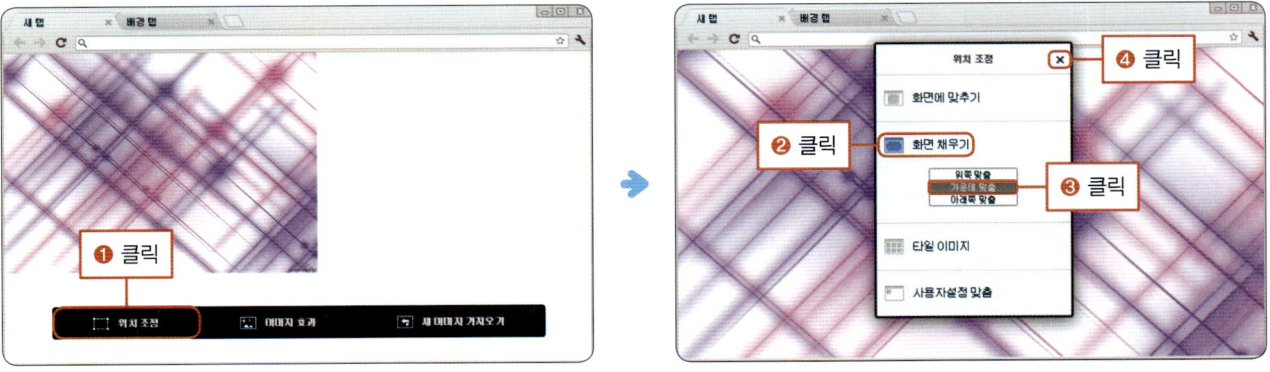

14 나만의 크롬 테마 만들기 • 103

> **TIP** 이미지 효과
>
> 〈이미지 효과〉 단추를 클릭하면 [이미지 효과] 창에서 흑백, 세피아, 따뜻함 등 미리 제공되는 이미지 효과를 선택하여 간단하게 이미지 효과를 지정할 수 있습니다.

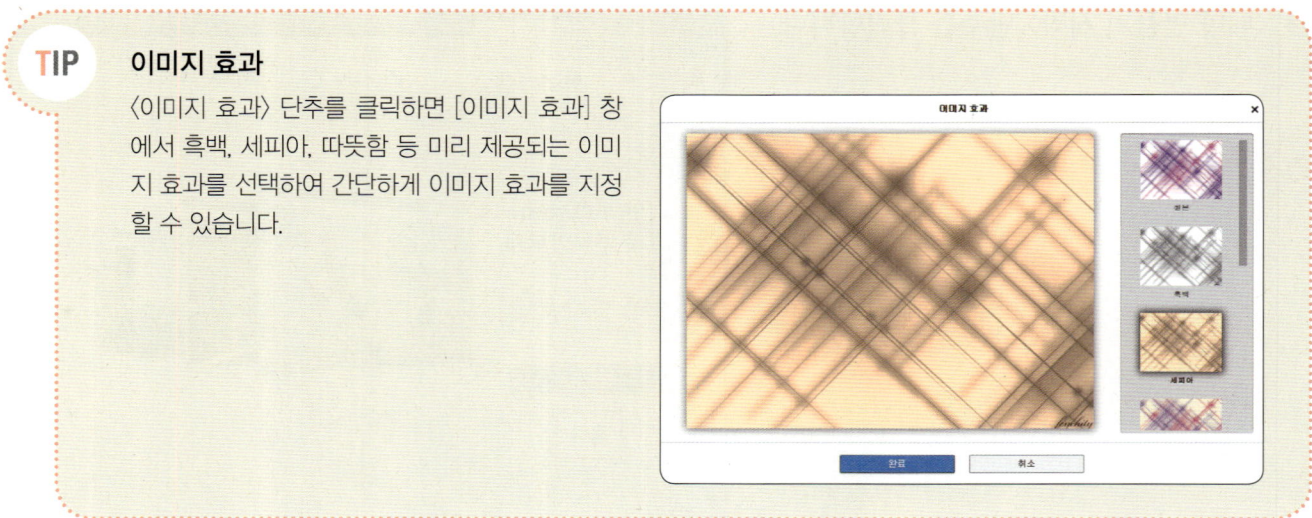

⑤ 〈2단계로 진행하기〉 단추를 클릭합니다.

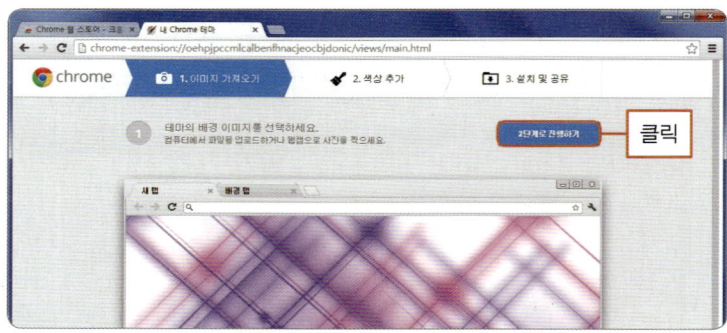

⑥ [새 탭] 위에 핀 모양을 클릭합니다. [색상 선택] 창에서 >를 두 번 클릭한 후 원하는 색상을 선택하고 ×를 클릭합니다.

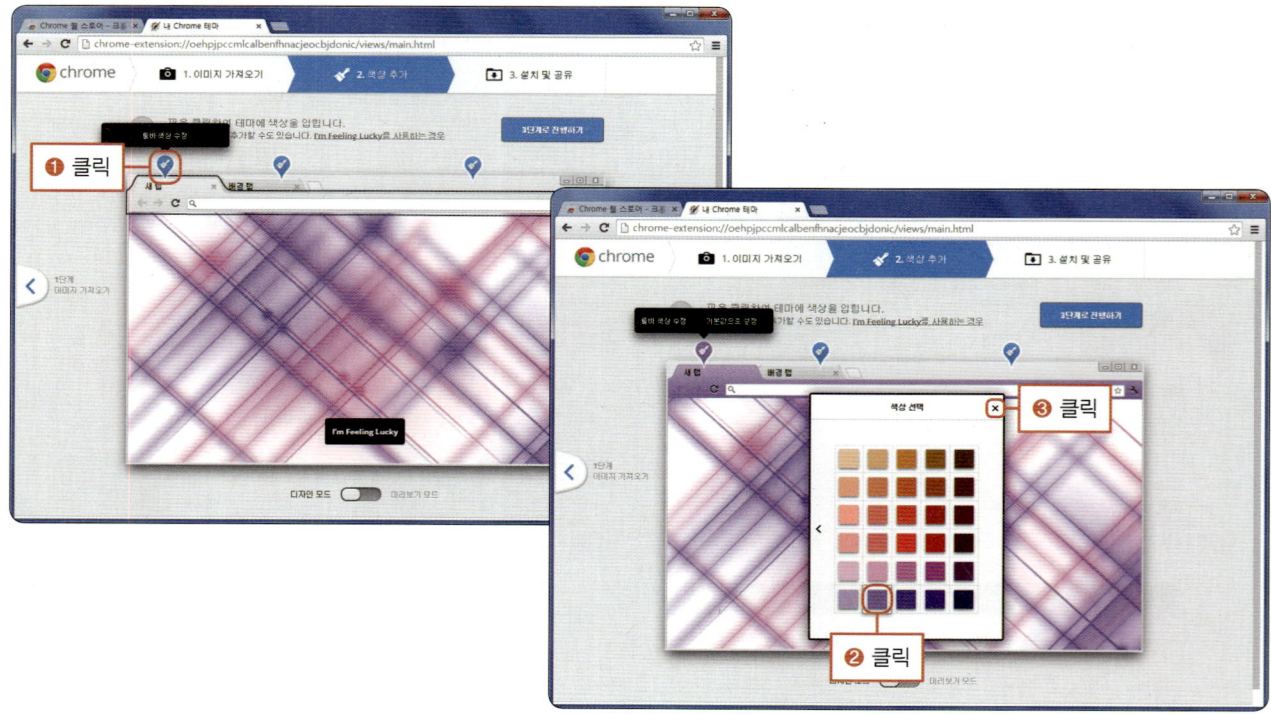

> **TIP** 자동 색상 지정하기
> 2단계 색상 추가에서 〈I'm Feeling Lucky〉 단추를 클릭하면 자동으로 색상으로 추가할 수 있습니다.

❼ 위와 같은 방법으로 [배경 탭]과 [프레임 색상]의 핀 모양을 클릭하여 색상을 지정합니다.

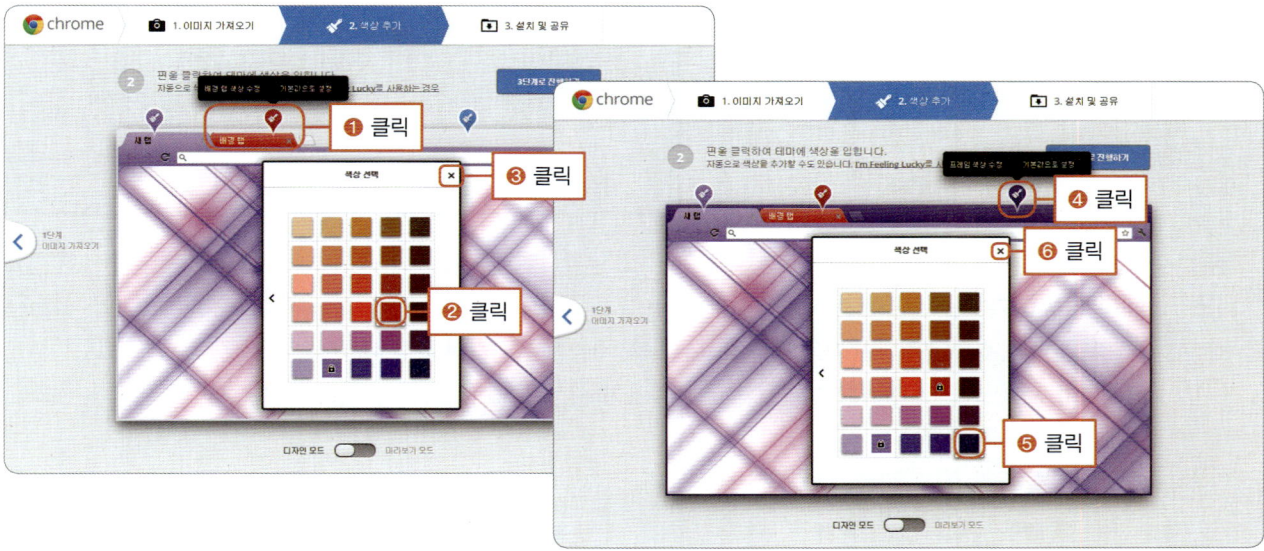

❽ 〈3단계로 진행하기〉 단추를 클릭합니다.

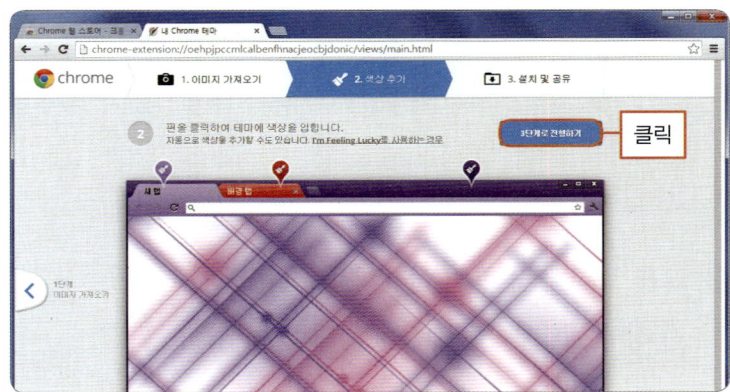

❾ 테마 이름을 입력한 후 〈내 테마 만들기〉 단추를 클릭합니다.

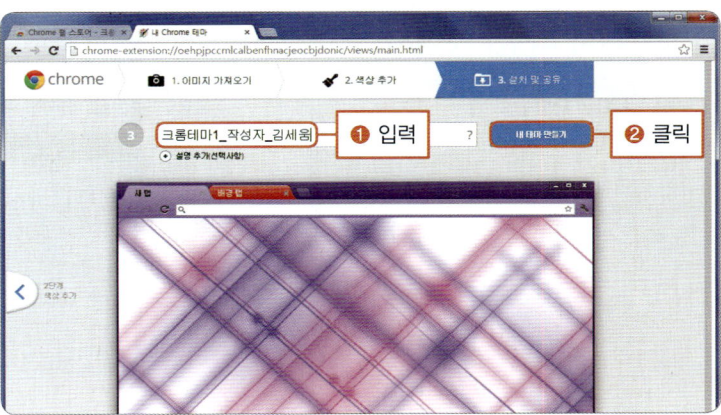

⑩ 크롬 브라우저에 작업한 테마를 적용하기 위해 〈내 테마 설치〉 단추를 클릭합니다.

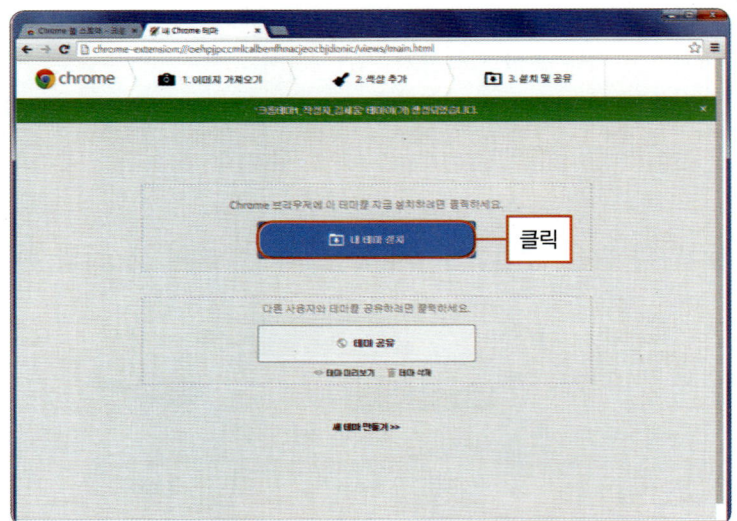

> **TIP 테마 공유하기**
>
> 〈테마 공유〉 단추를 클릭하면 자동 생성된 공유 URL 주소를 복사하여 다른 사용자와 공유할 수 있습니다.
>
> ❶ 〈테마 공유〉 단추를 클릭합니다. 고유 URL 주소가 생성되면 마우스로 클릭한 후 오른쪽 단추를 눌러 〈복사〉를 선택합니다.
>
>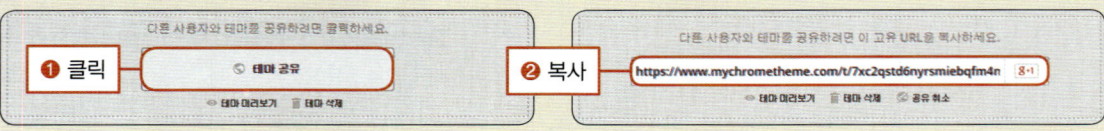
>
> ❷ Gmail을 이용하여 메시지 내용에 URL를 복사하여 작성한 후 보내기합니다.
> ❸ 메일을 수신하면 메시지에서 URL 주소를 클릭합니다.
> ❹ 크롬 브라우저에 [테마 이름('크롬테마1_작성자_김세움')] 탭에서 〈테마 설치〉 단추를 클릭하면 테마가 새로 적용됩니다.

⑪ 크롬 브라우저 화면 아래에 표시된 메시지 창에서 〈계속〉 단추를 클릭합니다.

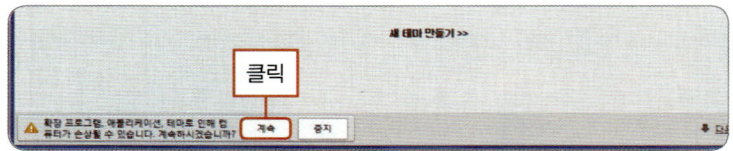

⑫ [새 테마 확인] 창에서 〈추가〉 단추를 클릭합니다.

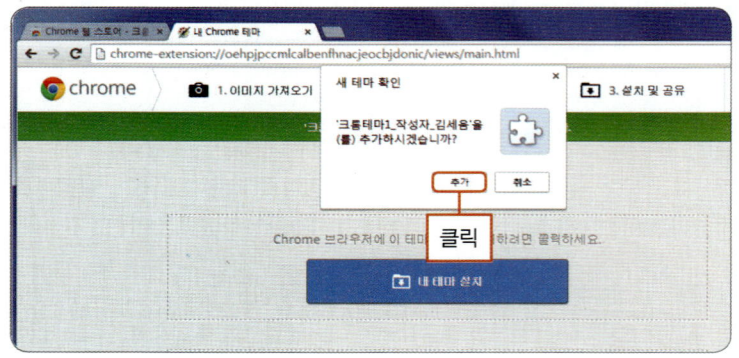

⑬ ■(새 탭)을 클릭하여 설치된 테마의 첫 페이지를 확인합니다.

⑭ 설치된 테마를 취소하기 위해 [내 Chrome 테마] 탭을 클릭한 후 주소입력줄 아래 메시지 창에서 〈실행 취소〉 단추를 클릭합니다.

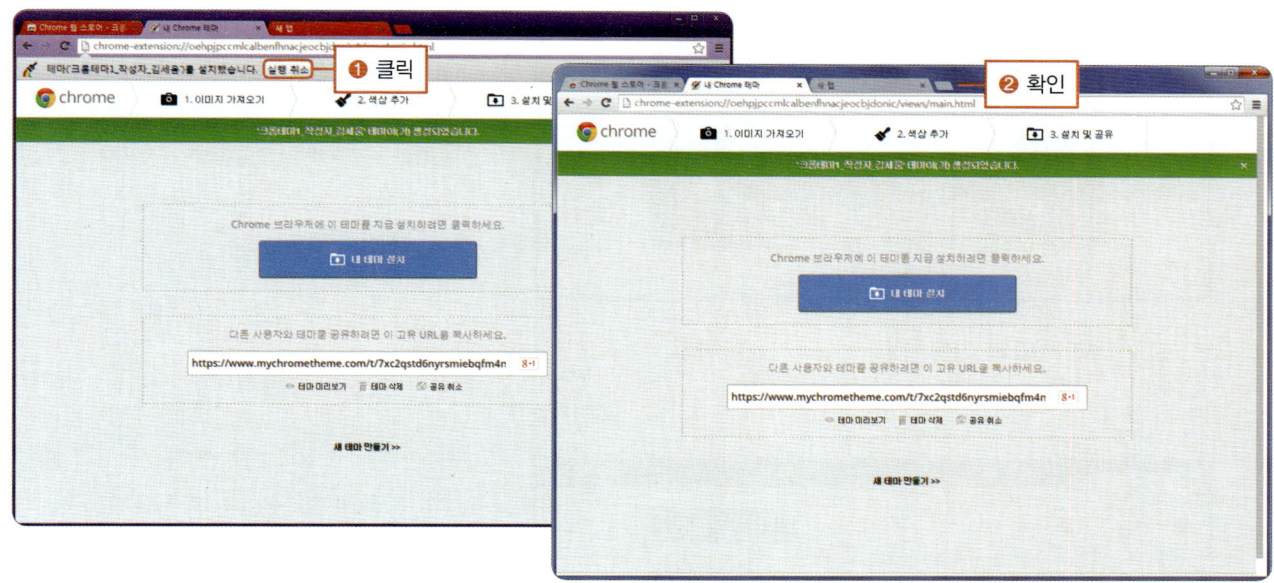

❶ 클릭
❷ 확인

TIP '내 Chrome 테마'에서 만든 테마 삭제하기

[앱] 탭에서 '내 Chrome 테마'를 클릭한 후 화면 아래의 미리보기 창에서 이미지 위로 마우스 포인터를 이동한 후를 클릭하여 삭제할 수 있습니다.

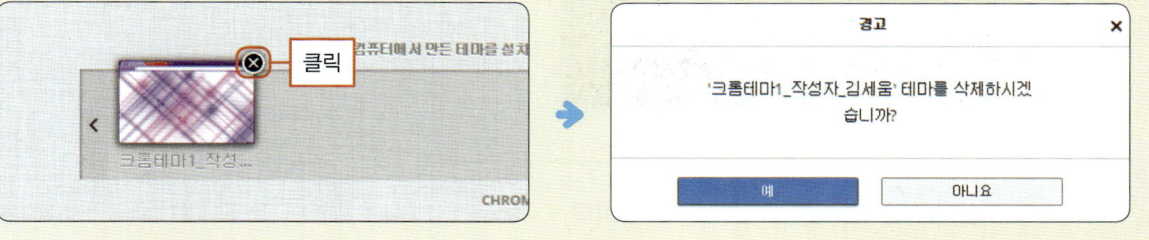

클릭

혼자 할 수 있어요!

Google chrome

01 '내 Chrome 테마'를 이용하여 크롬 브라우저의 테마를 만들고 내 테마 이름을 적어 보세요.

• 예제파일 | 테마-꽃.jpg, 테마-우주.jpg   • 완성파일 | 없음

- 이미지 효과 – 세피아
- 색상 추가 – 자동 색상으로 지정

내 테마의 이름은 (   )이다.

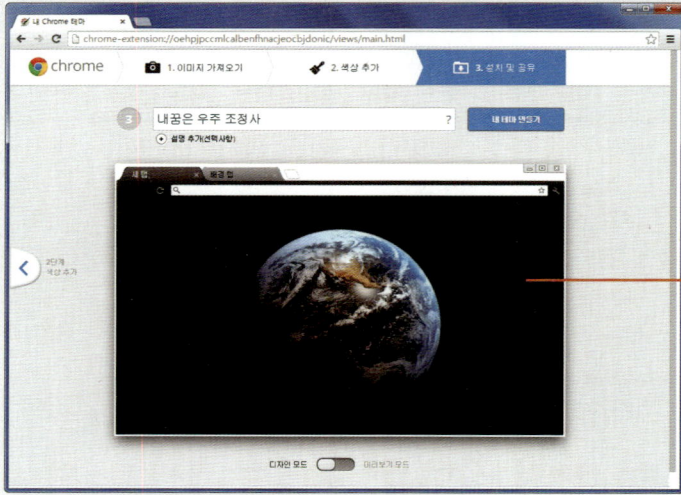

- 위치 조정 – 화면에 맞추기(가운데)
- 색상 추가 – 임의색으로 지정

내 테마의 이름은 (   )이다.

02 '내 Chrome 테마'의 테마 공유 기능을 이용하여 친구들과 테마를 서로 교환해 보세요.

03 나와 테마를 교환한 친구의 테마 이름을 적어 보세요.

내 친구가 보내준 테마 이름은 (　　　　　　) 이다.

04 '내 Chrome 테마'를 이용해 설치된 내 테마를 제거해 보세요.

CHAPTER 15 타닥타닥 타자 프로그램 사용하기

- ☑ 웹 스토어에서 '타닥타닥 타자 프로그램'을 다운로드하여 설치할 수 있다.
- ☑ 타닥타닥 타자 프로그램을 활용할 수 있다.

 완성파일 미리보기

google chrome

• 예제파일 | 없음   • 완성파일 | 없음

▲ 타자 프로그램 설치

▲ 타자 프로그램 실행

01 | 타자 연습 프로그램 설치하기

타닥타닥 타자연습은 웹에서 회원가입 없이 간편하게 한글/영문 타자 연습 및 단어 퍼즐, 타자 게임을 할 수 있는 앱 프로그램입니다.

❶ 바탕화면에서 크롬 바로 가기 아이콘( )을 더블 클릭하여 실행합니다.

❷ 주소표시줄 아래에 있는 [앱]을 클릭합니다. [앱] 탭에서 자주 사용하는 기본 앱 프로그램 중 [웹 스토어]를 클릭합니다.

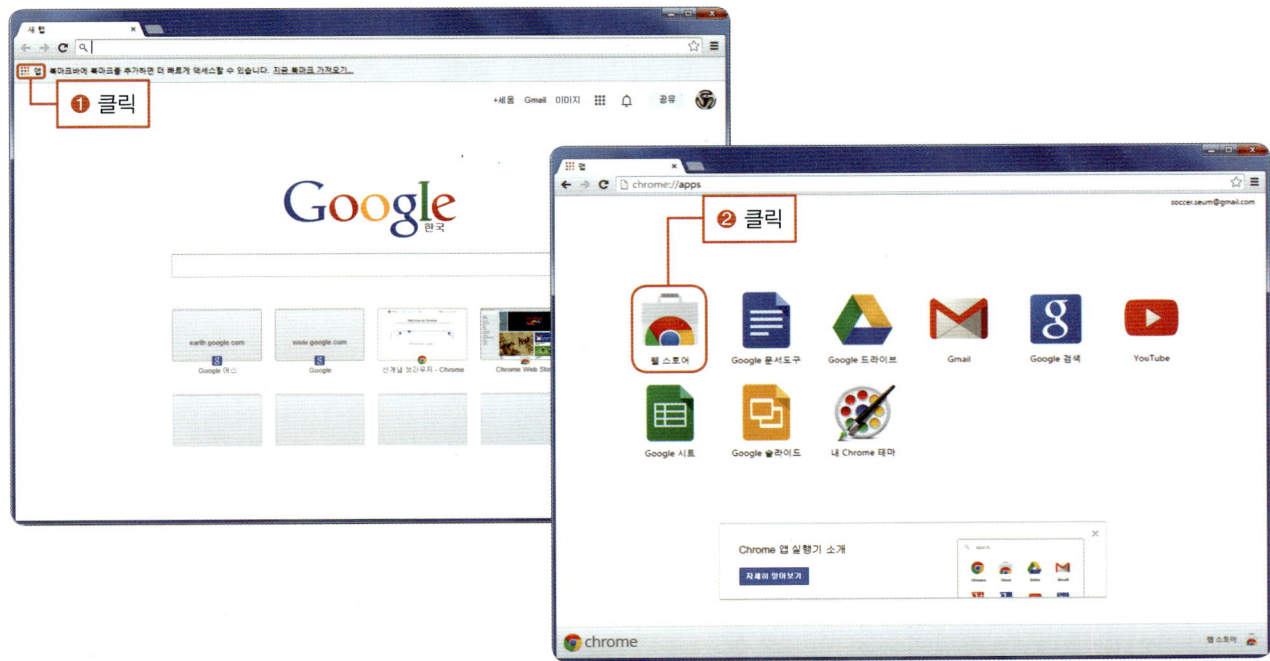

❸ 검색 상자에 '타자연습'을 입력하고 Enter 키를 누릅니다. 앱 검색 결과에서 '타닥타닥 타자연습'의 〈+무료〉 단추를 클릭합니다.

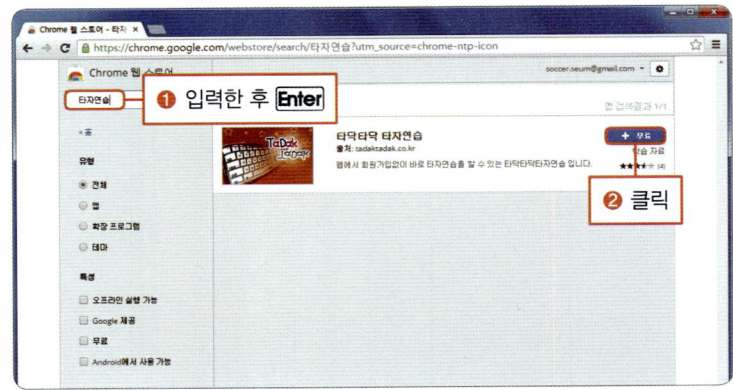

❹ [새 앱 확인] 창에서 〈추가〉 단추를 클릭합니다.

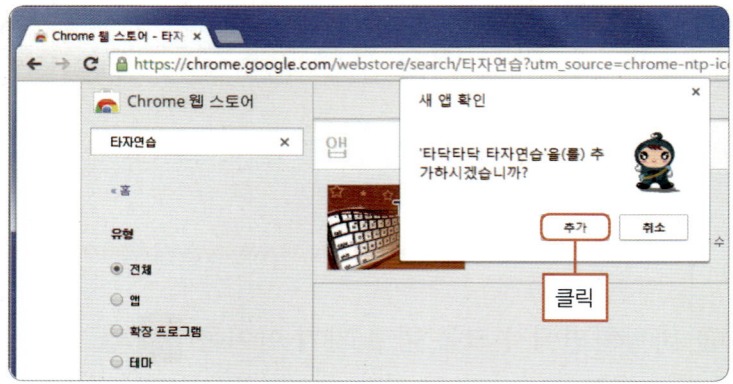

❺ '타닥타닥 타자연습'가 설치되면 [앱] 탭이 자동으로 표시되며 새로 설치된 '타닥타닥 타자연습'를 확인할 수 있습니다.

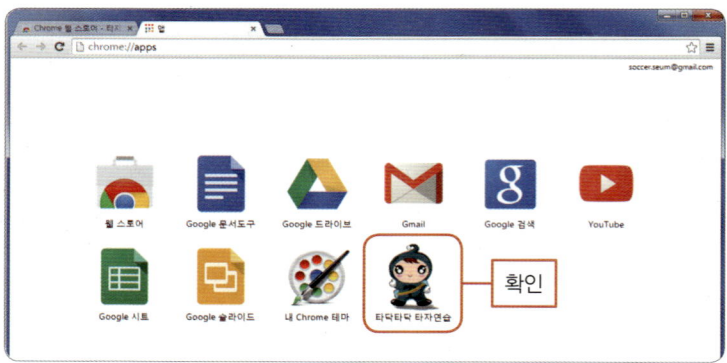

02 | 타자 연습 프로그램 실행하기

❶ [앱] 탭에서 '타닥타닥 타자연습'를 클릭합니다.

❷ [타닥타닥 타자연습] 탭에서 **[자판 연습]-[기본 자리]**를 클릭합니다.

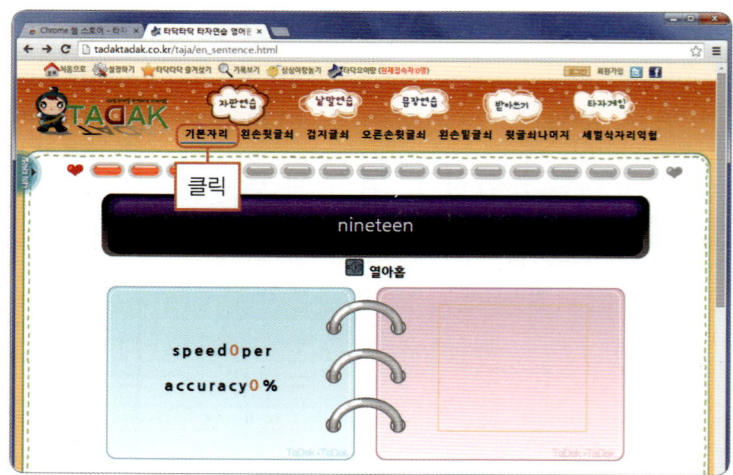

❸ 화면 아래쪽 손 모양을 보고 기본 자리를 연습합니다.

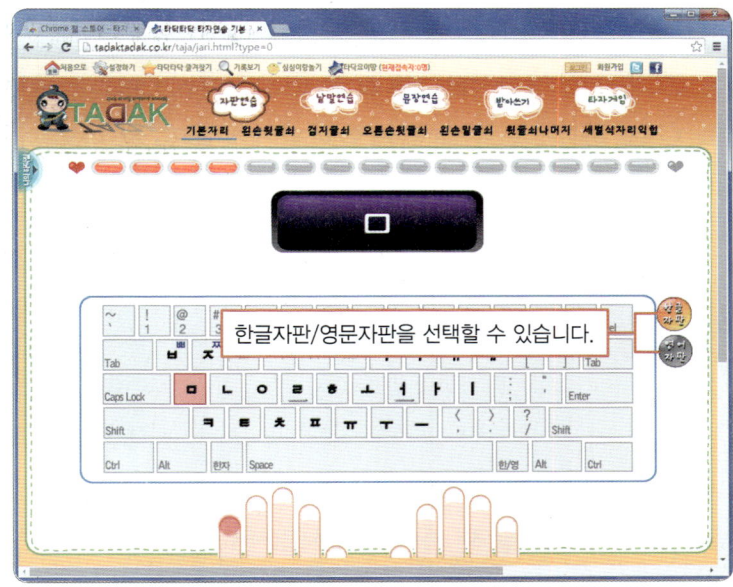

❹ [낱말연습]-[한글낱말]을 클릭합니다. 표시된 낱말 '안경'을 입력하고 Enter 키를 누르면 다음 낱말이 자동 표시됩니다.

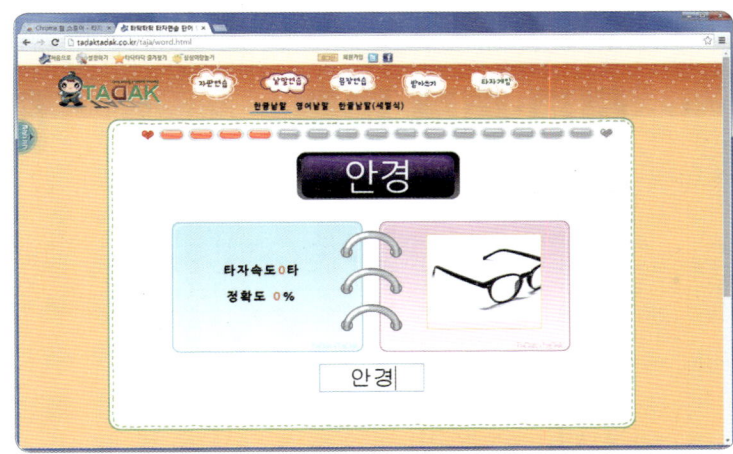

❺ [낱말연습]-[문장연습]을 클릭합니다. 표시된 문장 '새벽달 보자고 초저녁부터 기다린다'를 입력하고 Enter 키를 누르면 다음 문장이 자동 표시됩니다.

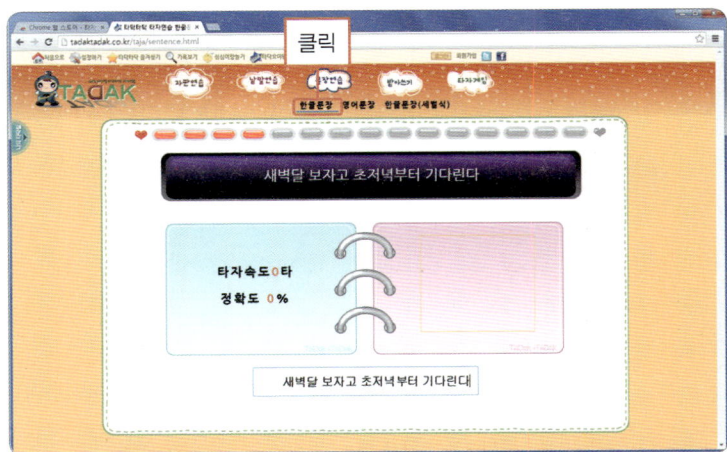

❻ [타자게임]-[퍼즐 게임]을 클릭합니다. 메시지 창에서 게임 방법을 읽은 다음 〈시작하기〉 단추를 클릭합니다.

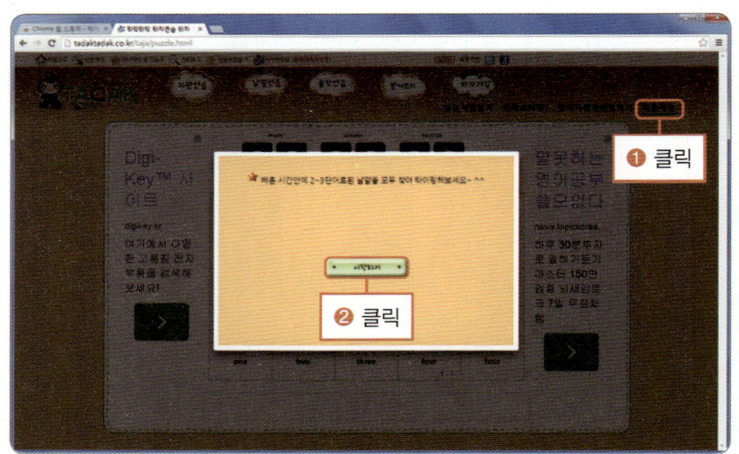

❼ 깜빡 거리는 글자 가운데에서 2-3 단어로 된 단어를 찾으면 됩니다. 예를 들어 맞는 단어로 '친구'를 입력하고 Enter 키를 누르면 로 표시됩니다. 잘못된 단어를 입력한 경우에는 아무것도 표시되지 않습니다.

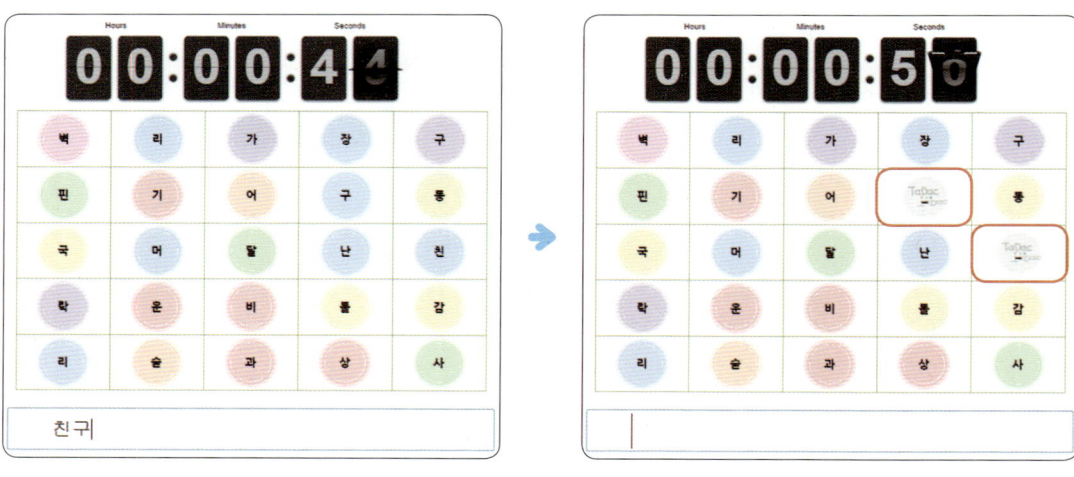

혼자 할 수 있어요!

Google chrome

01 '웹 스토어'에서 영문 타자 연습 게임 'Z-Type' 앱을 검색하여 설치해 보자.

• 예제파일 | 없음   • 완성파일 | 없음

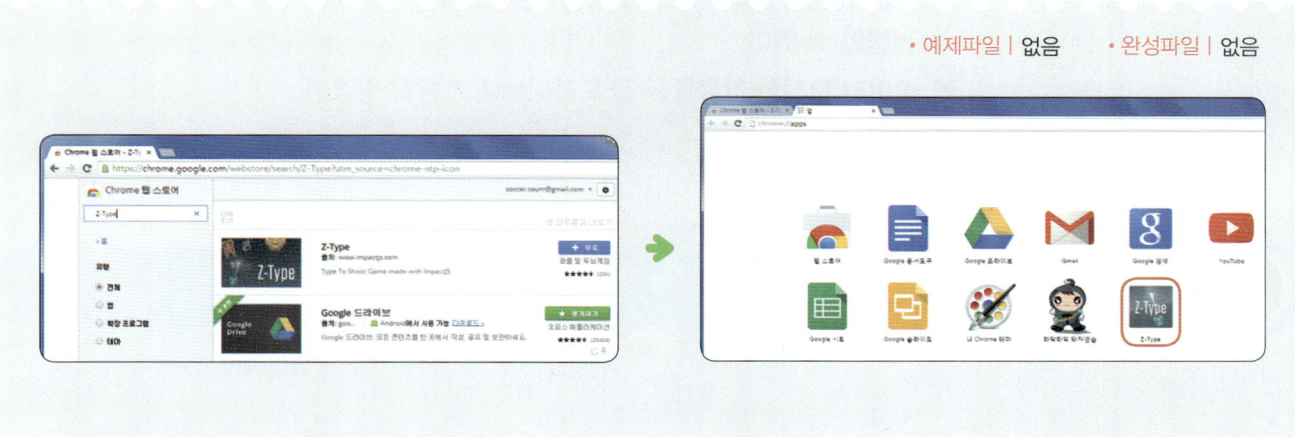

02 'Z-Type'를 실행하여 영문 타자 게임을 해 보세요.

• 예제파일 | 없음   • 완성파일 | 없음

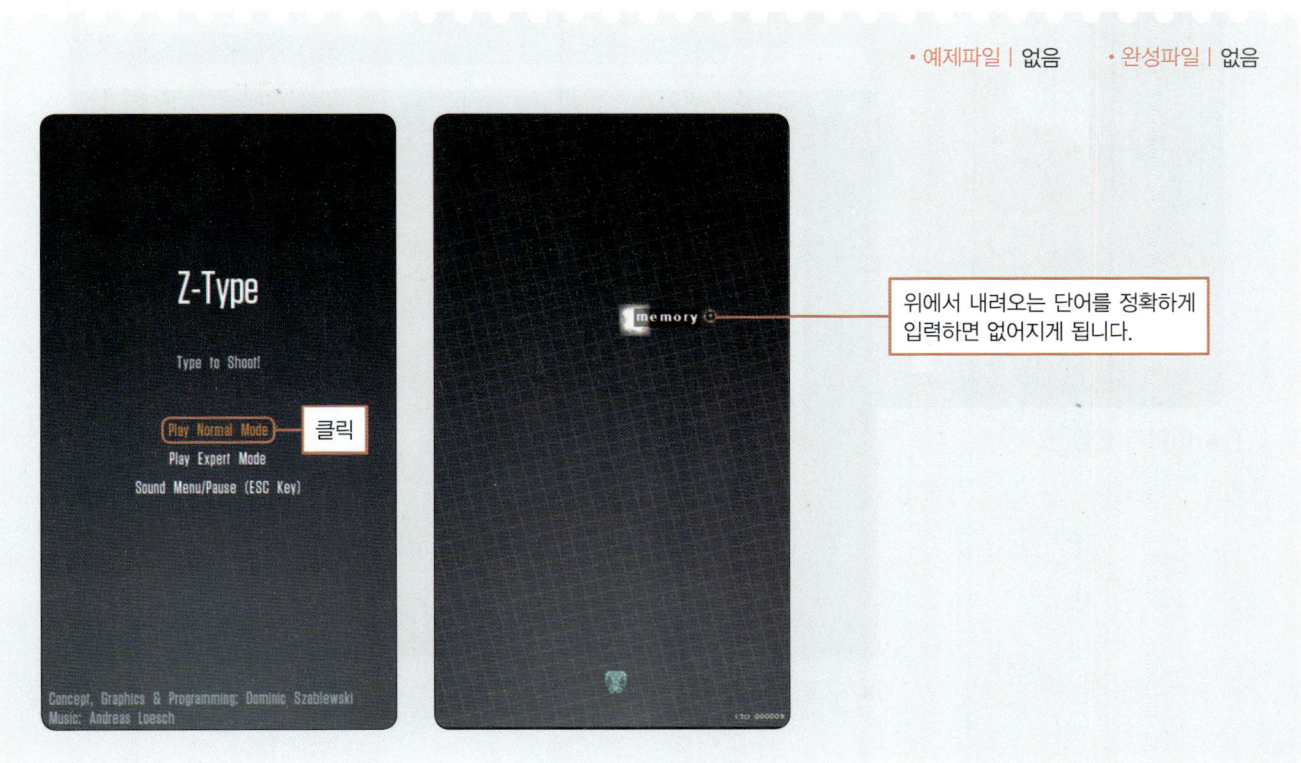

위에서 내려오는 단어를 정확하게 입력하면 없어지게 됩니다.

15 타닥타닥 타자 프로그램 사용하기 • 115

16 CHAPTER 간단하게 이미지 편집하기

- Pixlr Touch Up(픽슬러 터치 업)을 다운로드하여 설치할 수 있다.
- Pixlr Touch Up(픽슬러 터치 업) 프로그램을 간단하게 이미지를 보거나 편집할 수 있다.
- 이미지 편집한 파일을 구글 드라이브에 저장할 수 있다.

 완성파일 미리보기   google chrome

• 예제파일 | Tulips.jpg   • 완성파일 | 튤립.jpg

▲ 이미지 편집

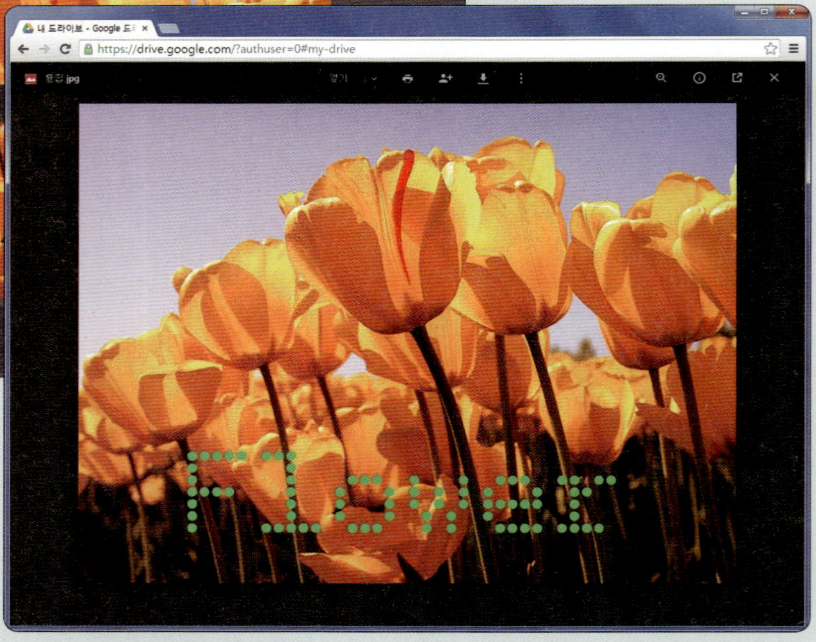

▲ 구글 드라이브에 저장

01 | 이미지 뷰어 편집 프로그램 설치하기

간단한 이미지 뷰어 편집 프로그램 'Pixlr Touch Up(픽셀 터치 업)'은 간단하게 이미지를 편집하고 저장할 수 있는 앱입니다.

❶ 바탕화면에서 크롬 바로 가기 아이콘( )을 더블 클릭하여 실행합니다.

❷ 주소표시줄 아래에 있는 **[앱]**을 클릭합니다. [앱] 탭에서 자주 사용하는 기본 앱 프로그램 중 **[웹 스토어]**를 클릭합니다.

❸ 화면 왼쪽 목록에서 **[컬렉션]-[데스크톱용]**을 클릭합니다.

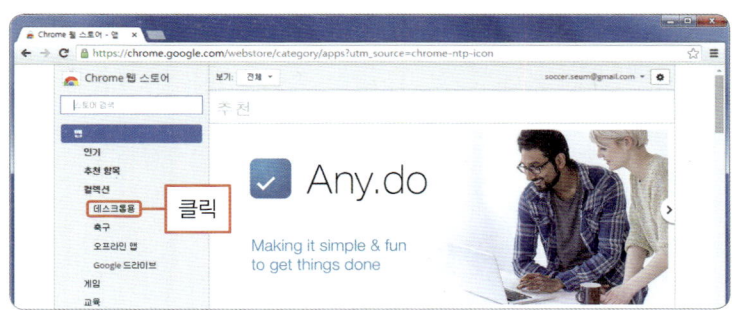

> **TIP   데스크톱용 앱**
> 데스크톱용 앱이란 크롬 브라우저를 실행하지 않고 실행할 수 있는 앱 프로그램을 말합니다.

❹ 검색 상자에 **'Pixlr Touch Up'**을 입력하고 Enter 키를 누릅니다. 앱 검색 결과에서 'Pixlr Touch Up'의 〈+무료〉 단추를 클릭합니다.

❺ [새 앱 확인] 창에서 〈추가〉 단추를 클릭합니다.

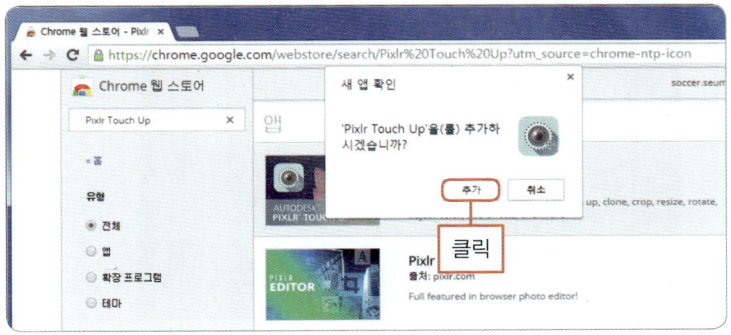

16 간단하게 이미지 편집하기 • 117

❻ [Chrome 앱 실행기] 탭이 자동 표시 됩니다.

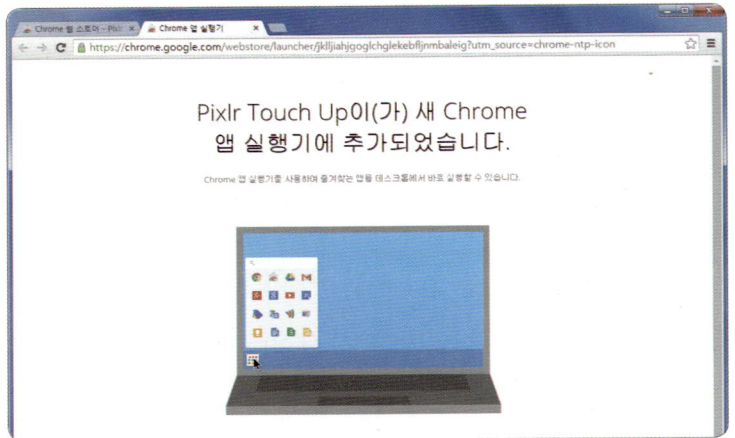

❼ 화면 아래에 작업 표시줄에서 ▦(Chrome 앱 실행하기)를 클릭하여 [Pixlr Touch Up]를 실행합니다.

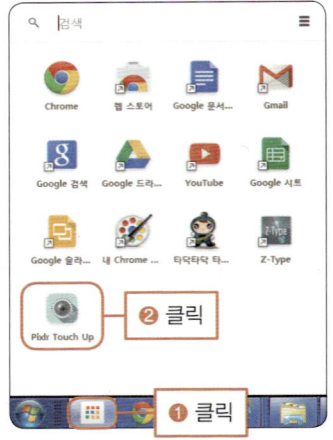

02 | 간단하게 이미지 편집하기

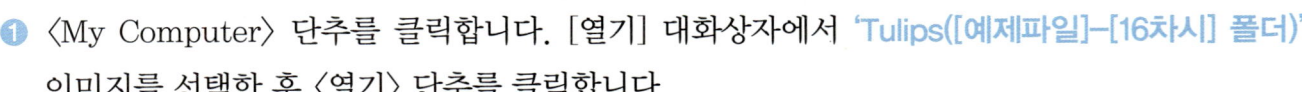

❶ 〈My Computer〉 단추를 클릭합니다. [열기] 대화상자에서 'Tulips([예제파일]–[16차시] 폴더)' 이미지를 선택한 후 〈열기〉 단추를 클릭합니다.

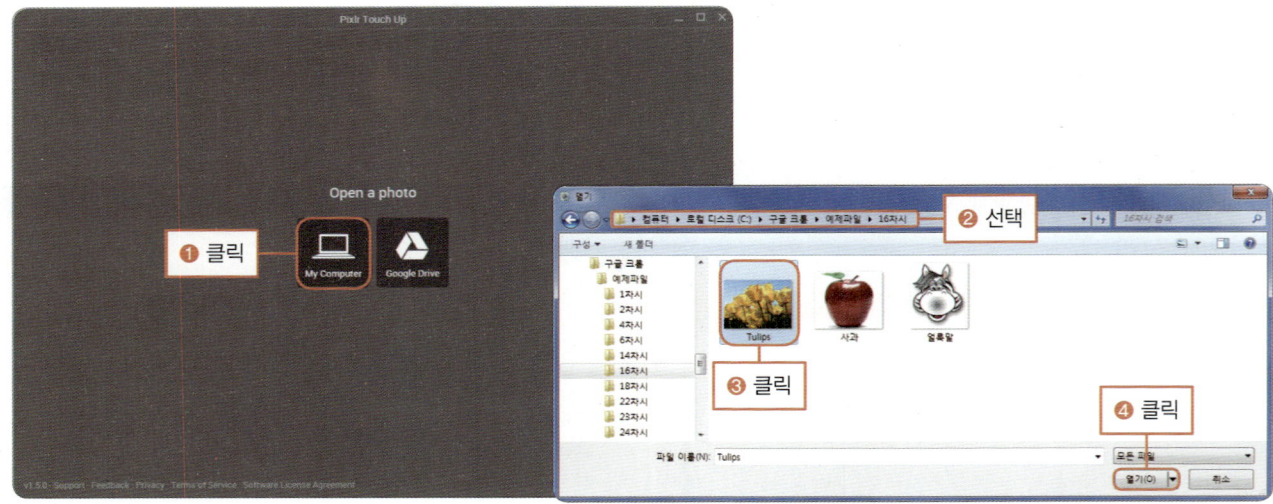

❷ ◐(Adjust)을 클릭하고 이미지를 자동 보정해주는 〈Auto Fix〉를 선택합니다.

❸ 이미지가 보정된 것을 확인하고 〈Accept〉 단추를 클릭합니다.

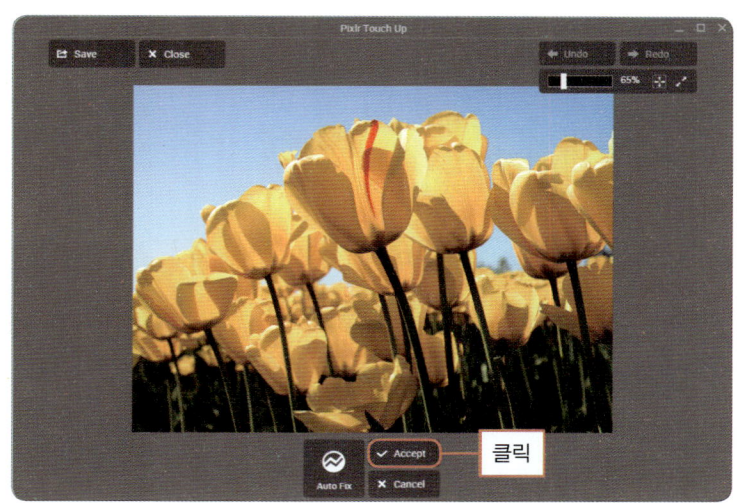

❹ ▦(Effects)을 클릭한 후 이미지에 적용할 효과(Karen)를 선택합니다. 이미지에 지정된 효과를 확인하고 〈Accept〉 단추를 클릭합니다.

 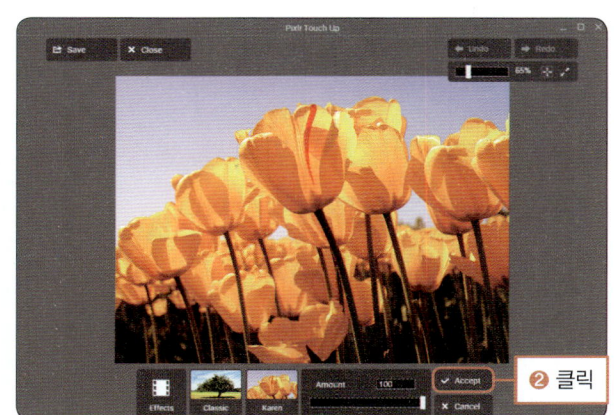

5 ■(Type)을 클릭합니다. 텍스트 입력창을 클릭하여 'Flower'을 입력합니다. 〈Color〉를 클릭하여 글자색을, 〈Architects daughter〉를 클릭하여 원하는 글자 모양(BPDots)를 선택합니다.

> **TIP** 글자 모양 지정
> 글자 모양의 경우 영문은 선택한 글자 모양으로 변경되지만, 한글은 적용되지 않습니다.

6 왼쪽 ■ 모양 위로 마우스를 이동한 후 드래그하여 크기를 변경합니다.

7 다음 그림과 같이 위치를 변경하고 〈Aceept〉 단추를 클릭합니다.

⑧ 변경된 이미지를 저장하기 위해 〈Save〉 단추를 클릭합니다.

⑨ 'Name'에 **'튤립'**을 입력하고 〈Save to Google Drive〉 단추를 클릭합니다.

⑩ 'Pixlr Touch Up에서 다음을 요청합니다.' 메시지 창에서 구글 드라이브를 사용할 수 있게 〈동의〉 단추를 클릭합니다.

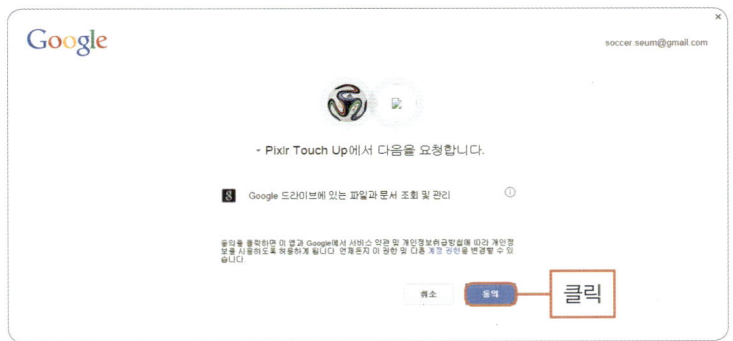

⑪ 구글 드라이브에 정상적으로 저장이 되면 [Image saved] 메시지가 표시됩니다. ☒를 클릭하여 프로그램을 종료합니다.

03 | 구글 드라이브에 저장된 이미지 확인하기

❶ 바탕화면에서 크롬 바로 가기 아이콘( )을 더블 클릭하여 실행합니다.

❷ [새 탭]에서 ▦(앱)을 클릭하여 [드라이브]를 선택합니다.

❸ 내 드라이브 목록에서 '튤립.jpg'를 클릭합니다.

❹ 작업한 결과가 정상적으로 저장된 것을 확인합니다.

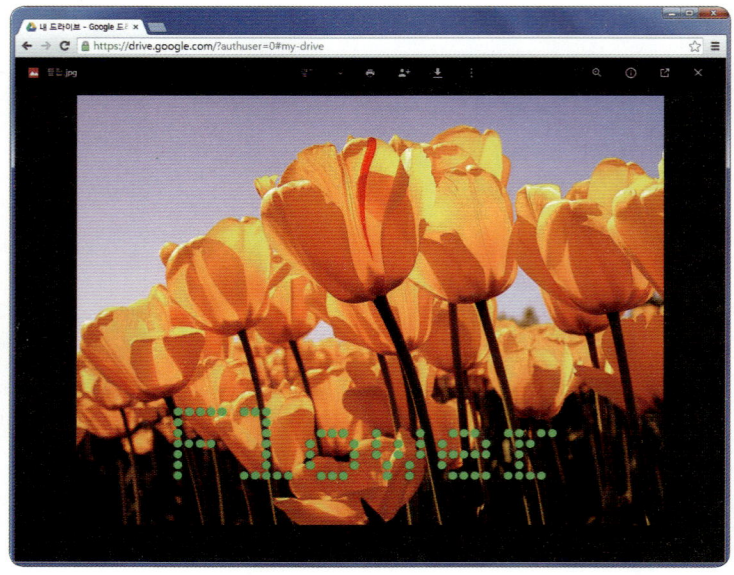

혼자 할 수 있어요!

Google chrome

01 이미지를 편집하고 구글 드라이브에 저장해 보세요.

• 예제파일 | 얼룩말.jpg   • 완성파일 | 없음

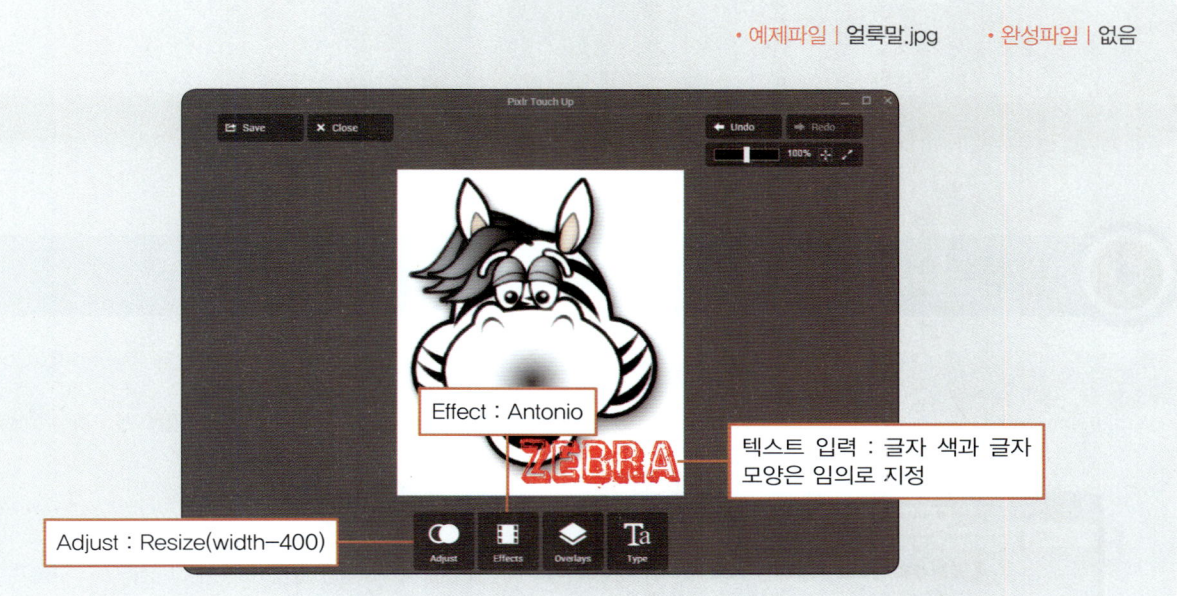

02 이미지를 편집하고 구글 드라이브에 저장해 보세요.

• 예제파일 | 사과.jpg   • 완성파일 | 없음

17 온라인 광고 차단하기

CHAPTER

☑ 웹 스토어에서 온라인 광고 차단 프로그램을 다운로드받아 설치할 수 있다.
☑ 애드블록 프로그램을 이용하여 온라인 광고를 차단을 할 수 있다.

 완성파일 미리보기

google chrome

• 예제파일 | 없음   • 완성파일 | 없음

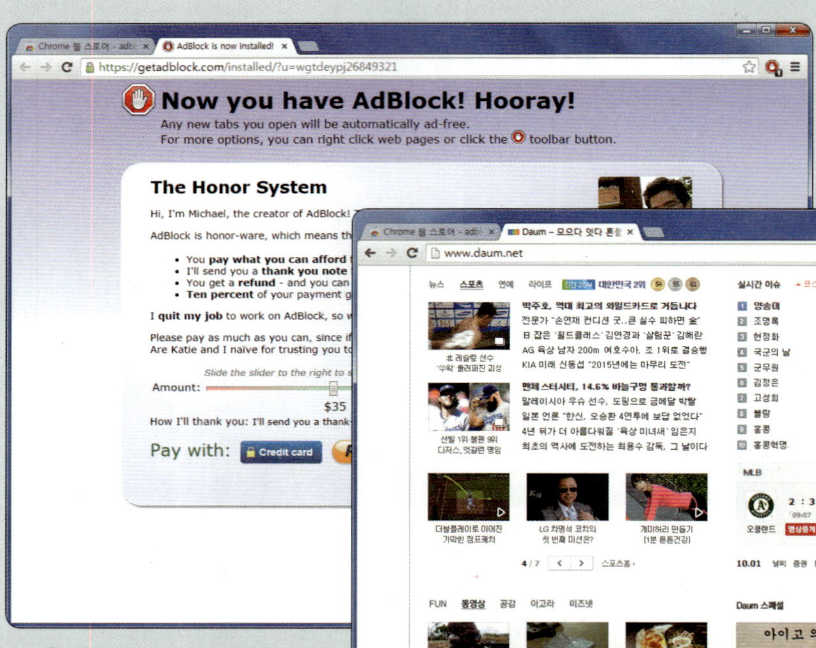

▲ 온라인 광고 차단 프로그램 설치

▲ 온라인 광고 차단

01 | 온라인 광고 차단 프로그램 설치하기

웹 스토어에서 광고를 차단해주는 애드블록(AdBlock) 프로그램을 다운로드하여 설치합니다.

❶ 바탕화면에서 크롬 바로 가기 아이콘( )을 더블 클릭하여 실행합니다.

❷ 주소표시줄 아래에 있는 [앱]을 클릭합니다. [앱] 탭에서 자주 사용하는 기본 앱 프로그램 중 [웹 스토어]를 클릭합니다.

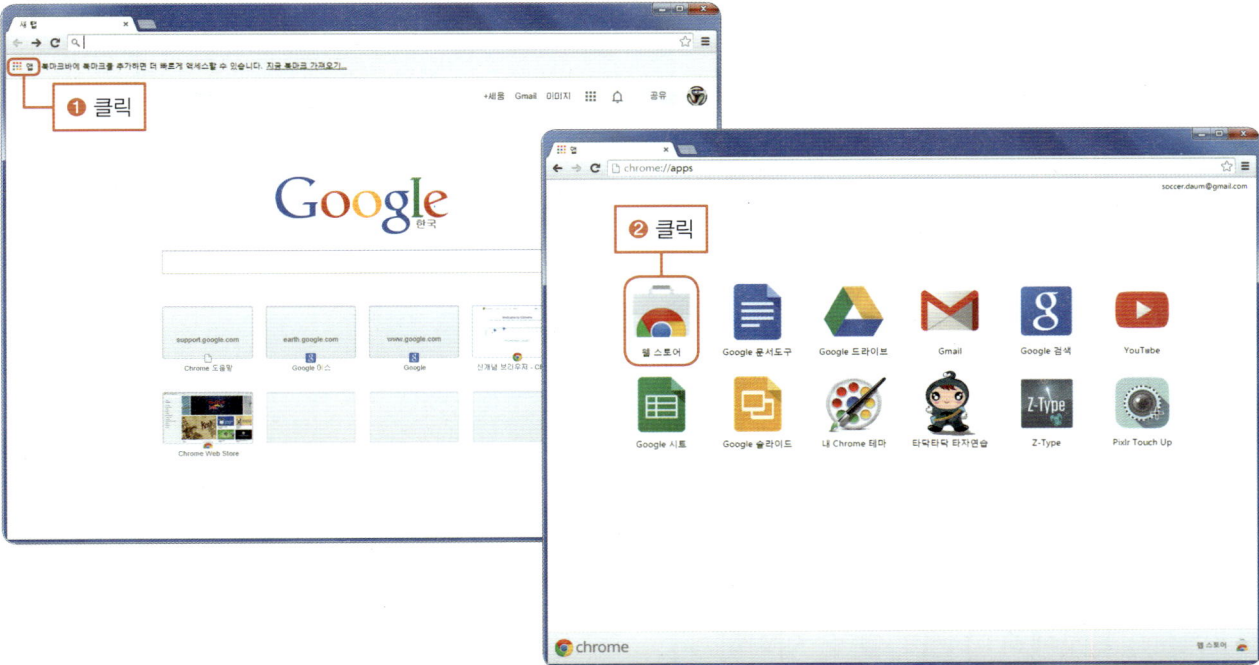

❸ 검색 상자에 'adblock'를 입력하고 Enter 키를 누릅니다. 웹 검색 결과의 확장 프로그램에서 'AdBlock'의 〈+무료〉 단추를 클릭합니다.

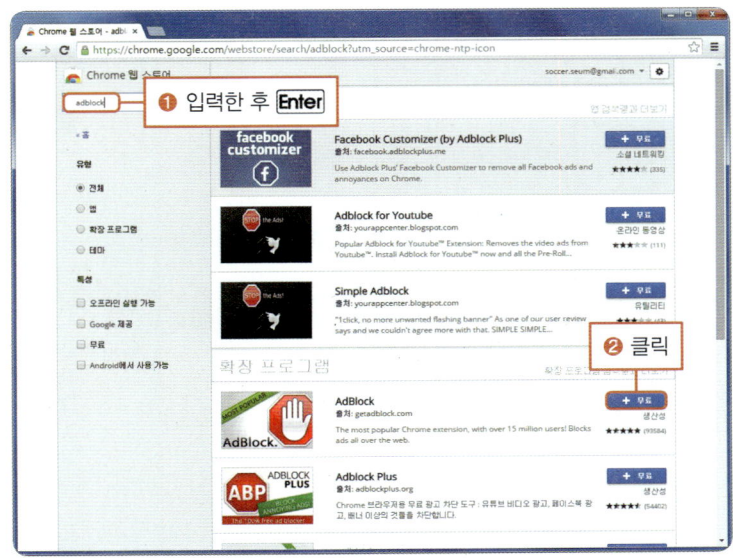

17 온라인 광고 차단하기 • 125

④ [새 확장 프로그램 확인] 창에서 〈추가〉 단추를 클릭합니다.

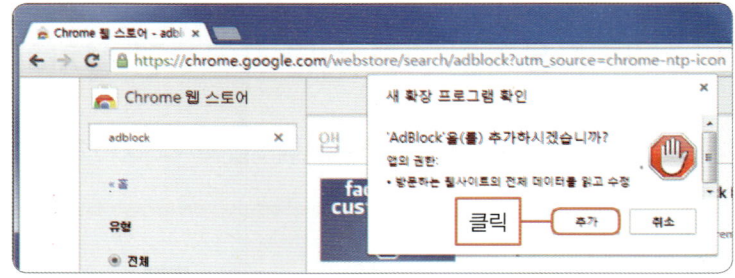

⑤ 'AdBlock'이 설치가 완료되면 [AdBlock is now installed!] 탭이 자동으로 표시됩니다.

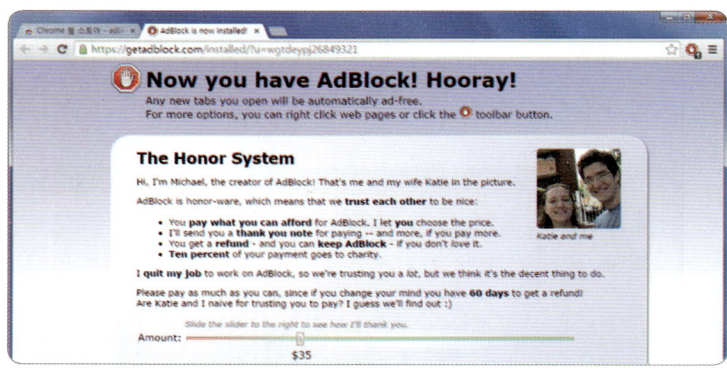

02 | 온라인 광고 차단 확인하기

애드블록이 설치된 상태에서 특정 홈페이지에 접속하면 팝업 광고 창이 차단된 것을 확인할 수 있습니다.

① [AdBlock is now installed!] 탭에서 주소 입력창에서 'daum.net'을 입력하고 Enter 키를 누릅니다. 다음 그림과 같이 광고 창이 차단된 것을 확인할 수 있습니다.

> **TIP** 차단된 광고 창 개수 확인하는 방법
> 주소 입력창 오른쪽 끝에 있는 (AdBlock) 아이콘에 있는 숫자로 차단된 광고 수를 확인할 수 있습니다. 그림에 있는 '6'은 '6'개의 광고를 차단했다는 뜻입니다.

❷ 현재 웹페이지에서 광고 내용이라고 생각되는 부분을 안 보이게 하려면 (AdBlock) 아이콘를 클릭하여 [현재 페이지의 광고 숨기기]를 선택합니다.

> **TIP** (AdBlock) 아이콘의 메뉴 구성
>
> ❶ **사용 중지** : 애드블록 기능을 비활성화합니다.
> ❷ **현재 페이지의 광고 숨기기** : 현재 페이지에서 광고라고 생각되는 부분을 선택하여 숨기기할 수 있습니다.
> ❸ **현재 페이지 허용** : 현재 페이지에서 차단된 광고를 표시할 수 있습니다.
> ❹ **사이트 허용** : 슬라이드 바를 이용하여 광고 허용 사이트의 범위를 조절할 수 있습니다.

❸ 마우스로 광고 내용으로 생각되는 부분을 클릭합니다.

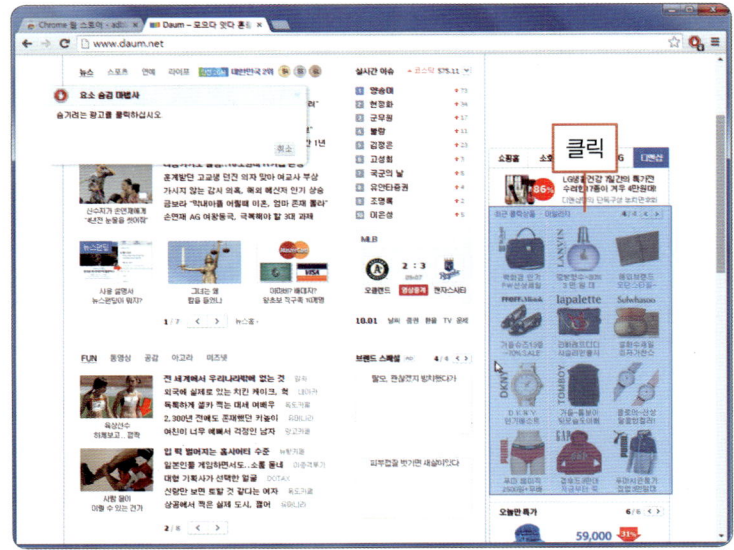

④ 마우스로 선택한 광고 내용이 숨기기 된 것을 확인하고 [1단계 : 숨기려는 요소 선택] 창에서 〈선택〉 단추를 클릭합니다.

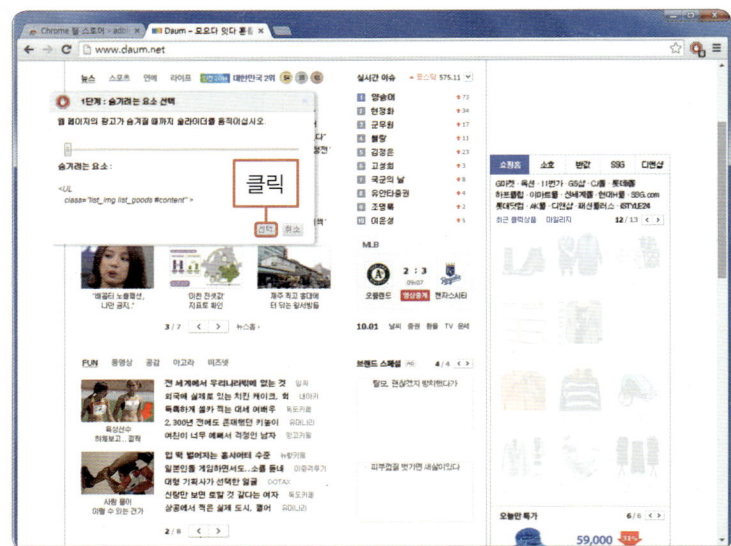

⑤ [마지막 단계 : 속성 지정] 대화상자에서 〈추가〉 단추를 클릭하면 광고 내용이 보이지 않게 설정됩니다.

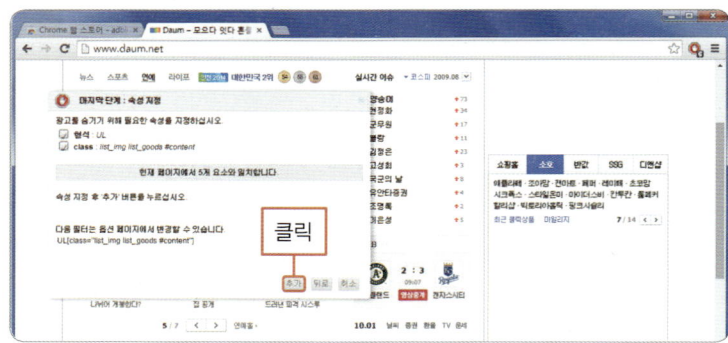

⑥ 선택한 광고 내용이 표시되지 않는 것을 확인합니다.

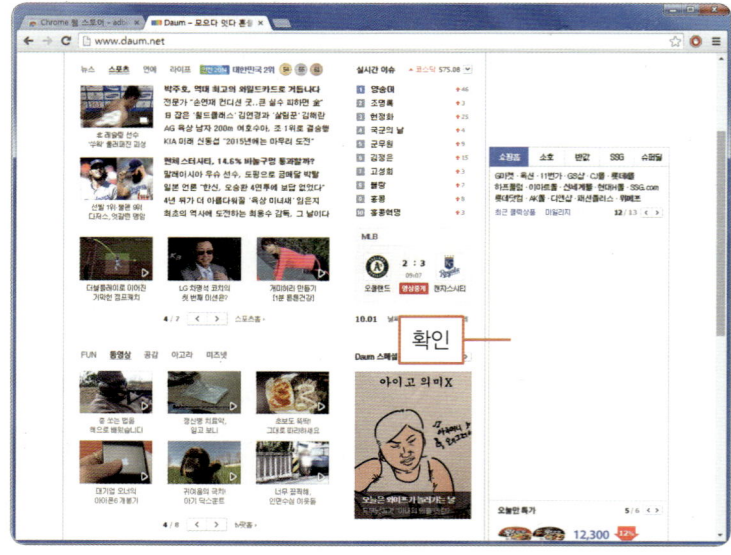

혼자 할 수 있어요!

Google chrome

01 네이버(www.naver.com)에서 '어린이 캠핑용품'으로 뉴스를 검색해 보세요.

• 예제파일 | 없음   • 완성파일 | 없음

- '어린이 캠핑용품'을 검색한 후 [뉴스] 클릭

- 광고 차단 갯수를 확인하고 적어 보세요.

내가 선택한 뉴스에서는 (   ) 개의 광고가 차단되었습니다.

17 온라인 광고 차단하기 • 129

02 뉴스 페이지에서 어떤 광고들이 차단되었는지 확인해 보세요.

• 예제파일 | 없음   • 완성파일 | 없음

• 주소 입력창 오른쪽 끝에 있는 (AdBlock) 아이콘을 클릭하여 [현재 페이지 허용]을 선택합니다.

03 뉴스 페이지에서 애드블록의 기능을 활성화하여 광고 창을 차단해 보세요.

TIP 주소 입력창 오른쪽 끝에 있는 (AdBlock) 아이콘을 클릭하여 [Enable AdBlock on this page]을 선택합니다.

03 PART

구글 드라이브 맛보기

Chapter 18 구글 드라이브 사용하기
Chapter 19 프레젠테이션 맛보기
Chapter 20 문서 맛보기
Chapter 21 스프레드시트 맛보기

18 CHAPTER 구글 드라이브 사용하기

- ✔ 구글 드라이브를 설명할 수 있다.
- ✔ 구글 드라이브에서 새 문서를 만들고 문서 이름을 변경할 수 있다.
- ✔ 구글 드라이브에서 문서 파일을 다운로드하고 업로드할 수 있다.

 완성파일 미리보기

google chrome

• 예제파일 | 곤충도감.pptx   • 완성파일 | 없음

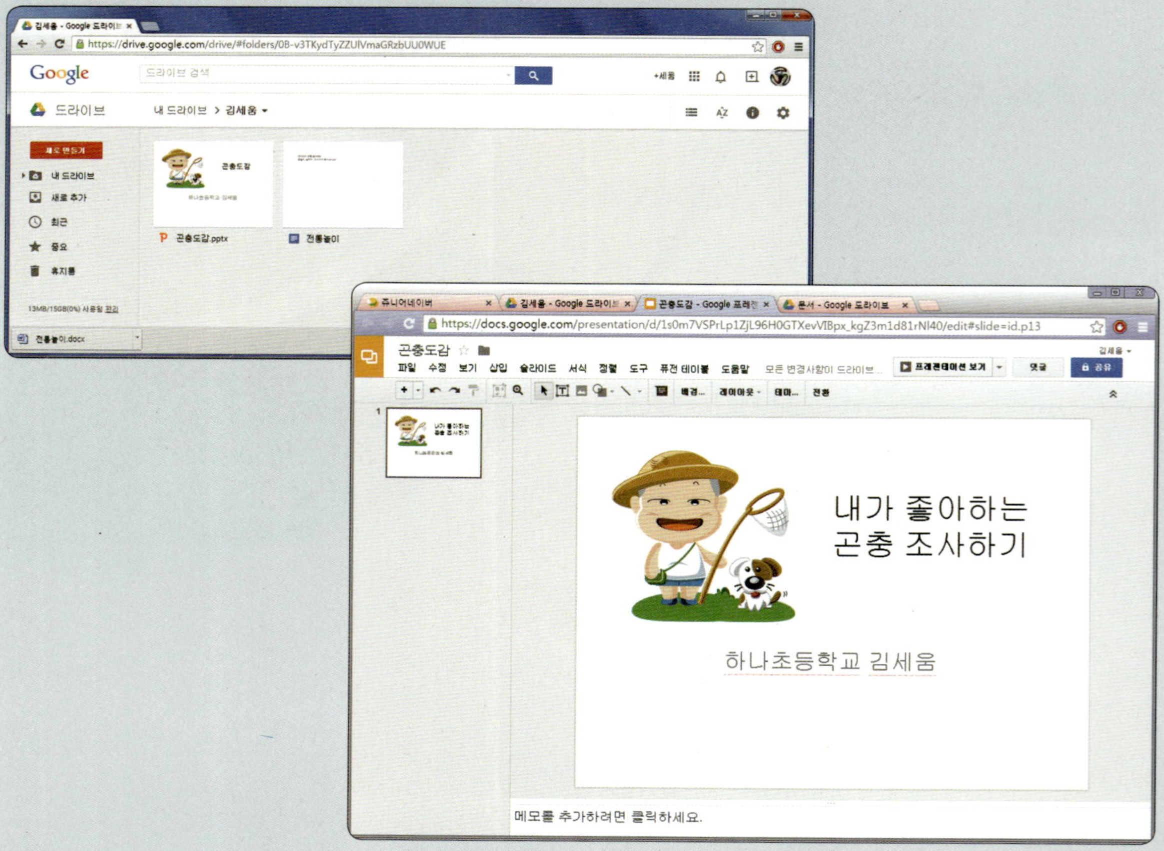

01 | 구글 드라이브 시작하기

구글 드라이브는 구글에서 제공하는 파일 저장/공유 서비스로 구글 드라이브에 접속하면 구글 문서 도구 서비스를 이용할 수 있습니다. 구글 문서 도구 서비스를 이용하면 컴퓨터에 따로 프로그램을 설치하지 않고도 문서(워드 문서), 스프레드시트(엑셀 문서), 프레젠테이션(파워포인트 문서)를 무료로 사용할 수 있습니다.

❶ 바탕화면에서 크롬 바로 가기 아이콘( )을 더블 클릭하여 실행합니다.

❷ [새 탭]에서 ▦(앱)을 클릭하여 [드라이브]를 선택합니다.

❸ 〈새로 만들기〉 단추를 클릭하고 [폴더]를 선택합니다.

❹ [폴더 이름 지정] 창에서 새 폴더의 이름(본인 이름)을 입력하고 〈만들기〉 단추를 클릭합니다.

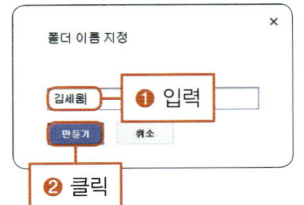

❺ [내 드라이브]에 본인 이름의 새 폴더가 만들어진 것을 확인합니다.

02 | 새 문서 만들기

드라이브 화면에서 〈새로 만들기〉 단추를 클릭하여 문서(워드 문서), 스프레드시트(엑셀 문서), 프레젠테이션(파워포인트 문서) 등을 만들 수 있습니다.

❶ 폴더 안에 새 문서를 만들기 위해 [내 드라이브]에서 본인 이름 폴더를 더블 클릭합니다.

❷ 〈새로 만들기〉 단추를 클릭하고 [Google 문서]를 선택합니다.

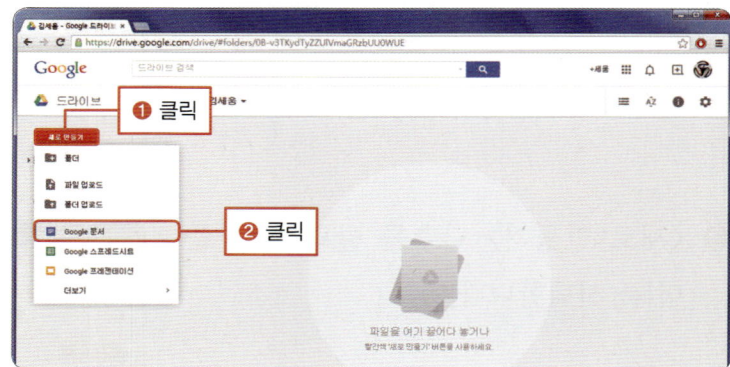

❸ [제목 없는 문서 – Google] 탭이 자동 표시됩니다. 다음과 같이 내용을 입력하고 [제목 없는 문서 – Google] 탭에서 ✕ 를 클릭하여 탭을 닫습니다.

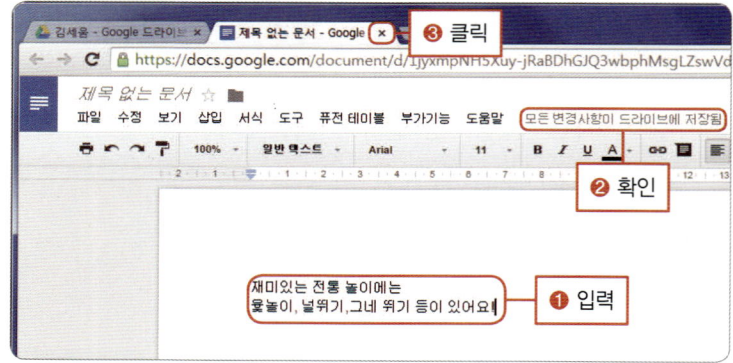

> **TIP** 자동 저장 기능
> 구글 문서 도구를 이용하여 새 문서를 작성하거나 수정할 경우, 실시간으로 바로 저장됩니다. 자동 저장된 파일의 이름은 '내 드라이브'에서 확인할 수 있습니다.

❹ 파일 이름을 변경하기 위해 '제목 없는 문서'를 마우스 오른쪽 단추를 [이름 바꾸기]를 선택합니다.

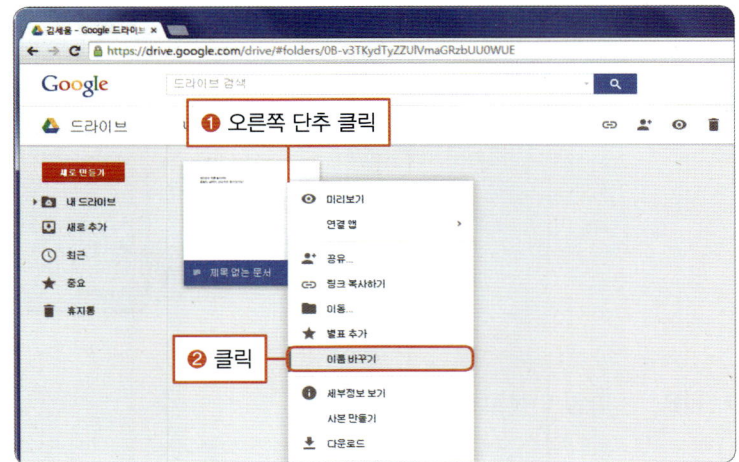

❺ [이름 바꾸기] 창에서 새 이름으로 **'전통놀이'**를 입력하고 〈확인〉 단추를 클릭합니다.

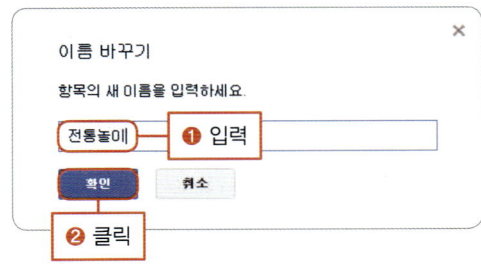

❻ [내 드라이브]에서 파일 이름이 변경된 것을 확인합니다.

03 | 파일 다운로드 하기

내 드라이브에서 작성한 문서 파일을 MS Office 프로그램에서 사용할 수 있도록 파일 형식을 변경하여 내 컴퓨터로 다운로드할 수 있습니다.

❶ 파일을 다운로드하기 위해 '제목 없는 문서'를 마우스 오른쪽 단추를 [다운로드]를 선택합니다.

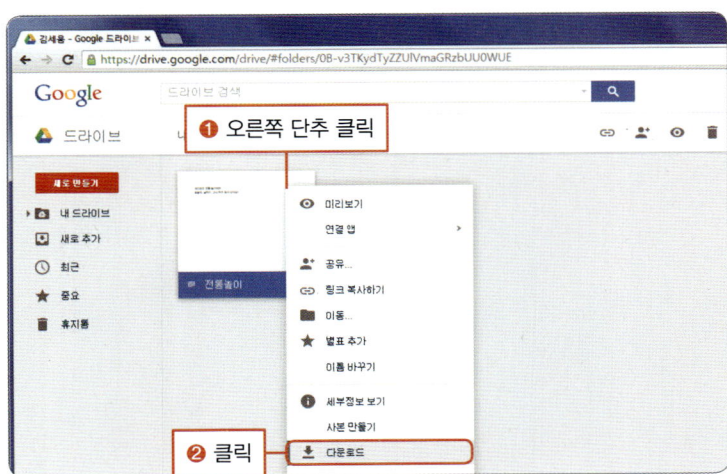

❷ [Word(으)로 변환 중…] 메시지가 표시되면서 자동으로 저장됩니다.

> **TIP** 파일 다운로드
> 파일을 다운로드할 때 기본적으로 작성한 구글 문서에 맞게 MS Office 형식으로 저장됩니다.

❸ 크롬 브라우저 화면 아래쪽에 표시된 '전통놀이.docx'에서 (목록 단추) 를 클릭하여 [열기]를 선택합니다.

❹ MS Office 프로그램이 설치되어 있으면 MS 워드 프로그램이 자동 실행되면서 문서의 내용을 확인할 수 있습니다. 〈 (닫기)〉 단추를 눌러 프로그램을 종료합니다.

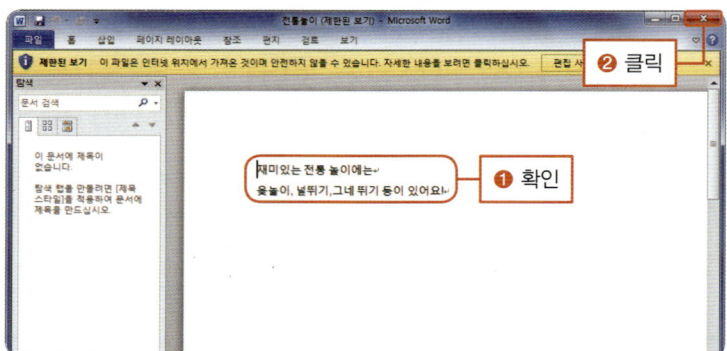

04 | 파일 업로드 하기

내 컴퓨터에서 작성한 MS Office를 이용하여 작성한 문서 파일 또는 폴더를 업로드할 수 있습니다.

❶ MS 파워포인트로 작성한 문서를 업로드 하기 위해 〈새로 만들기〉 단추를 클릭하고 [파일 업로드]를 선택합니다.

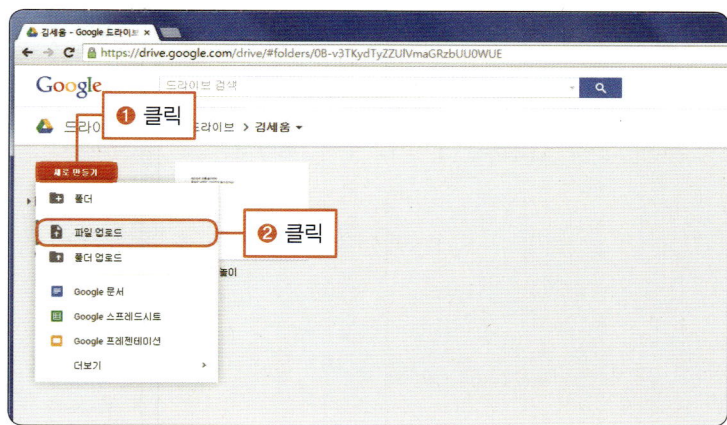

❷ [열기] 대화상자에서 '곤충도감([예제파일]-[18차시] 폴더)' 파일을 선택한 후 〈열기〉 단추를 클릭합니다.

❸ '곤충도감.pptx'가 업로드된 것을 확인합니다. 메시지 창에서 ▨를 클릭하여 닫습니다.

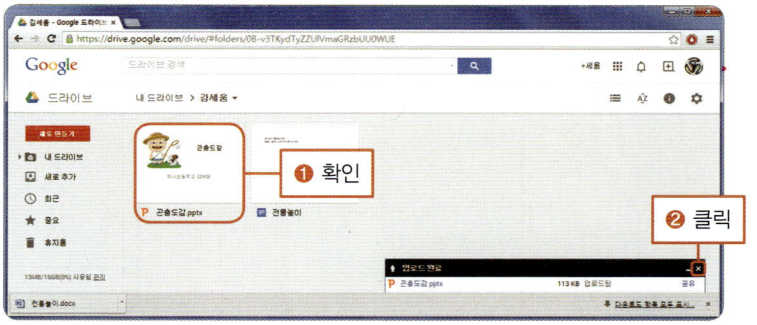

❹ 업로드된 '곤충도감.pptx'를 더블 클릭하여 프레젠테이션 문서 내용을 확인하고 〈▨(닫기)〉 단추를 누릅니다.

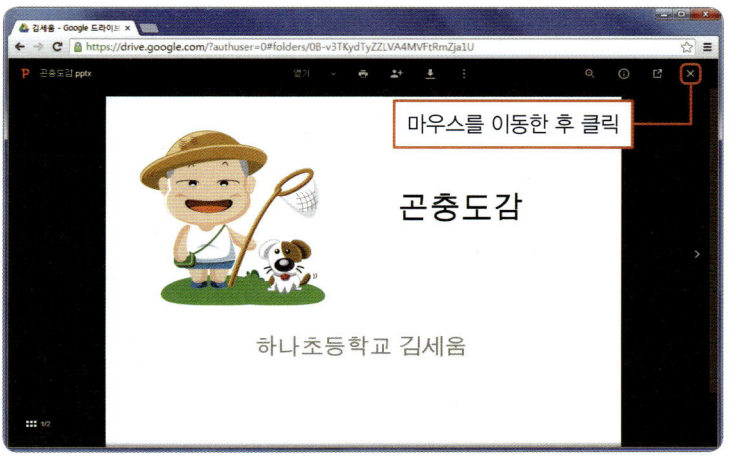

05 | 업로드한 파일 수정하기

드라이브에 업로드한 MS Office 문서 파일을 수정하려면 구글 문서 파일로 변환해 주어야 합니다.

❶ '곤충도감.pptx' 문서를 마우스 오른쪽 단추를 클릭한 후 [연결 앱]-[Google 프레젠테이션]을 클릭합니다.

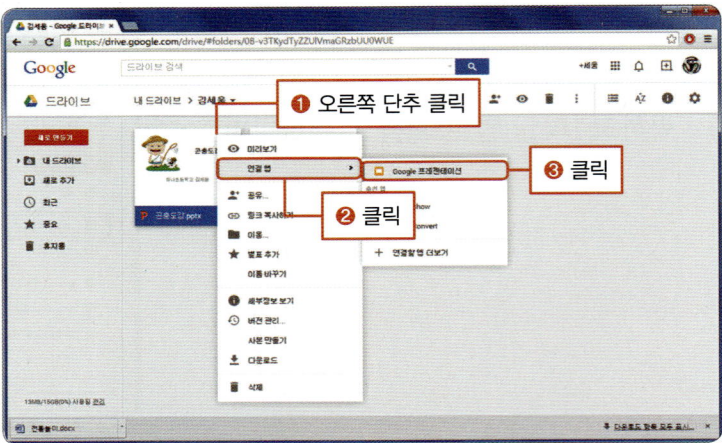

❷ [곤충도감.pptx - Google 프레젠테이션] 탭이 자동 표시됩니다. 수정할 부분을 마우스로 드래그하여 블록 지정한 후 Delete 키를 눌러 삭제합니다.

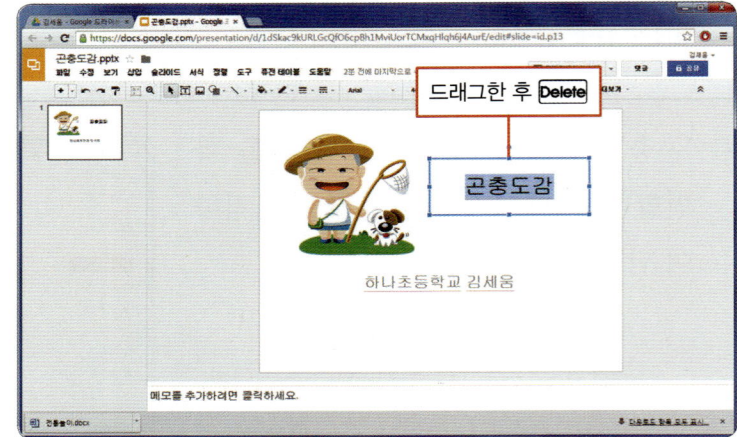

❸ '내가 좋아하는 곤충 조사하기'를 입력합니다.

❹ 파일 이름을 변경하기 위해 '곤충도감.pptx'을 클릭합니다. [프레젠테이션 이름 바꾸기] 창에서 '곤충도감(수정)'을 입력하고 〈확인〉 단추를 클릭합니다.

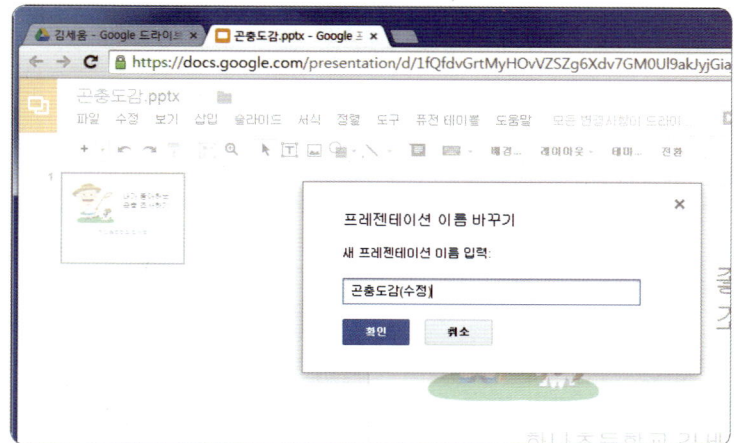

❺ 파일 이름이 변경된 것을 확인합니다.

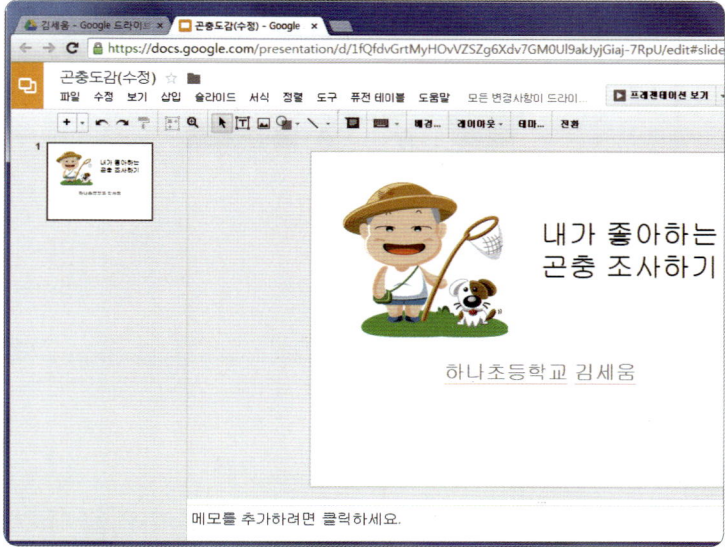

혼자 할 수 있어요!

Google chrome

01 내 드라이브에 새 폴더를 만들어 보세요.

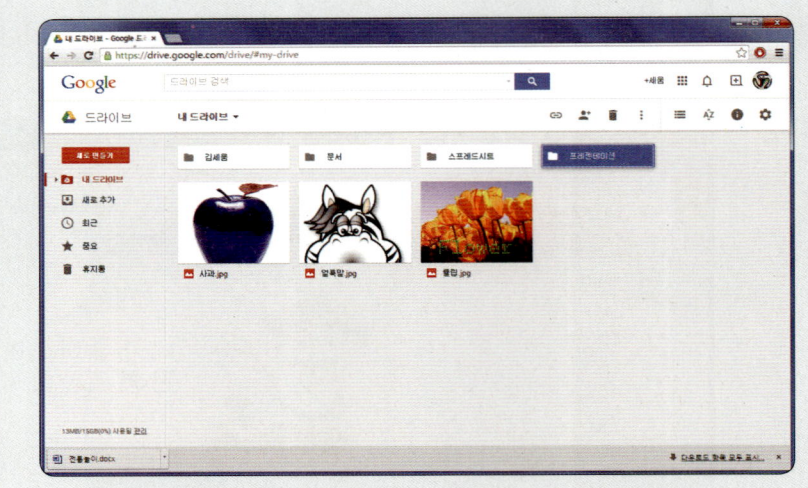

• 예제파일 | 없음   • 완성파일 | 없음

02 내 드라이브에서 '전통놀이' 파일을 '문서' 폴더로 이동해 보세요.

• 예제파일 | 없음   • 완성파일 | 없음

03 내 드라이브에서 '곤충도감(수정)'과 '곤충도감.pptx' 파일을 '프레젠테이션' 폴더로 이동해 보세요.

• 예제파일 | 없음   • 완성파일 | 없음

19 CHAPTER 프레젠테이션 맛보기

- ☑ 새 프레젠테이션 문서에 테마를 지정할 수 있다.
- ☑ 유튜브에서 동영상을 검색하여 슬라이드에 삽입할 수 있다.
- ☑ 이미지 마스킹 기능을 이용하여 도형 모양에 맞게 이미지를 자를 수 있다.

 완성파일 미리보기

google chrome

• 예제파일 | 없음   • 완성파일 | 숭례문알아보기

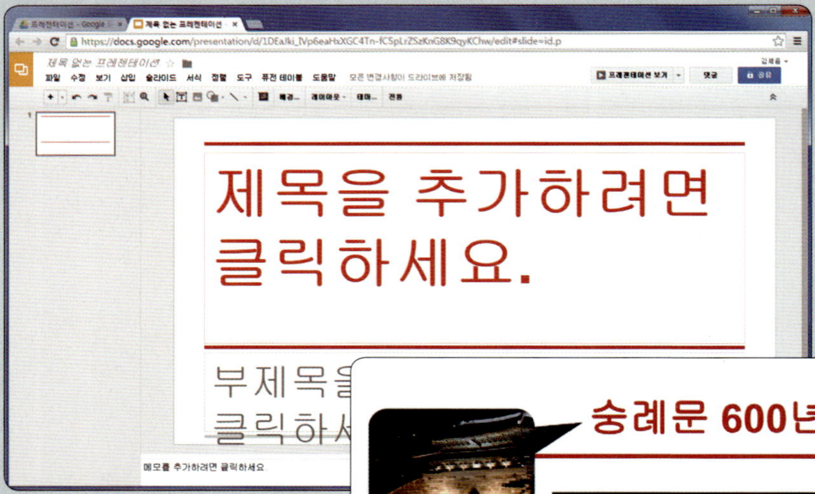

▲ 테마 선택

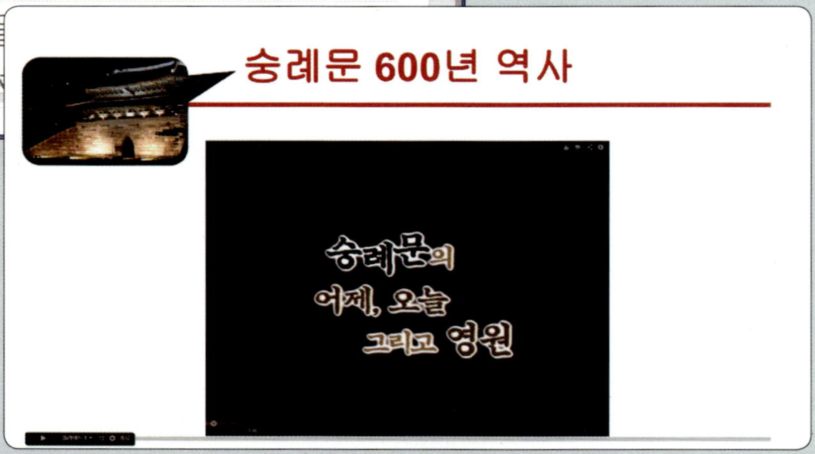

▲ 동영상 삽입

01 | 프레젠테이션 실행하기

❶ 바탕화면에서 크롬 바로 가기 아이콘( )을 더블 클릭하여 실행합니다. ▦(앱)에서 [드라이브]를 클릭합니다.

❷ 내 드라이브에서 '프레젠테이션' 폴더를 더블 클릭합니다. 〈새로 만들기〉 단추를 클릭하여 [Google 프레젠테이션]를 선택합니다.

❸ [테마 선택] 창에서 GOOGLE 테마의 '스위스'를 선택하고 〈확인〉 단추를 클릭합니다.

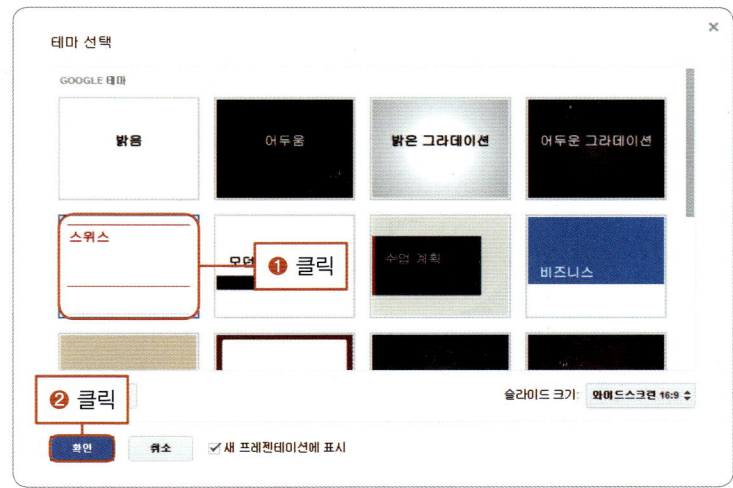

> **TIP 테마 변경하기**
> 다양한 테마의 적용으로 멋진 프레젠테이션을 만들 수 있습니다. 새로운 테마로 변경하려면 도구 상자에서 [테마..]를 클릭하여 [테마 선택] 창에서 원하는 테마를 선택하고 〈확인〉 단추를 클릭합니다.
>
>

❹ 테마가 지정된 프레젠테이션이 실행
됩니다.

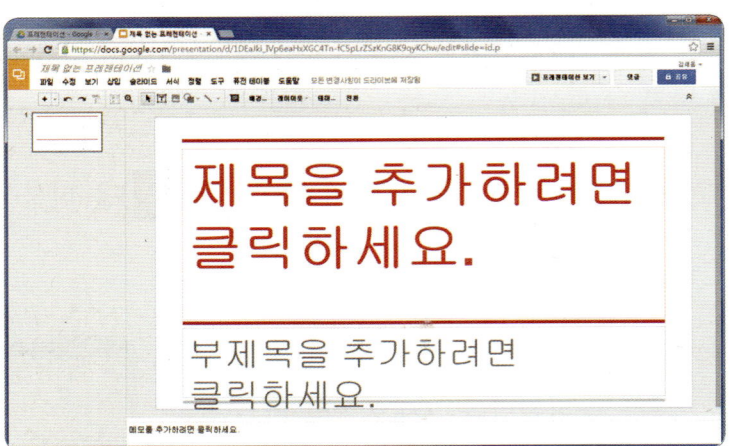

02 | 동영상 삽입하기

Google 프레젠테이션에서는 유튜브에서 동영상을 검색하거나 유튜브의 URL 주소를 입력하여 동영상을 삽입할 수 있습니다.

❶ 동영상을 삽입하기 위해 [삽입]-[동영상]을 선택합니다.

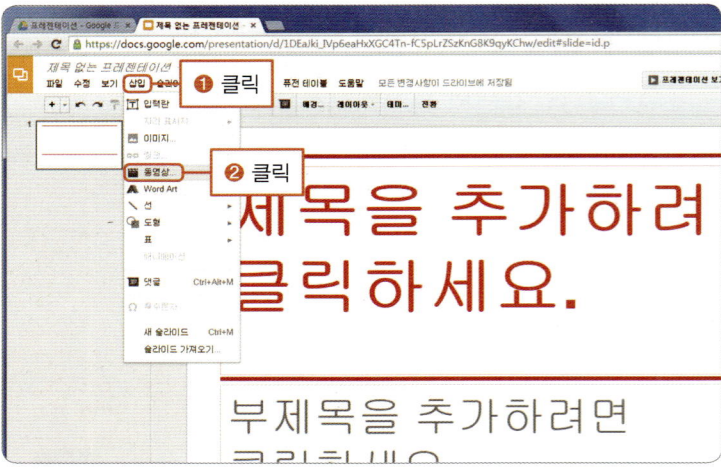

❷ [동영상 삽입] 창의 [동영상 검색] 탭에서 입력란에 '숭례문'을 입력하고 Enter 키를 누릅니다.

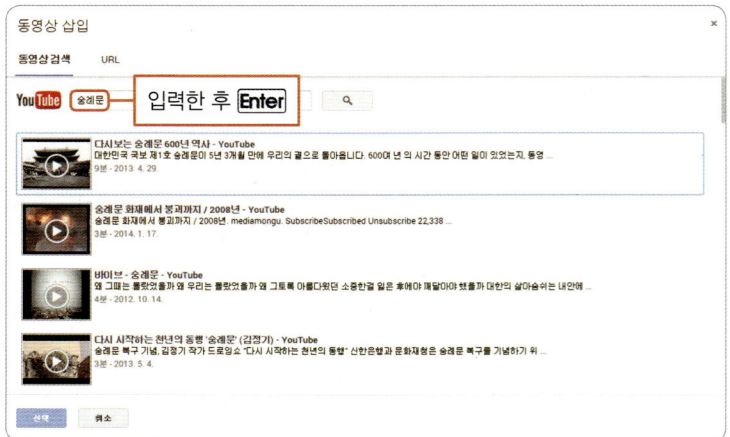

❸ 검색된 동영상 목록에서 삽입할 동영상을 선택하고 〈선택〉 단추를 클릭합니다.

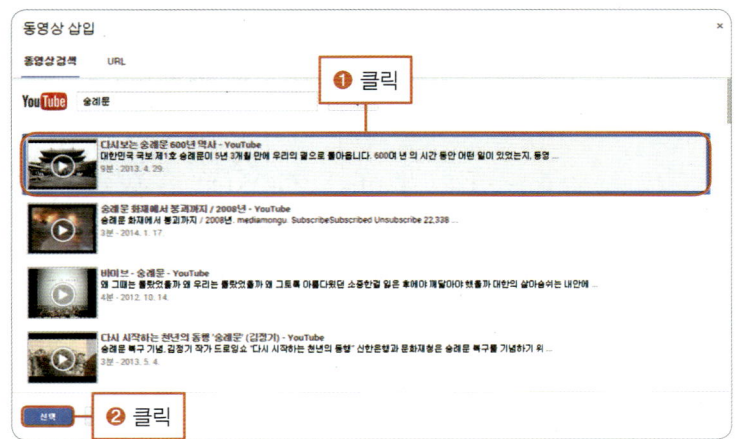

❹ 슬라이드에 삽입된 동영상의 위치를 조정합니다.

03 | 슬라이드 레이아웃 변경하기

❶ [슬라이드]-[레이아웃 적용]-[제목]를 선택합니다.

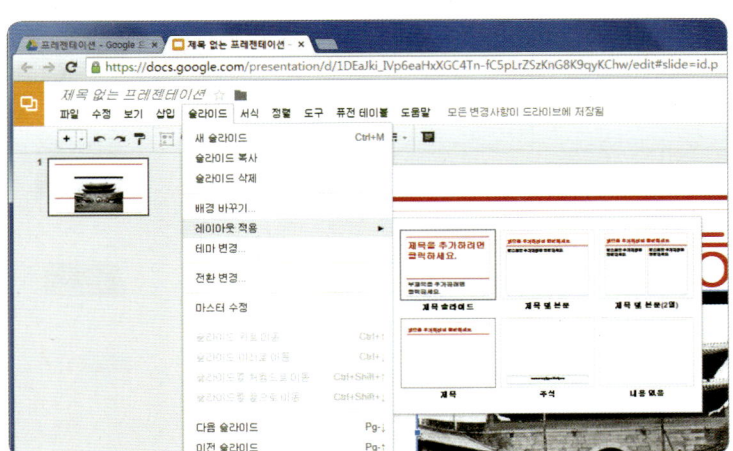

❷ 텍스트 상자를 클릭하여 내용을 입력합니다. 도구 상자에서 '■·(정렬)'-'■(가운데)'를 선택합니다.

❸ 문단 모양이 변경된 것을 확인하고 Esc 키를 두 번 눌러 텍스트 상자 선택을 취소합니다.

04 | 이미지 삽입하고 효과 주기

❶ 이미지를 삽입하기 위해 [삽입]-[이미지]를 선택합니다.

❷ [이미지 삽입] 창에서 [검색] 탭을 클릭한 후 이미지 검색어로 '숭례문'을 입력하고 Enter 키를 누릅니다.

> **TIP** 이미지 삽입 방법
> - **업로드**: 컴퓨터에 있는 이미지를 선택해서 삽입합니다.
> - **스냅샷 촬영**: 웹캠으로 문서에 사용할 이미지를 촬영합니다.
> - **URL 사용**: 웹에서 가져올 이미지의 URL을 입력하여 이미지를 삽입합니다.
> - **검색** : Google 이미지 검색을 사용하여 이미지를 검색하여 삽입합니다.

❸ 검색된 결과에서 이미지로 사용할 그림을 선택한 후 〈선택〉 단추를 클릭합니다.

❹ 삽입된 이미지가 선택된 상태에서 도구 상자의 (이미지 마스킹)을 클릭한 후 [설명선]-[(모서리가 둥근 사각형 설명선)]을 선택합니다.

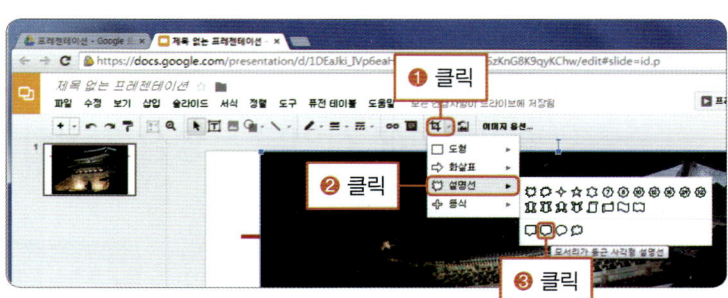

> **TIP** 이미지 마스킹
> 선택한 도형의 모양에 맞춰 이미지가 도형의 모양대로 자르기가 됩니다.

❺ 파란색 조정 핸들을 드래그하여 크기를 조정합니다. 선택한 도형 모양으로 이미지가 자르기 된 것을 확인합니다.

> **TIP** 원래 이미지로 변경하기
> 도형 모양으로 잘라낸 이미지를 원래 모양으로 변경하려면 도구 상자의 (이미지 재설정)을 클릭합니다.

❻ 도형의 위치를 이동하고 ▼(모양 조절점)을 드래그하여 모양을 변경합니다. Esc 키를 눌러 도형 선택을 취소합니다.

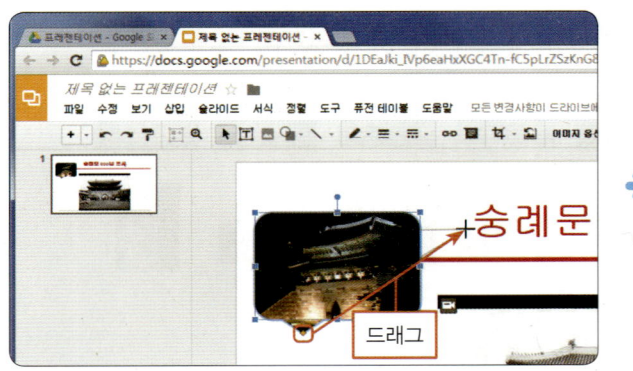 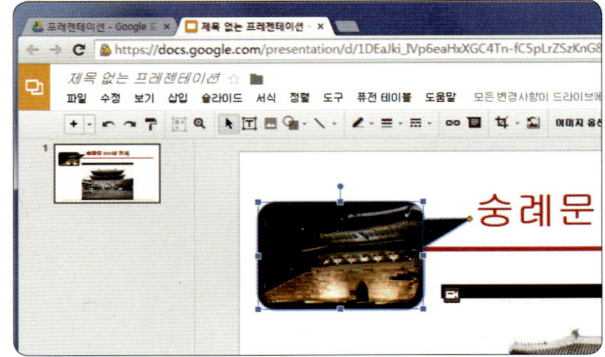

05 | 슬라이드에 삽입된 동영상 감상하기

❶ 〈프레젠테이션 보기〉의 ▼(목록 단추)를 눌러 [처음부터 프레젠테이션 보기]를 선택합니다.

❷ 동영상 위에 표시된 ▶를 클릭하여 동영상을 감상합니다.

❸ 동영상 감상이 끝나면 프레젠테이션 아래쪽 도구 상자에서 〈종료〉를 클릭합니다.

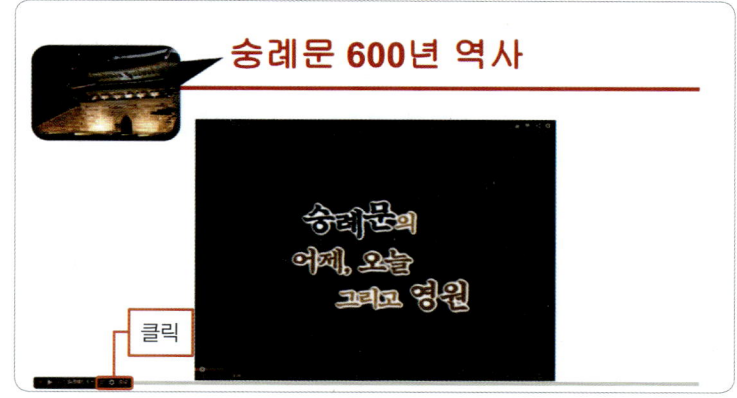

❹ 문서 파일의 이름을 변경하기 위해 '제목 없는 프레젠테이션'을 클릭합니다.

❺ [프레젠테이션 이름 바꾸기] 창에 '새 프레젠테이션 이름 입력'에 **'숭례문알아보기'** 를 입력하고 〈확인〉 단추를 클릭합니다.

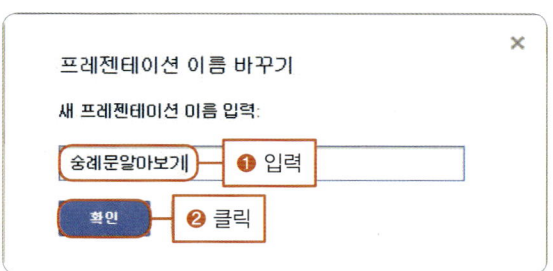

❻ 문서 이름과 작성한 문서가 저장된 것을 확인합니다.

혼자 할 수 있어요!

Google chrome

01 프레젠테이션 문서를 작성한 후 '프레젠테이션' 폴더에 '브라질'로 저장해 보세요.

• 예제파일 | 없음　• 완성파일 | 브라질

〈조건 사항〉
- **테마 선택** : 모던
- **레이아웃 적용** : 제목 및 본문

남아메리카 대륙의 브라질

브라질은 커피, 축구, 삼바춤으로 잘 알려진 세계에서 다섯번째로 넓은 국가입니다.
- 수도 : 브라질리아
- 언어 : 포르투칼어
- 화폐 : 레알(BRL)

키보드에서 '-'를 입력한 후 나머지 내용을 입력합니다.

02 프레젠테이션 문서를 작성한 후 '프레젠테이션' 폴더에 '어린이동요'로 저장해 보세요.

• 예제파일 | 없음　• 완성파일 | 어린이동요

〈조건 사항〉
- **테마 선택** : 밝은 그라데이션
- **레이아웃 적용** : 제목
- '어린이 동요'로 동영상을 검색한 후 보고 싶은 어린이 동요 동영상을 추가합니다.

동요 : 숲 속을 걸어요.

03 프레젠테이션 문서를 작성한 후 '프레젠테이션' 폴더에 '우리나라국화'로 저장해 보세요.

• 예제파일 | 어린이동요   • 완성파일 | 우리나라국화

〈조건 사항〉
- **테마 선택** : 비즈니스
- **레이아웃 적용** : 제목
- '검색'를 이용하여 '무궁화' 삽입
- 이미지 마스킹을 이용하여 도형(꼭지점이 8개인 별) 모양에 맞게 그림 자르기

20 CHAPTER 문서 맛보기

- ✓ 웹 페이지의 내용을 복사하여 문서에 붙여넣기 할 수 있다.
- ✓ 글자 모양과 문단 모양을 변경할 수 있다.

완성파일 미리보기

google chrome

• 예제파일 | 없음   • 완성파일 | 사이버생활

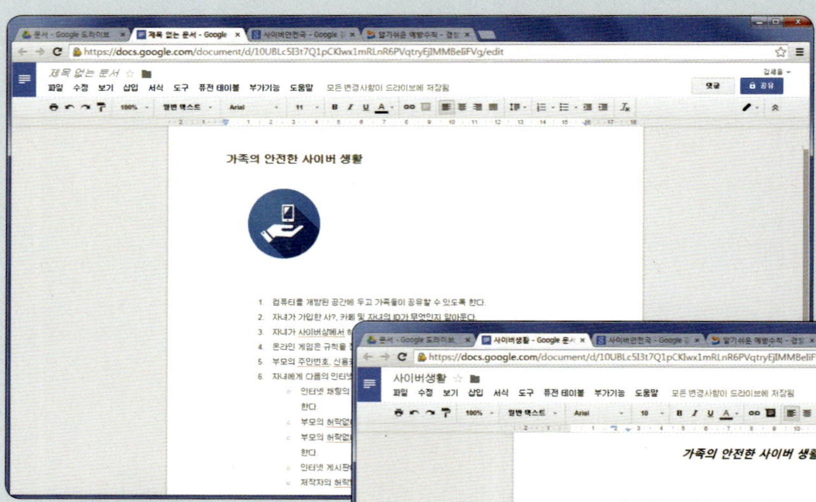

▲ 웹 페이지 내용 복사

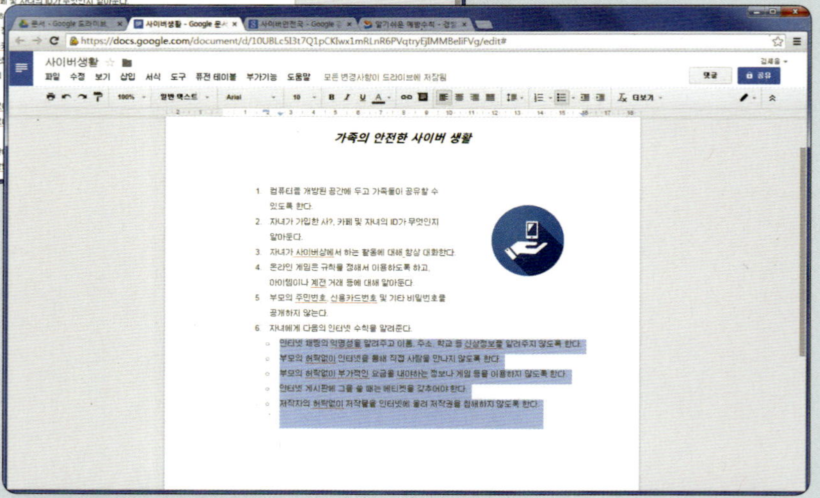

▲ 복사한 내용 편집

01 | 문서 실행하기

❶ 바탕화면에서 크롬 바로 가기 아이콘( )을 더블 클릭하여 실행합니다. ▦(앱)에서 [드라이브]를 클릭합니다.

❷ 내 드라이브에서 '문서' 폴더를 더블 클릭합니다. 〈새로 만들기〉 단추를 클릭하여 [Google 문서]를 선택합니다.

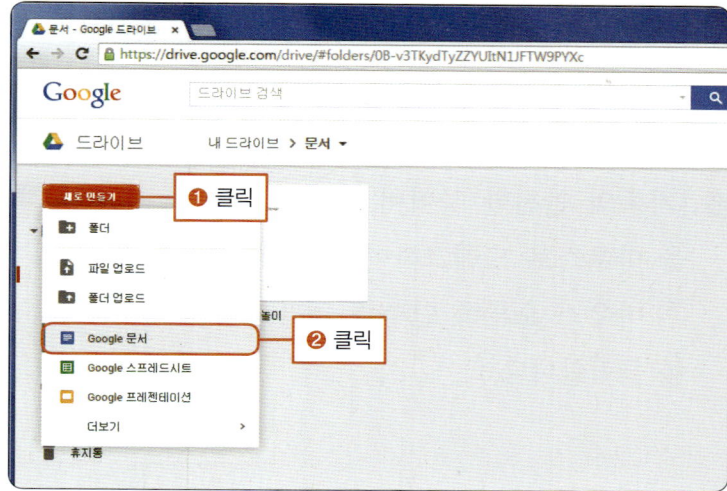

02 | 웹 페이지 내용 복사하여 붙여넣기

❶ ▭(새 탭)을 클릭합니다. [새 탭]의 주소 입력창에 '사이버안전국'을 입력하고 Enter 키를 누릅니다.

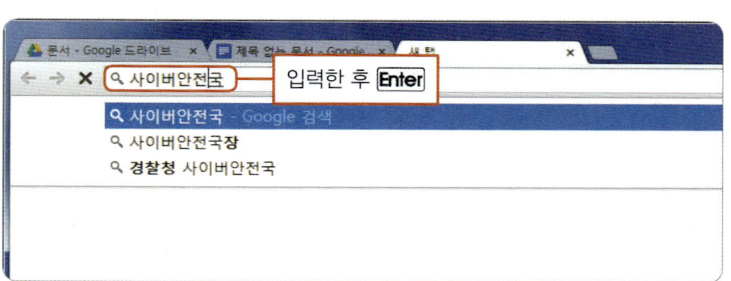

❷ 검색 결과의 [웹 문서]에서 '경찰청 사이버테러대응센터'를 클릭합니다.

❸ [자주찾는메뉴]에서 [예방 수칙]을 클릭합니다.

❹ [가족의 안전한 사이버 생활]의 내용을 마우스로 드래그하여 블록 지정한 후 마우스 오른쪽 단추를 눌러 [복사]를 클릭합니다.

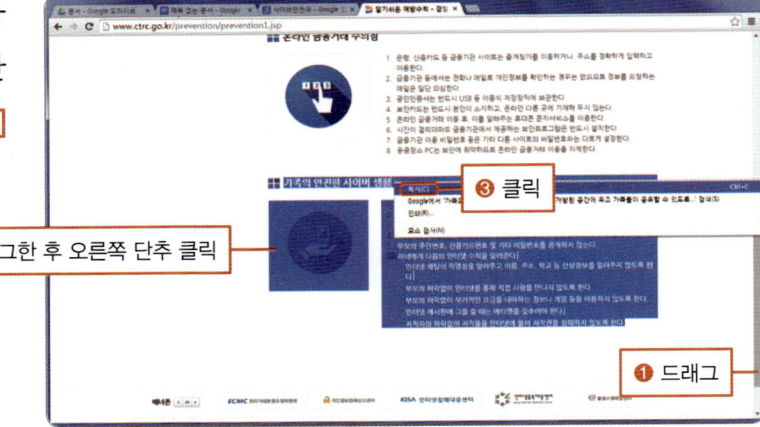

❺ [제목 없는 문서] 탭을 클릭한 후 Ctrl + V 키를 눌러 복사한 내용을 붙여넣기 합니다.

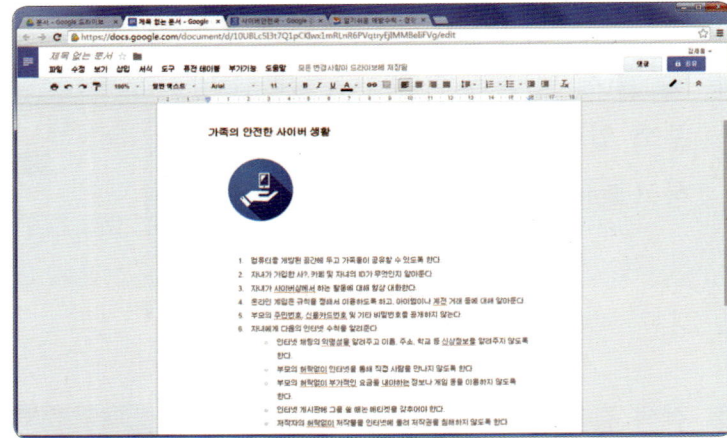

03 | 글자 모양과 문단 모양 변경하기

❶ 글자 모양을 변경할 내용을 블록 지정한 후 도구 상자에서 **'글꼴'-'맑은 고딕'**, **_I_(기울임꼴)**을 지정합니다.

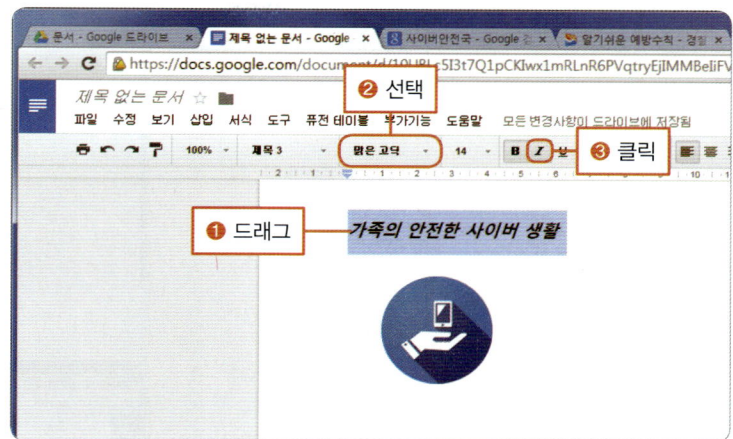

> **TIP** 메뉴를 이용하여 글자 모양 꾸미기
> [서식] 메뉴를 이용하면 더 많은 글자 모양을 꾸밀 수 있습니다.

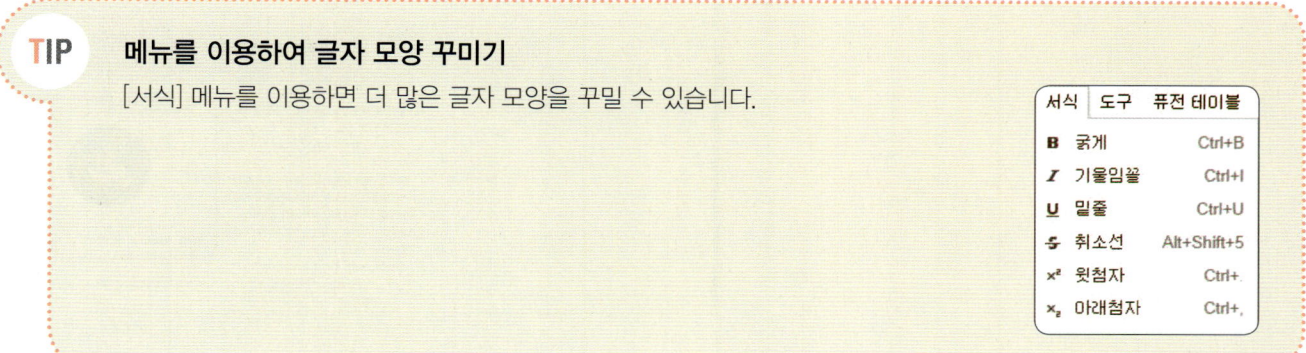

❷ 내용을 가운데로 정렬하기 위해 도구 상자에서 **≡(가운데 맞춤)**을 클릭합니다.

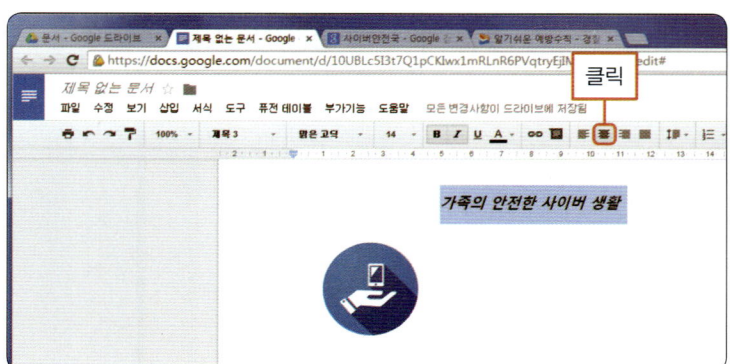

> **TIP** 도구 상자를 이용하여 문단 모양 지정하기

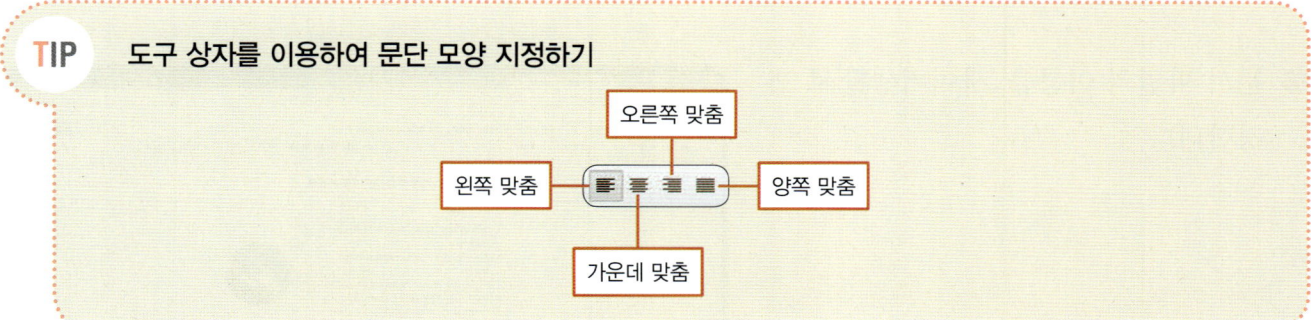

❸ 마우스를 아무곳을 클릭하여 블록 설정을 해제합니다. 그림을 마우스로 클릭한 후 그림 아래 메뉴에서 [줄 바꿈]을 선택합니다.

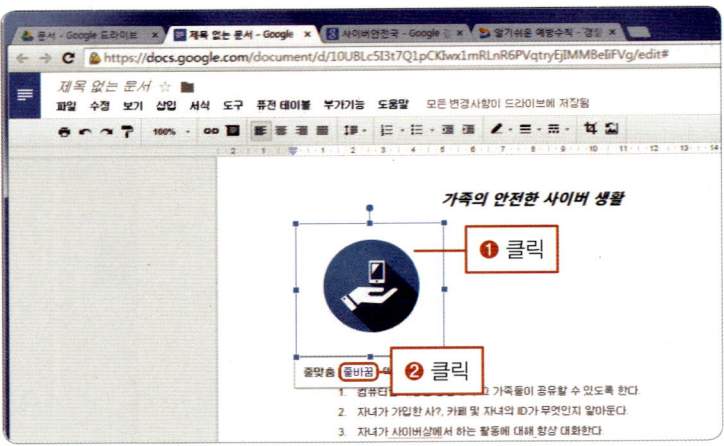

❹ 다음과 같이 마우스로 드래그하여 그림 위치를 이동합니다.

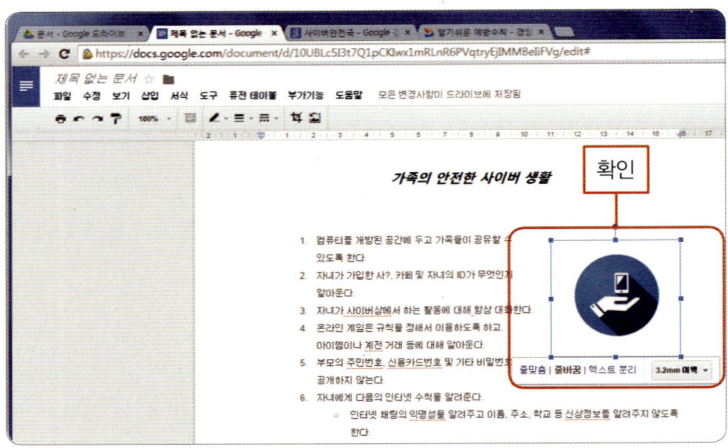

❺ 문단 모양을 변경할 내용을 블록 지정한 후 도구 상자에서 ▤(내어쓰기), ▤(들여쓰기)를 차례로 클릭합니다.

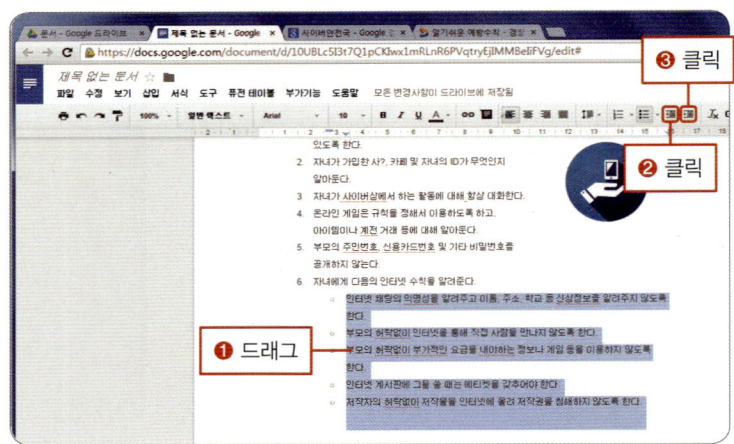

❻ 문서 파일의 이름을 '사이버생활'로 변경합니다.

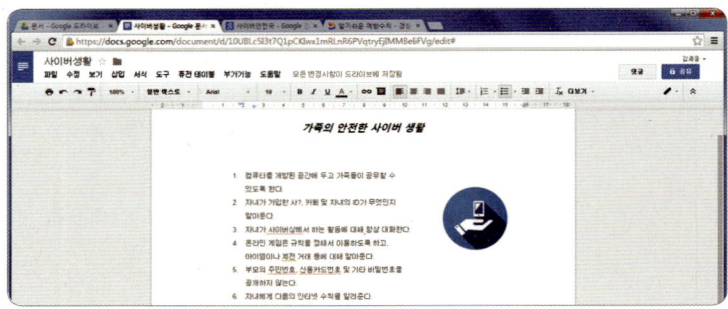

혼자 할 수 있어요!

Google chrome

01 문서를 작성한 후 '문서' 폴더에 '어린이박물관'으로 저장해 보세요.

• 예제파일 | 없음   • 완성파일 | 어린이박물관

〈조건 사항〉
- 국립중앙박물관 어린이박물관 사이트를 검색 → [어린이박물관 소개] 메뉴를 클릭한 후 '어린이박물관은?' 내용 복사 → 문서에 붙여넣기한 글자 모양과 문단 모양 지정

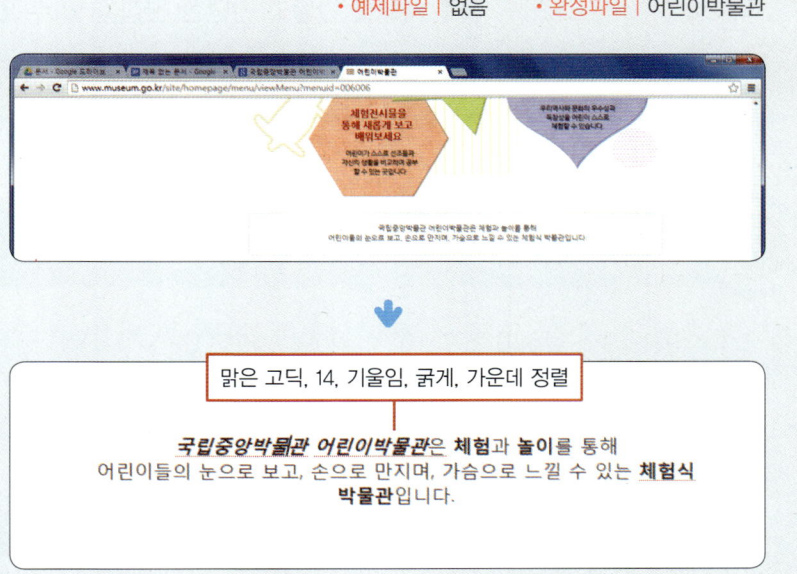

02 문서를 작성한 후 '문서' 폴더에 '내가할 일'로 저장해 보세요.

• 예제파일 | 없음   • 완성파일 | 내가할 일

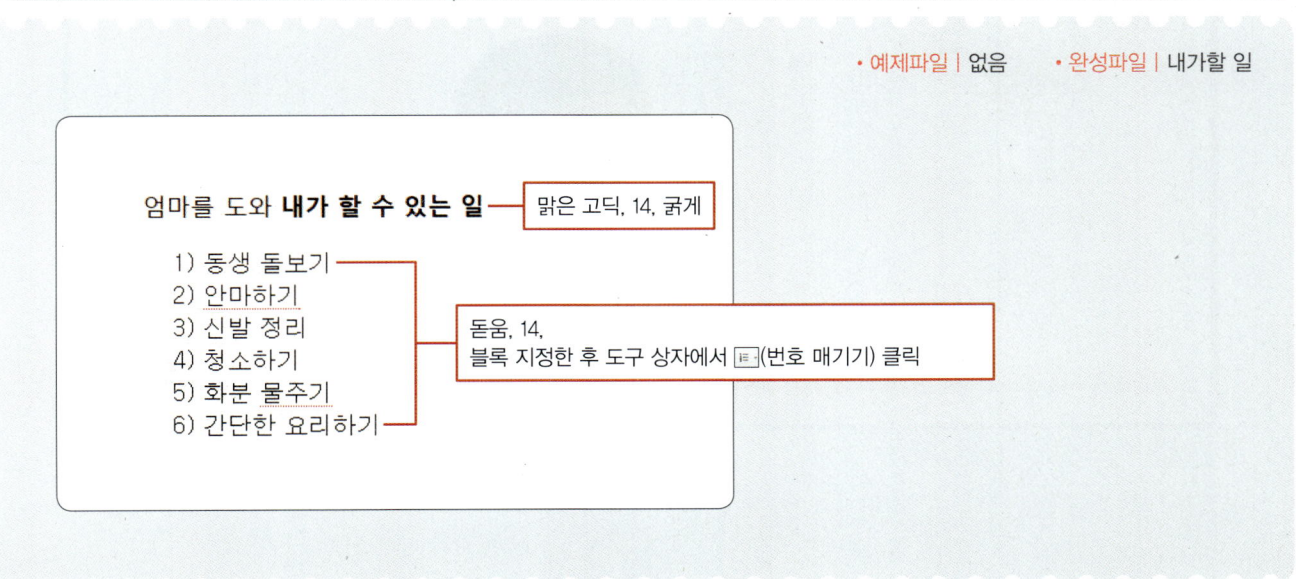

21 CHAPTER 스프레드시트 맛보기

☑ 새 스프레드시트 문서에 내용을 입력하고 셀 편집을 할 수 있다.
☑ SUM 함수를 이용하여 합계를 계산할 수 있다.
☑ 차트를 만들고 간단한 편집을 할 수 있다.

 완성파일 미리보기

• 예제파일 | 없음   • 완성파일 | 우리반인기투표

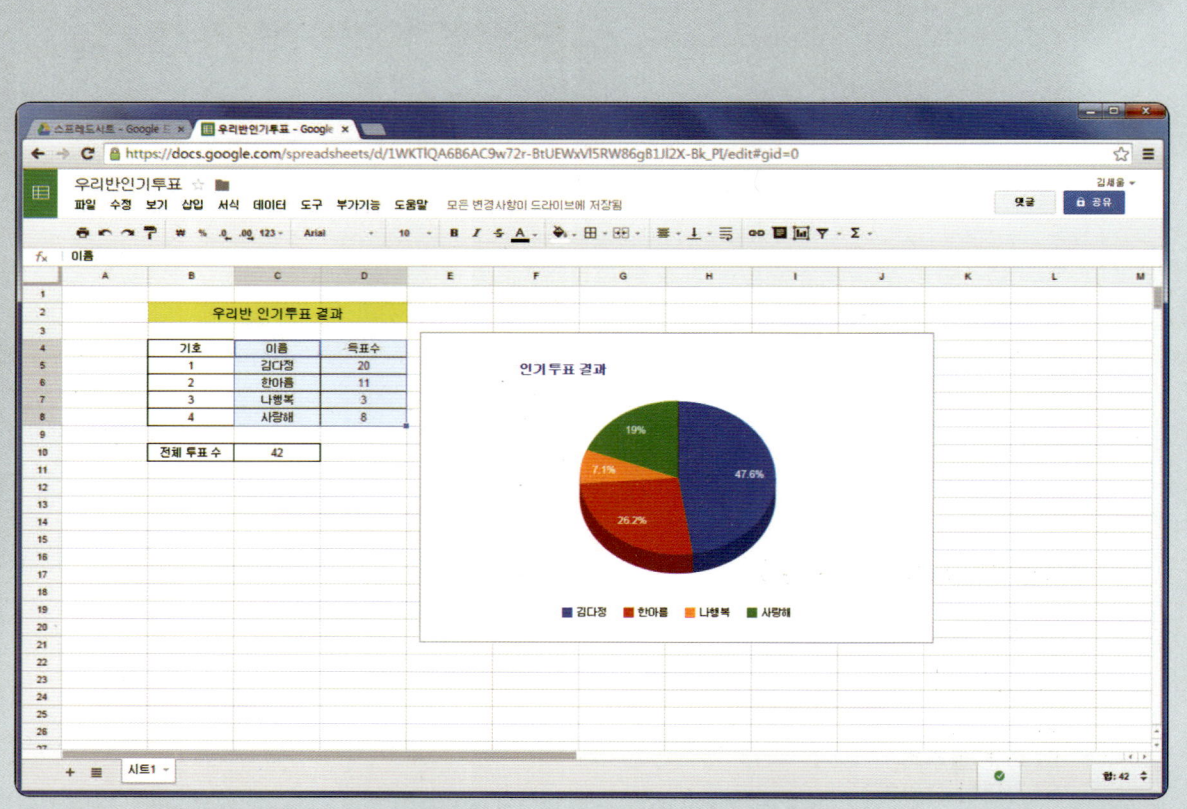

▲ 스프레드시트 문서 작성

158 • Part 03 구글 드라이브 맛보기

01 | 스프레드시트 실행하기

❶ 바탕화면에서 크롬 바로 가기 아이콘(🌐)을 더블 클릭하여 실행합니다. ▦(앱)에서 [드라이브]를 클릭합니다.

❷ 내 드라이브에서 '스프레드시트' 폴더를 더블 클릭합니다. 〈새로 만들기〉 단추를 클릭하여 [Google 스프레드시트]를 선택합니다.

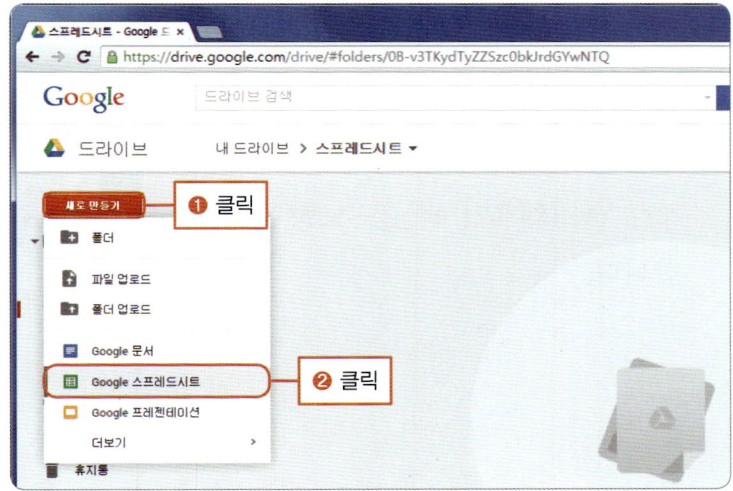

❸ 다음과 같이 내용을 입력합니다.

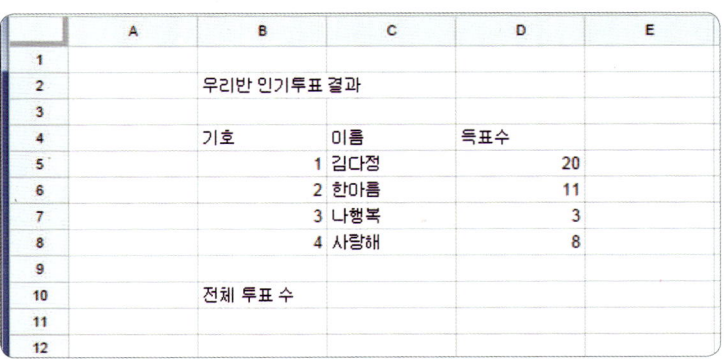

02 | 셀 편집하기

① [B2:D2] 셀을 블록 지정하고 도구 상자에서 ▦ (셀 병합)을 클릭합니다.

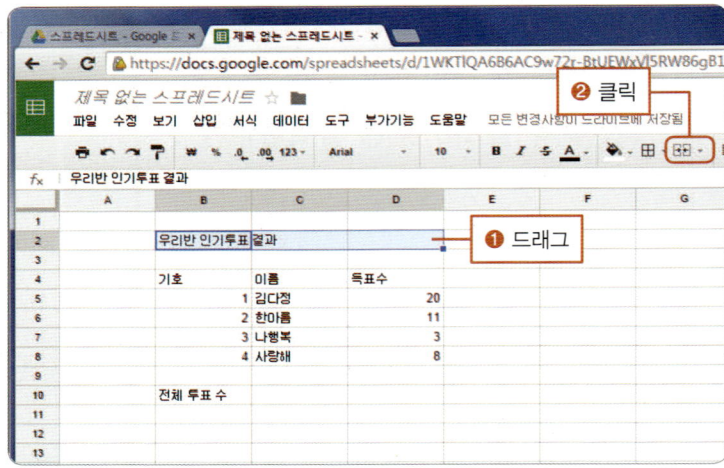

② 셀 병합이 된 것을 확인합니다. 도구 상자에서 '글꼴'-'굴림', '글꼴 크기'-'12', '▦ (채우기 색상)'-'노랑'을 지정합니다.

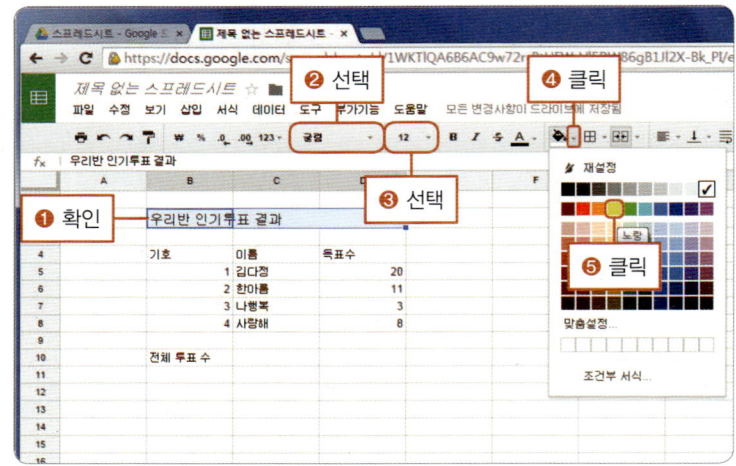

③ 글꼴과 채우기 색상이 지정된 것을 확인합니다. 도구 상자에서 '▦ (가로 맞춤)'-'▦ (가운데)'를 선택합니다.

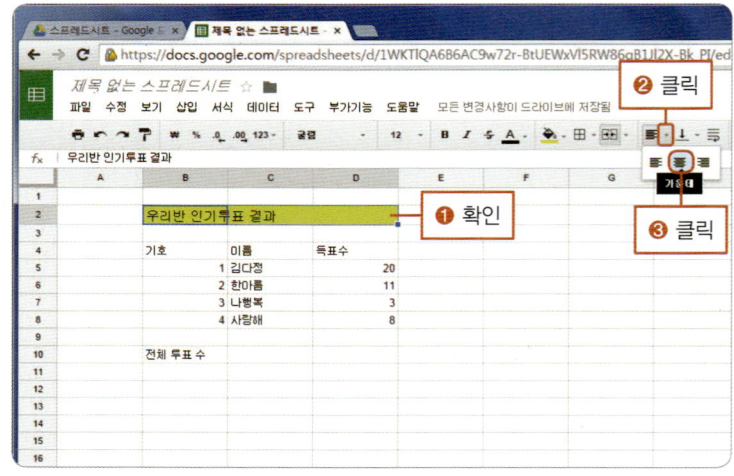

❹ 테두리 선을 지정하기 위해 [B4:D8] 셀을 블록 지정합니다. 도구 상자에서 '⊞(테두리)'의 (목록 단추)를 눌러 '⊞(전체 테두리)'를 선택합니다.

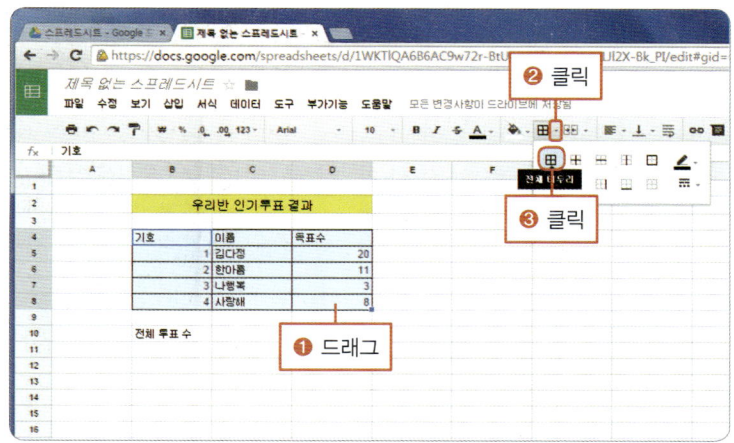

❺ 테두리 선이 지정된 것을 확인합니다. 도구 상자에서 '☰(가로 맞춤)'-'☰(가운데)'를 선택합니다.

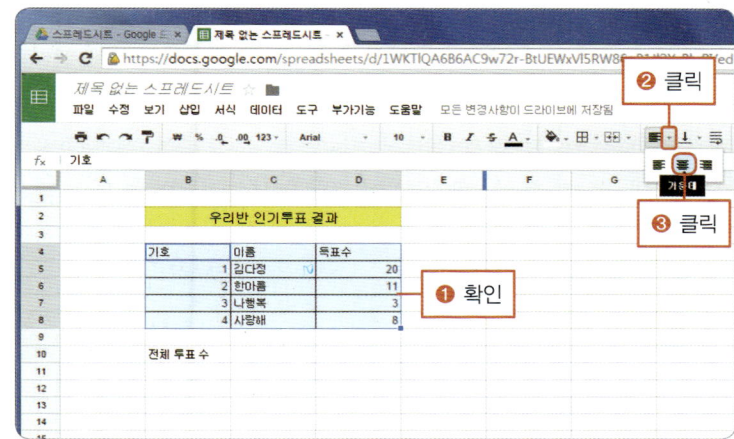

❻ 테두리 선을 지정하기 위해 [C10:D10] 셀을 블록 지정하고 '⊞(전체 테두리)'와 '☰(가운데)'를 선택합니다.

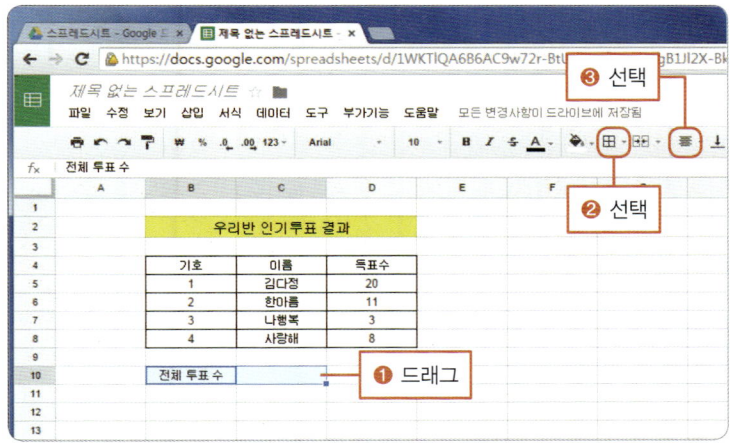

03 | SUM 함수 이용하기

❶ 전체 투표 수를 계산하기 위해 [C10] 셀을 클릭하고 [삽입]-[함수]-[SUM]을 선택합니다.

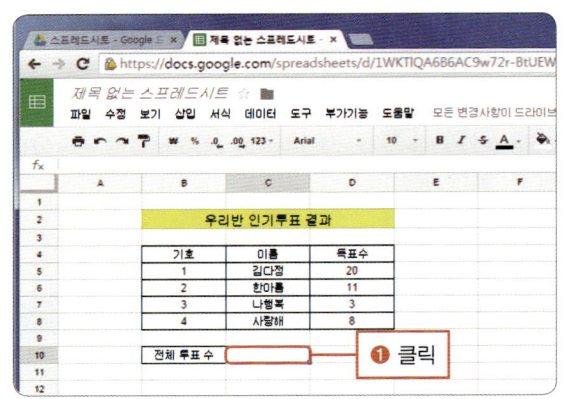 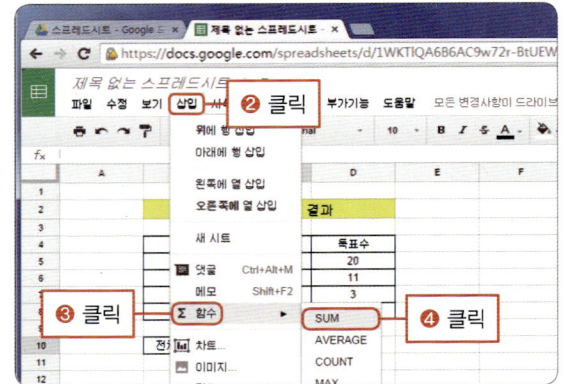

❷ 전체 투표 수를 계산할 범위([D5:D8])를 마우스로 드래그한 후 Enter 키를 누릅니다.

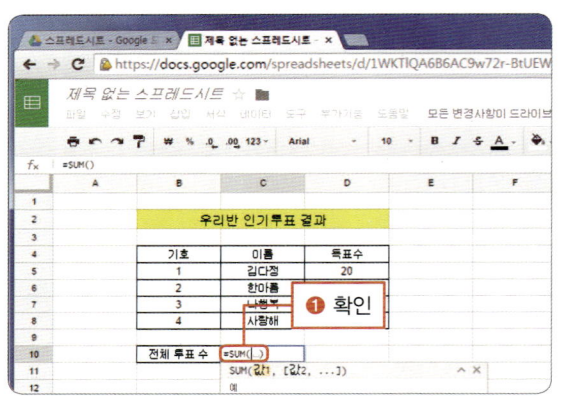 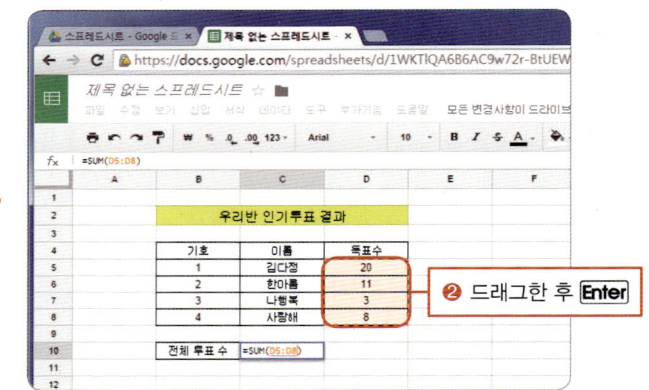

❸ [C10] 셀에 전체 투표 수가 계산된 것을 확인합니다.

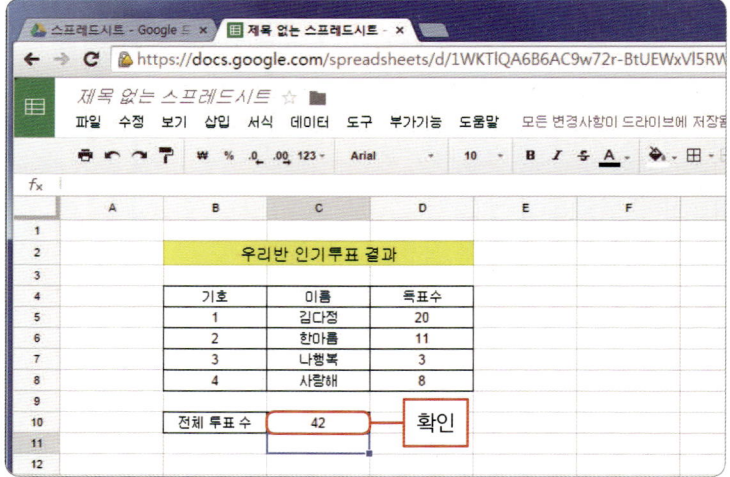

04 | 차트 만들기

❶ 차트를 작성할 [C4:D8] 영역을 범위로 지정합니다.

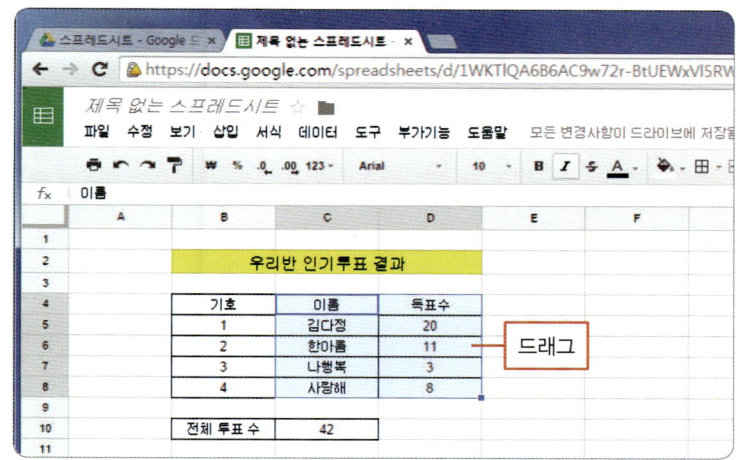

❷ [삽입]-[차트]를 선택하거나 도구 상자에서 📊(차트 삽입)을 클릭합니다.

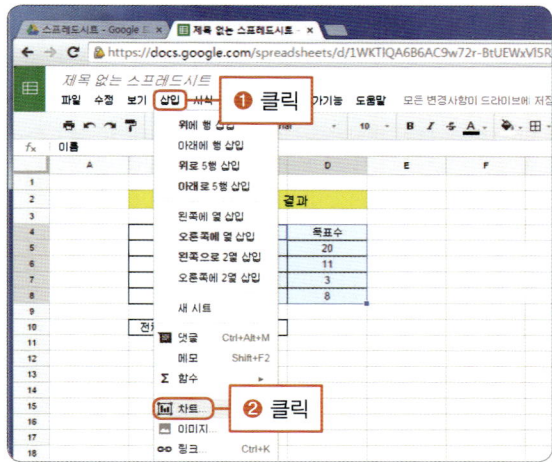

❸ [차트 편집기] 창의 [시작] 탭에서 데이터 범위와 '4행을 헤더로 사용'에 체크 표시가 되어 있는지를 확인합니다. '추천 차트'에서 '원형 차트'를 선택하고 [차트] 탭을 클릭합니다.

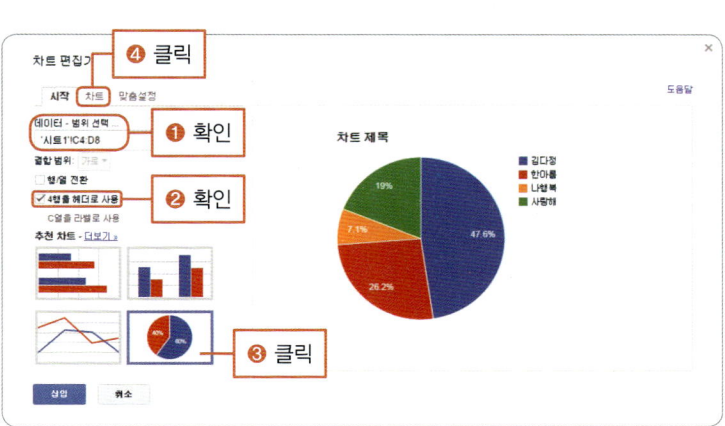

❹ [차트 편집기] 창의 [차트] 탭에서 다음과 같이 차트 모양을 선택하고 〈삽입〉 단추를 클릭합니다.

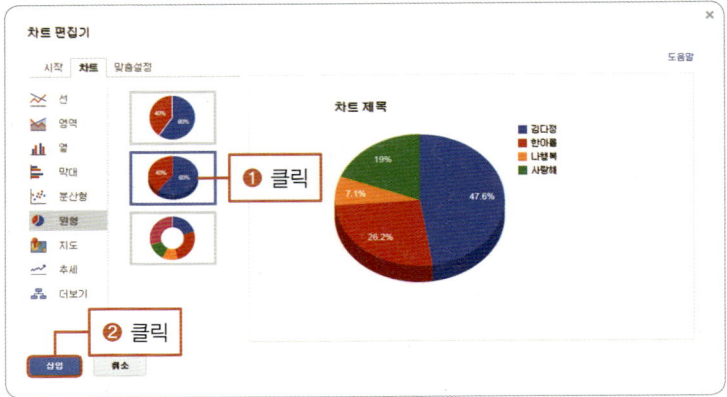

❺ 삽입된 차트를 드래그하여 위치를 조정합니다.

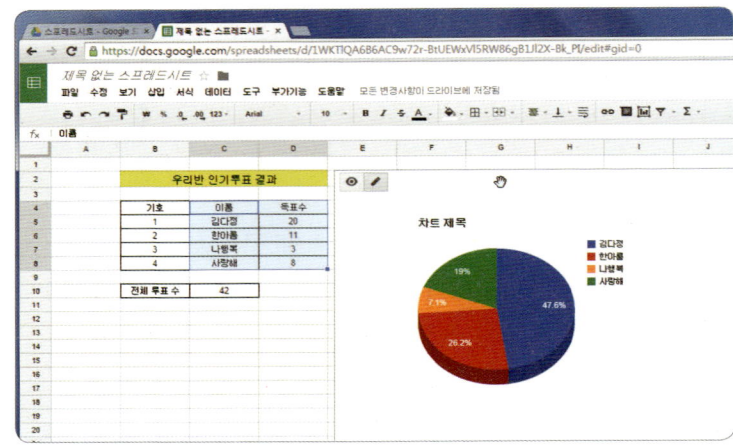

❻ 차트에서 '차트 제목'을 클릭합니다. [차트 제목 입력] 창이 자동 표시되면 (글꼴 색상)의 (목록 단추)를 클릭하여 색상(파랑)을 선택합니다. 입력 란에 '인기투표 결과'를 입력하고 Enter 키를 누릅니다.

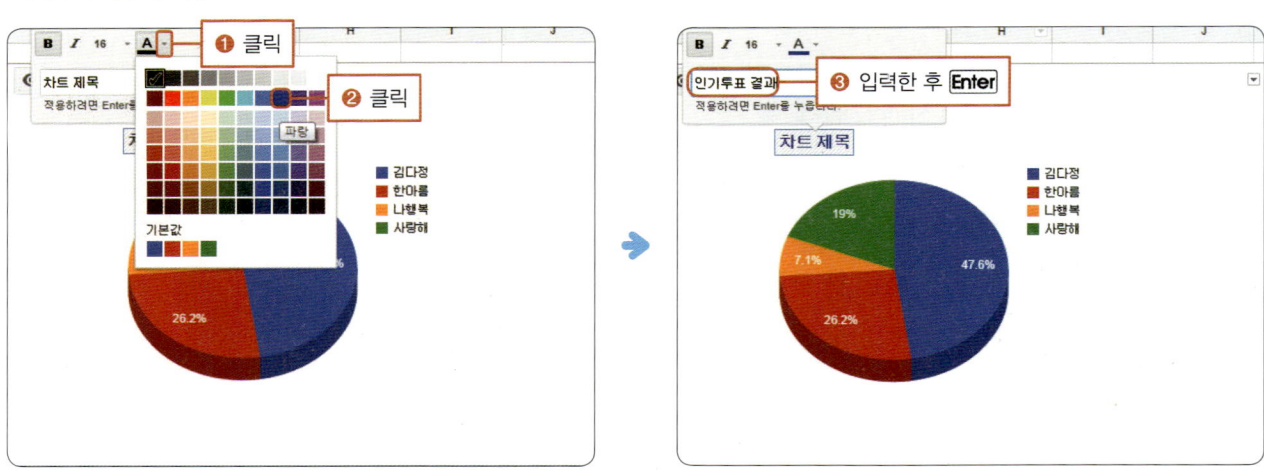

❼ 범례 위치를 변경하기 위해 범례를 클릭합니다.

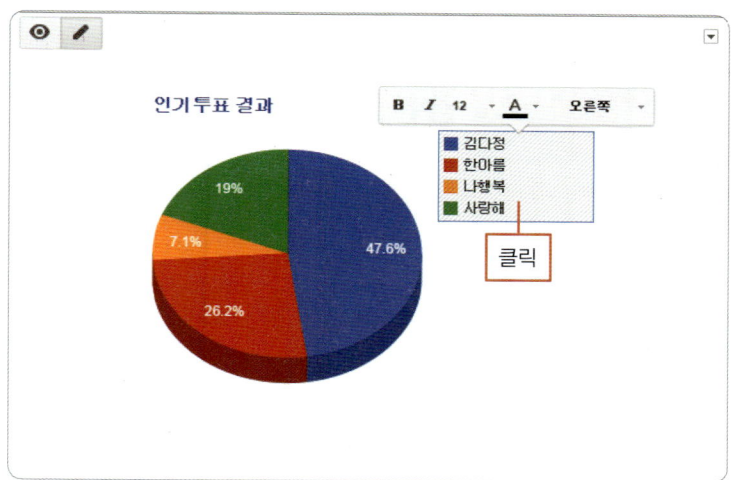

❽ 범례 도구 상자에서 위치의 ▾(목록 단추)를 클릭하여 '아래'를 선택합니다.

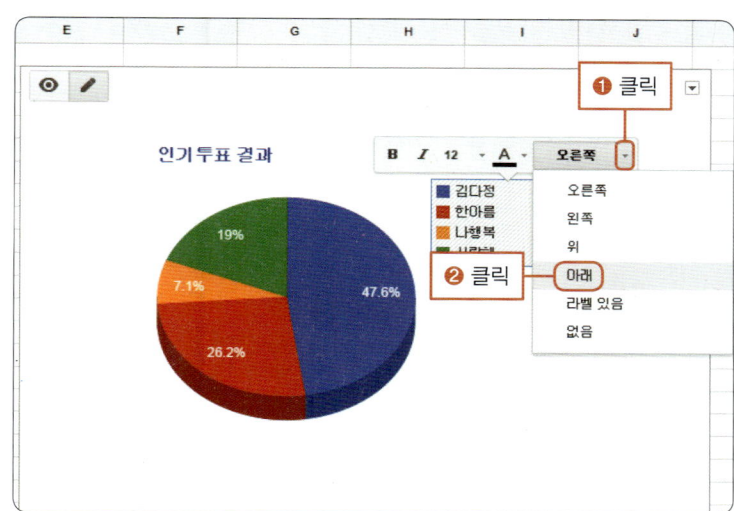

❾ 범례 위치가 아래로 위치가 이동된 것을 확인합니다.

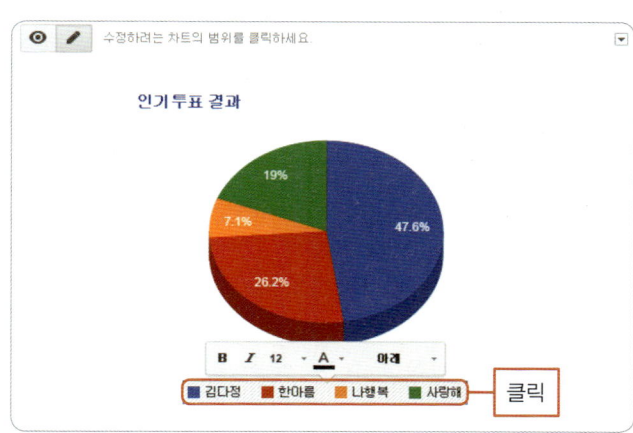

❿ 문서 파일의 이름을 '우리반인기투표'로 변경합니다.

혼자 할 수 있어요!

Google chrome

01 스프레드시트 문서를 작성한 후 '스프레드시트' 폴더에 '줄넘기대회결과'로 저장해 보세요.

• 예제파일 | 없음   • 완성파일 | 줄넘기대회결과

〈조건 사항〉
- 셀 병합 : [A1:E1], 글꼴-굴림, 글꼴 크기-12, 굵게, 채우기 색상-임의의 색
- 그 외 글꼴-굴림, 글꼴 크기-11, 테두리 선 지정
- 차트 만들기 : 차트 모양-열 차트, 범례 위치-위

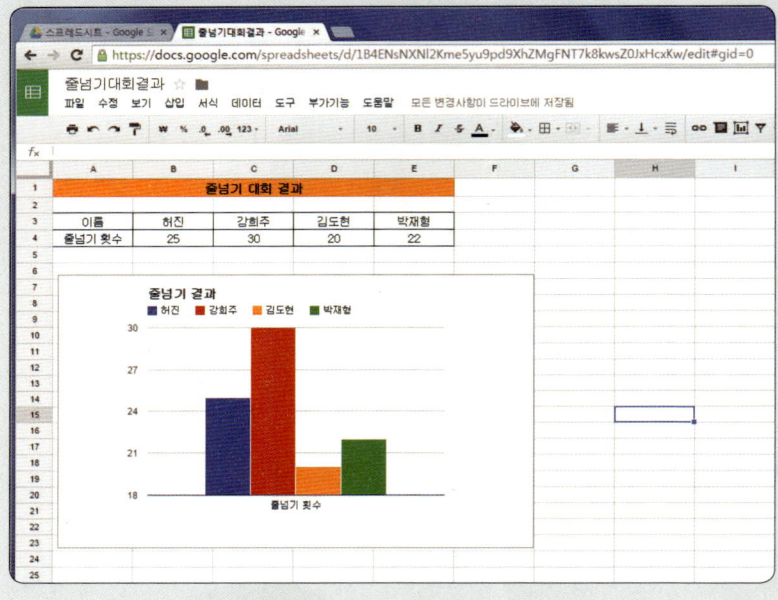

PART 04
픽슬러 사용하기

Chapter 22 조정 기능을 이용한 색다른 이미지 만들기
Chapter 23 레이어 기능 이용하기
Chapter 24 필터 기능 이용하기

22 CHAPTER 조정 기능을 이용한 색다른 이미지 만들기

- ☑ 어두운 이미지를 밝게 만들 수 있다.
- ☑ 노란색 장미를 분홍색 장미로 만들 수 있다.
- ☑ 세피아 등의 다양한 효과를 이미지에 적용할 수 있다.

완성파일 미리보기

google chrome

• 예제파일 | 바다풍경.jpg, 노랑장미.jpg, 전원풍경.jpg   • 완성파일 | 바다풍경(편집).jpg, 분홍장미.jpg, 전원풍경(편집).jpg

▲ 어두운 이미지 밝게

▲ 분홍색 장미로 변환

▲ 세피아 효과 지정

01 | Pixlr Editor(픽슬러 에디터) 앱 추가하기

Pixlr Editor(픽슬러 에디터)는 별도의 소프트웨어 설치 없이 인터넷 웹사이트에서 바로 사진이나 이미지를 불러와서 보정 및 편집을 한 후 저장까지 할 수 있는 온라인 이미지 편집 서비스입니다.

❶ 바탕화면에서 크롬 바로 가기 아이콘( )을 더블 클릭하여 실행합니다.

❷ 주소표시줄 아래에 있는 [앱]을 클릭합니다. [앱] 탭에서 자주 사용하는 기본 앱 프로그램 중 [웹 스토어]를 클릭합니다.

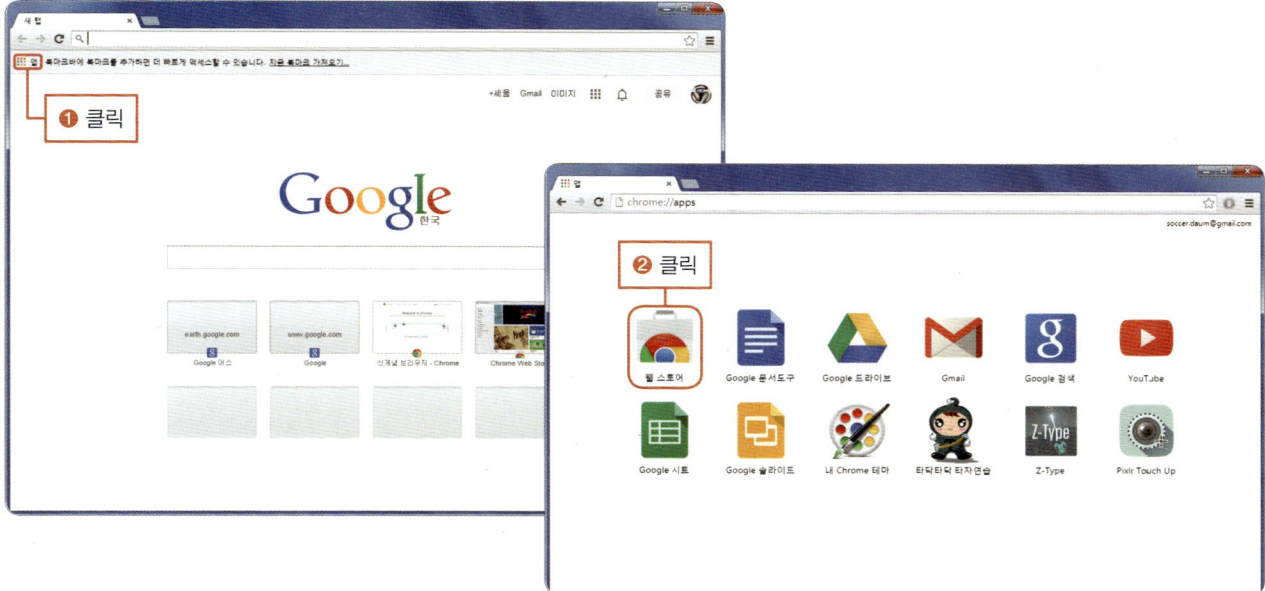

❸ 검색 상자에 'Pixlr Editor'를 입력하고 Enter 키를 누릅니다. 앱 검색 결과에서 'Pixlr Editor'에서 〈+무료〉 단추를 클릭합니다.

❹ [새 앱 확인] 창에서 〈추가〉 단추를 클릭합니다.

22 조정 기능을 이용한 색다른 이미지 만들기 • **169**

❺ 'Pixlr Editor'가 설치되면 작업 표시줄에 [Chrome 앱 실행기]가 자동 표시되어 설치된 것을 확인할 수 있습니다.

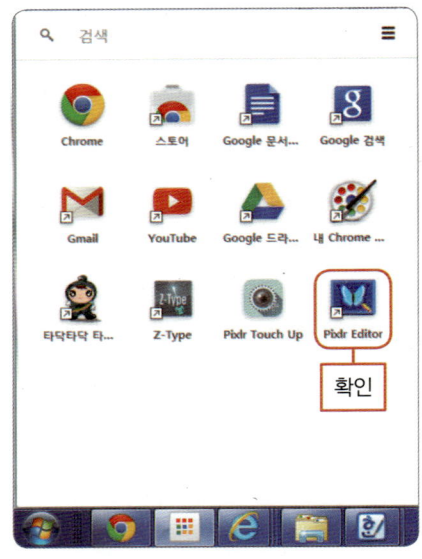

02 | 어두운 이미지를 밝게 만들기

❶ (Pixlr Editor)를 클릭하여 실행합니다. 이미지 파일을 불러오기 위해 **[컴퓨터로부터 이미지 열기]**를 클릭합니다.

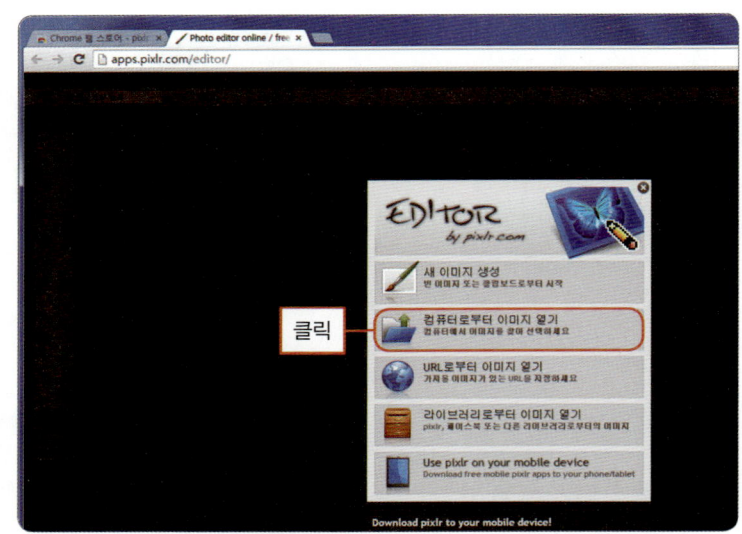

❷ [열기] 대화상자에서 '바다풍경([예제파일]-[22차시] 폴더)' 이미지를 선택한 후 〈열기〉 단추를 클릭합니다.

❸ 불러온 이미지를 확인합니다. 픽슬러는 다음과 같이 화면이 구성되어 있습니다.

❶ 메뉴   ❷ 도구 옵션
❸ 도구 상자   ❹ 캔버스
❺ 네비게이터   ❻ 레이어
❼ 히스토리

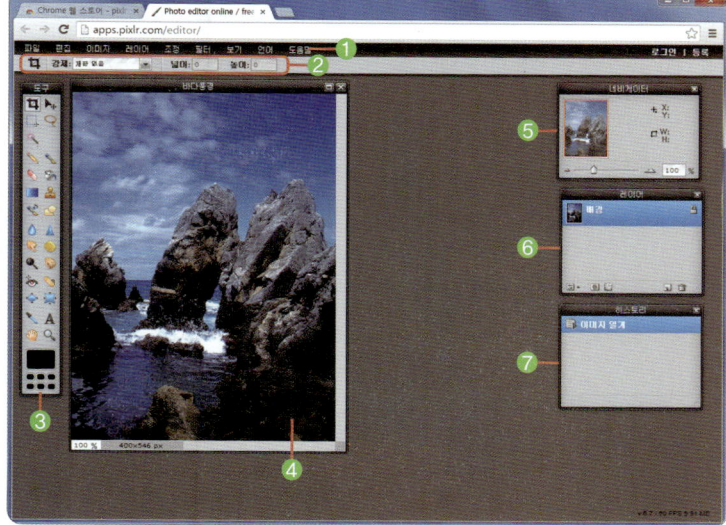

❹ [조정]-[밝기 & 명암대비]를 클릭합니다.

❺ [밝기 & 명암대비] 대화상자에서 '밝기'의 슬라이드를 오른쪽으로 드래그하여 밝기를 조절하고 〈확인〉 단추를 클릭합니다.

22 조정 기능을 이용한 색다른 이미지 만들기 • 171

❻ 다음과 같이 이미지의 밝기가 변화된 것을 확인하고 [파일]-[저장]을 선택합니다.

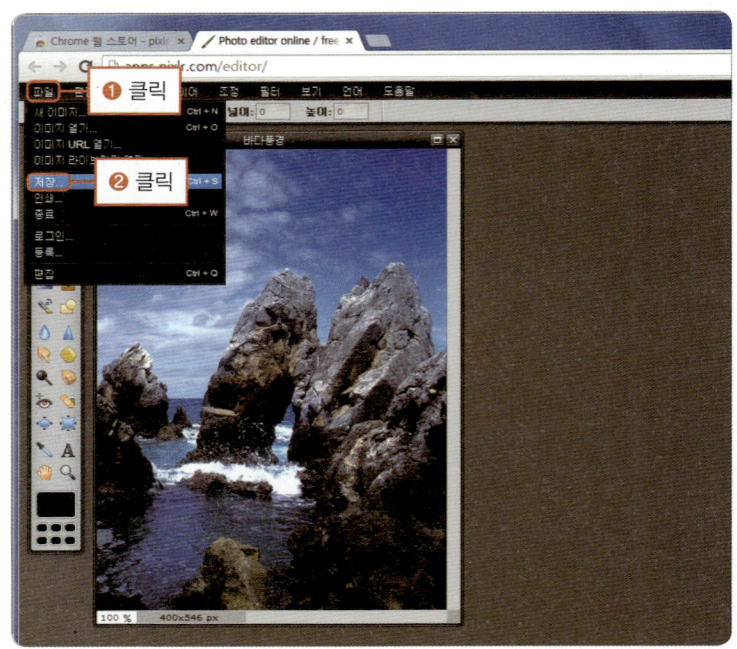

❼ [이미지 저장] 대화상자에서 〈확인〉 단추를 클릭합니다.

❽ [다른 이름으로 저장] 대화상자에서 [라이브러리]-[문서]를 선택합니다. 메뉴에서 [새 폴더]를 클릭하여 '본인 이름(아카데미)'를 입력하고 Enter 키를 두 번 누릅니다. '파일 이름'을 '바다풍경(편집)'으로 입력한 후 〈저장〉 단추를 클릭합니다.

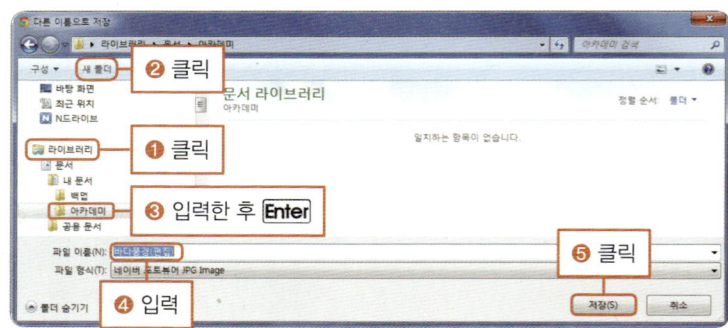

❾ '바다풍경(편집)'으로 이미지가 저장된 것을 확인합니다. 이미지 창에서 〈🗙(종료)〉 단추를 눌러 이미지를 닫습니다. [확인] 창에서 〈아니오〉 단추를 클릭합니다.

03 | 노랑색 장미를 분홍색 장미로 바꾸기

❶ [컴퓨터로부터 이미지 열기]를 하여 '노란장미([예제파일]-[22차시] 폴더)' 이미지를 불러 옵니다.

❷ [조정]-[색상 & 채도]를 클릭합니다.

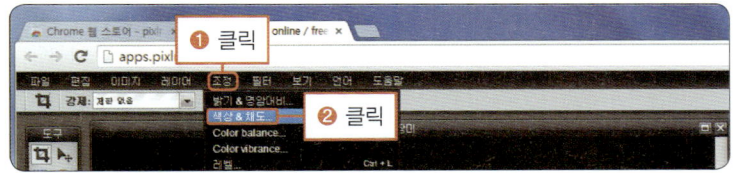

❸ [색상 & 채도] 대화상자에서 '색상'과 '채도', '명도'의 슬라이드를 왼쪽으로 드래그하여 조절하고 〈확인〉 단추를 클릭합니다.

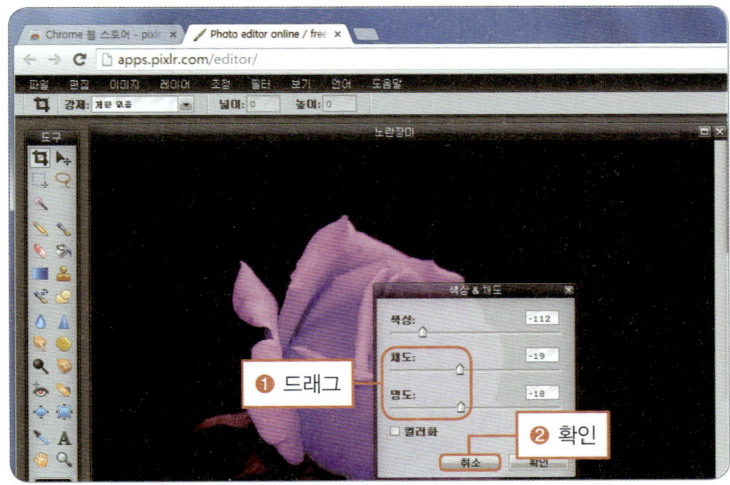

❹ 장미 색깔이 분홍색으로 변화된 것을 확인하고 '**분홍장미**'로 저장합니다. 이미지 창에서 〈 (종료)〉 단추를 눌러 이미지를 닫습니다. [확인] 창에서 〈아니오〉 단추를 클릭합니다.

04 | 이미지에 다양한 효과 주기

❶ [**컴퓨터로부터 이미지 열기**]를 하여 '전원풍경([예제파일]-[22차시] 폴더)' 이미지를 불러 옵니다.

❷ 이미지에 브라운톤으로 채색하기 위해 [**조정**]-[**세피아**]를 클릭합니다.

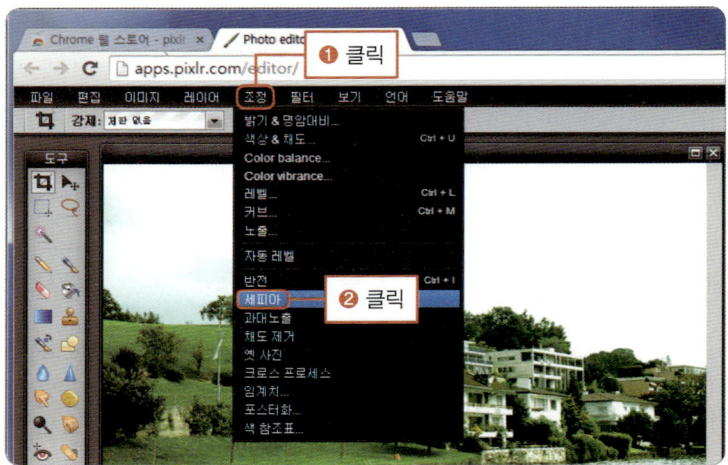

❸ 세피아 효과가 적용된 것을 확인하고 '**전원풍경(편집)**'으로 저장합니다. 이미지 창에서 〈 (종료)〉 단추를 눌러 이미지를 닫습니다. [확인] 창에서 〈아니오〉 단추를 클릭합니다.

혼자 할 수 있어요!

Google chrome

01 '갈매기' 파일을 불러온 후 [밝기 & 명암대비]를 이용하여 이미지를 밝게 만들어 보세요.

• 예제파일 | 갈매기.jpg   • 완성파일 | 없음

02 '점토인형' 파일을 불러온 후 [옛 사진] 효과를 적용해 보세요.

• 예제파일 | 점토인형.jpg   • 완성파일 | 없음

CHAPTER 23 레이어 기능 이용하기

- ☑ 레이어를 설명할 수 있다.
- ☑ 레이어의 이미지 크기나 모양을 변경할 수 있다.
- ☑ 레이어를 복사할 수 있다.

 **완성파일** 미리보기　　　　　　　　　　　　　　　　　　　　*google chrome*

• 예제파일 | 티셔츠.jpg, 베트맨.png, 풍선.png, 안경.png　　• 완성파일 | 티셔츠(완성).jpg

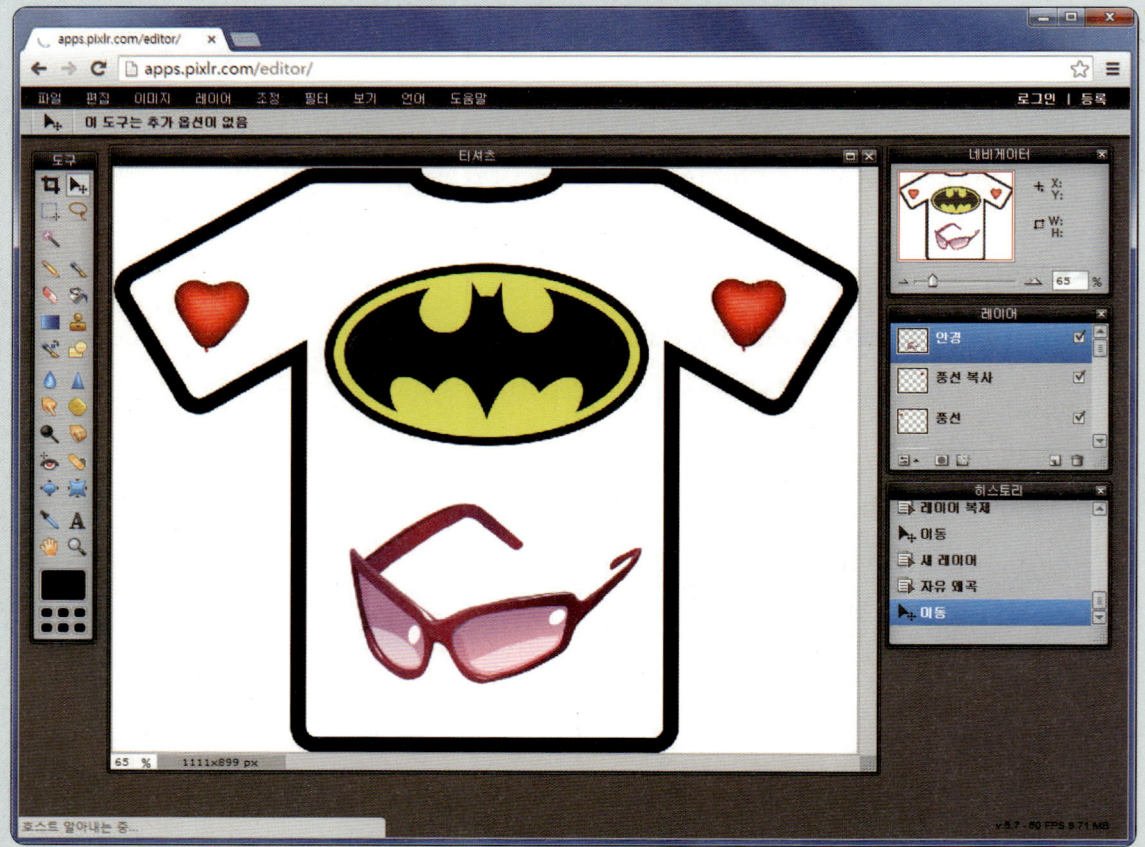

▲ 티셔츠 만들기

01 | 레이어 이해하기

레이어는 투명한 셀로판지를 여러 장 겹쳐놓은 것과 같습니다. 레이어를 이용하면 각각의 이미지에 따로 효과를 지정하거나 이미지의 이동, 크기 조정 등을 자유롭게 할 수 있습니다.

❶ 바탕화면에서 크롬 바로 가기 아이콘( )을 더블 클릭하여 실행합니다.

❷ 주소표시줄 아래에 있는 [앱]을 클릭한 후 (Pixlr Editor)를 선택합니다.

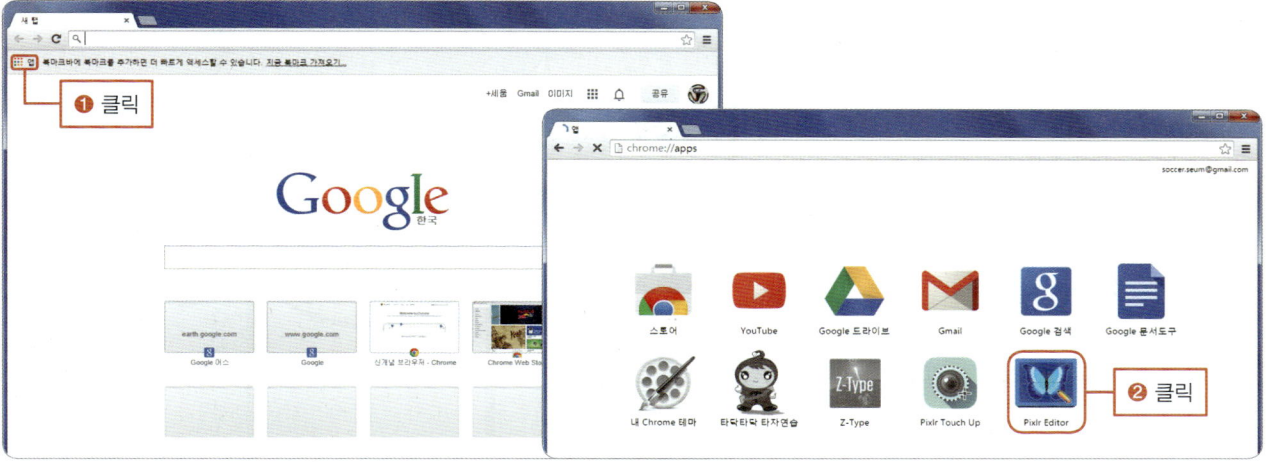

❸ 이미지 파일을 불러오기 위해 [컴퓨터로부터 이미지 열기]를 클릭합니다.

❹ [열기] 대화상자에서 '티셔츠([예제파일]-[23차시] 폴더)' 이미지를 선택한 후 〈열기〉 단추를 클릭합니다.

23 레이어 기능 이용하기 • **177**

❺ 레이어로 이미지를 불러오기 위해 [레이어]-[이미지를 레이어로 열기]를 클릭합니다.

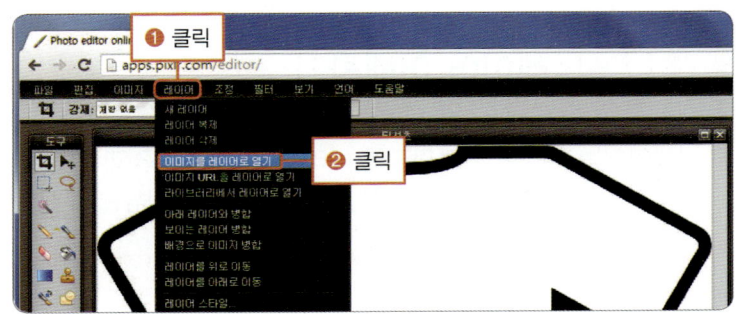

❻ [열기] 대화상자에서 '베트맨([예제파일]-[23차시] 폴더)' 이미지를 선택한 후 〈열기〉 단추를 클릭합니다.

❼ 레이어 형태로 이미지가 삽입된 것을 확인합니다. 도구 상자에서 ▶(이동 도구)를 클릭한 후 '베트맨' 이미지의 위치를 이동합니다.

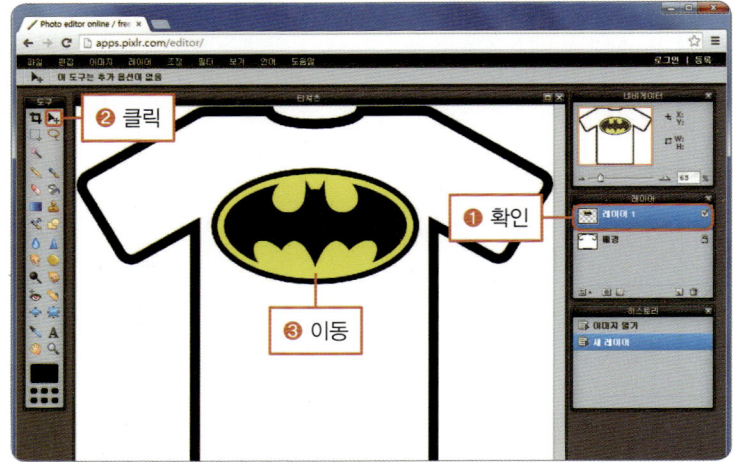

❽ 레이어 이름을 변경하기 위해 [레이어] 팔레트에서 '레이어 1' 이름을 더블 클릭한 후 '베트맨'를 입력하고 레이어 이름 부분을 마우스로 클릭합니다.

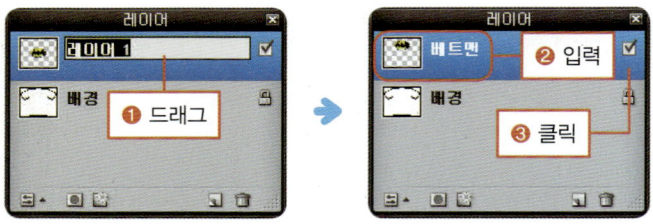

02 | 레이어 이미지 크기 변경하기

❶ [레이어]-[이미지를 레이어로 열기]를 클릭하여 '풍선([예제파일]-[23차시] 폴더)' 이미지를 불러옵니다.

❷ [레이어] 팔레트에서 '레이어 2' 이름을 '풍선'으로 변경합니다. 이미지 크기를 변경하기 위해 [편집]-[자유 변형]을 클릭합니다.

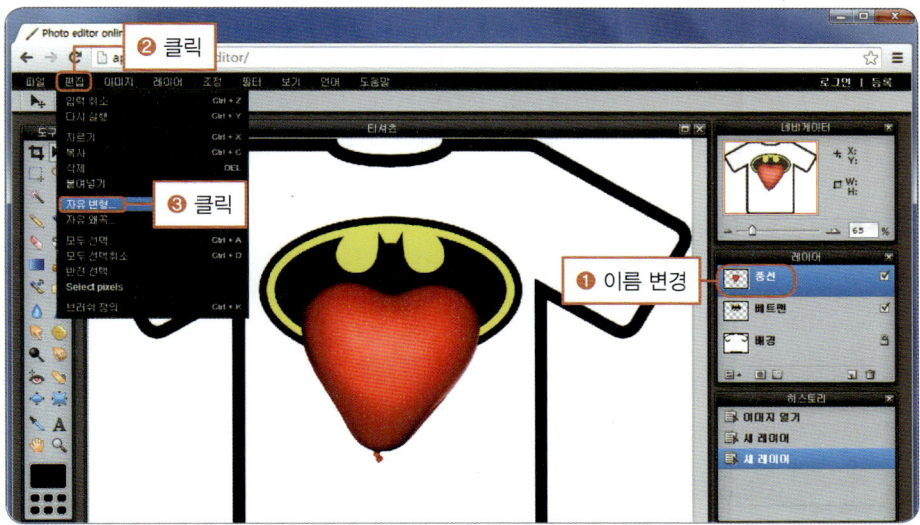

❸ 이미지에 표시된 조절점을 드래그하여 이미지의 크기를 변경한 후 Enter 키를 누릅니다.

❹ 도구 상자에서 ▶(이동 도구)를 클릭한 후 '풍선' 이미지의 위치를 이동합니다.

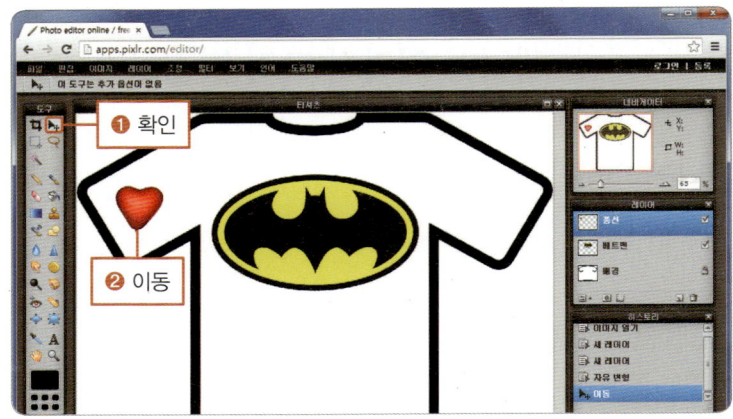

03 | 레이어 복제하기

❶ '풍선' 레이어를 복사하기 위해 '풍선' 레이어가 선택된 상태에서 [레이어]-[레이어 복제]를 클릭합니다.

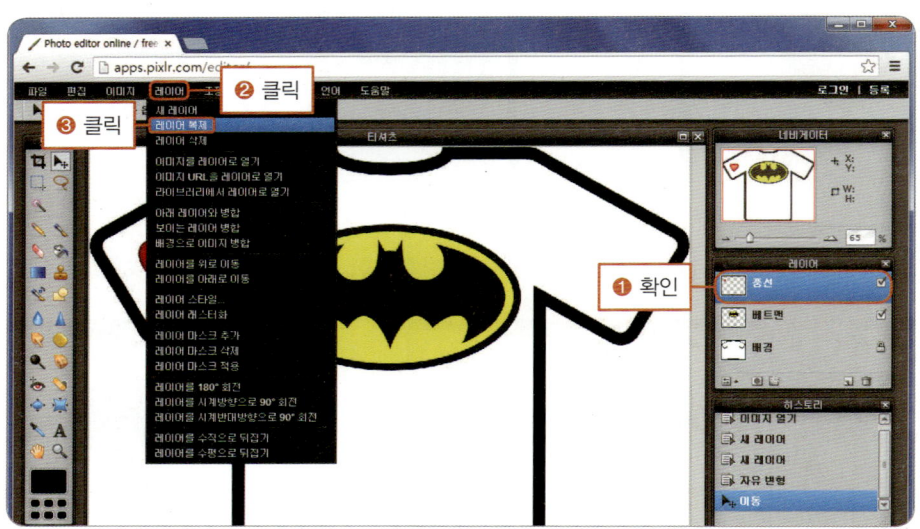

❷ 레이어를 복사하면 원본 이미지와 겹쳐서 표시됩니다. [레이어] 팔레트에 '풍선 복사' 레이어가 새로 만들어 진 것을 확인합니다.

❸ 도구 상자에서 ▸(이동 도구)를 클릭한 후 복제된 '풍선' 이미지의 위치를 이동합니다.

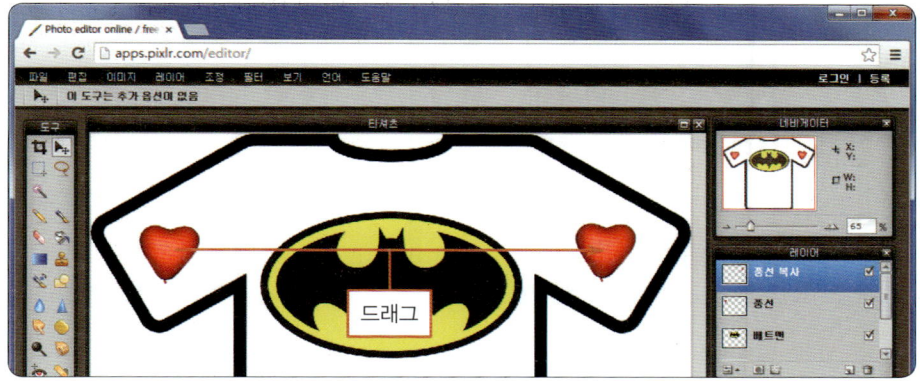

04 | 레이어 이미지 모양 변경하기

❶ [레이어]-[이미지를 레이어로 열기]를 클릭하여 '안경([예제파일]-[23차시] 폴더)' 이미지를 불러옵니다.

❷ [레이어] 팔레트에서 '레이어 4' 이름을 '안경'으로 변경합니다. 이미지 크기를 변경하기 위해 [편집]-[자유 왜곡]를 클릭합니다.

23 레이어 기능 이용하기 • 181

❸ 이미지에 표시된 조절점을 드래그하여 이미지의 크기를 변경한 후 Enter 키를 누릅니다.

❹ 도구 상자에서 (이동 도구)를 클릭한 후 복제된 '안경' 이미지의 위치를 이동합니다.

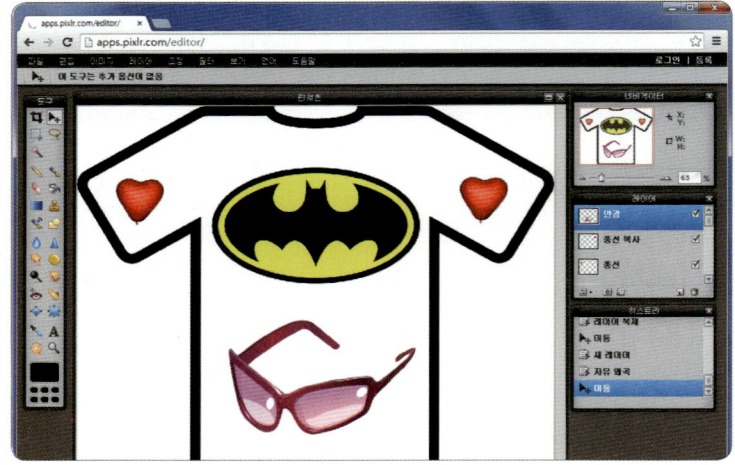

❺ 완성된 티셔츠를 확인하고 '**티셔츠(완성)**'으로 저장합니다.

혼자 할 수 있어요!

Google chrome

01 'tree' 파일을 불러온 후 레이어를 이용하여 크리스마스 트리를 만들어 보세요.

• 예제파일 | tree.jpg, 장식1.png, 장식2.png, 장식3.png, 장식4.png, 전구.png   • 완성파일 | 크리스마스트리(완성).jpg

24 필터 기능 이용하기

CHAPTER

☑ 이미지에 흐림 효과 필터를 지정할 수 있다.
☑ 이미지에 글래머 글로우, 점묘화 등 다양한 필터를 지정할 수 있다.

완성파일 미리보기

google chrome

• 예제파일 | 흐림효과.jpg, 필터효과.jpg   • 완성파일 | 흐림효과(완성).jpg, 필터효과(완성).jpg

▲ 흐림 효과   ▲ 글래머 글로우 효과

01 | 흐림 효과 필터 지정하기

❶ 바탕화면에서 크롬 바로 가기 아이콘( )을 더블 클릭하여 실행합니다.

❷ 주소표시줄 아래에 있는 **[앱]**을 클릭한 후 **(Pixlr Editor)**를 선택합니다.

❸ **[컴퓨터로부터 이미지 열기]**를 클릭하여 '흐림효과([예제파일]-[24차시] 폴더)' 이미지를 불러 옵니다.

❹ 도구 상자에서 **(선택 도구)**를 클릭합니다. 도구 옵션에서 **(타원형 선택 도구)**를 선택하고 그림과 같이 마우스로 드래그하여 선택합니다.

24 필터 기능 이용하기 • 185

❺ [편집]-[반전 선택]을 클릭합니다.

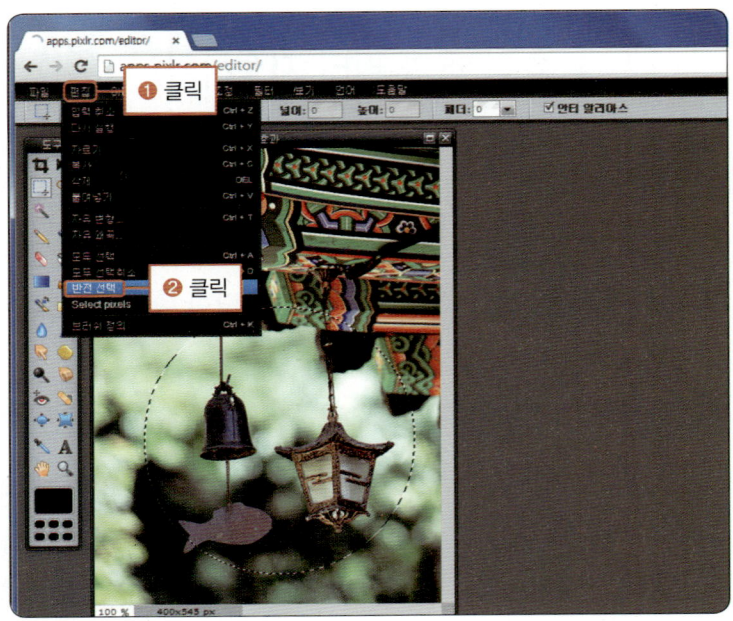

❻ [필터]-[사각형 흐림효과]를 클릭합니다. [사각형 흐림효과] 대화상자에서 '양'의 슬라이드를 조절하여 흐리게 한 후 〈확인〉 단추를 클릭합니다.

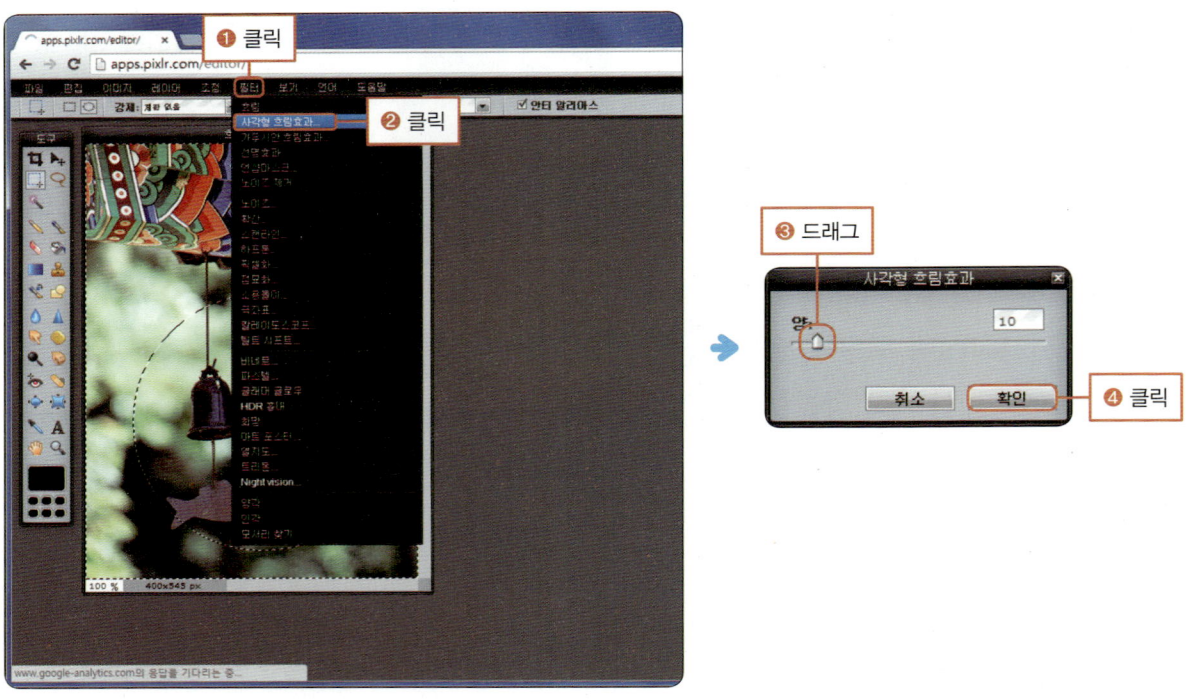

❼ [편집]-[모두 선택취소]를 클릭하여 반전 선택된 것을 해제합니다.

❽ 선택된 영역에 흐림 효과가 지정된 것을 확인하고 '흐림효과(완성)'으로 저장합니다. 이미지 창에서 〈❎(종료)〉 단추를 눌러 이미지를 닫습니다. [확인] 창에서 〈아니오〉 단추를 클릭합니다.

02 | 다양한 필터 효과 알아보기

❶ **[컴퓨터로부터 이미지 열기]**를 클릭하여 '**필터효과([예제파일]-[24차시] 폴더)**' 이미지를 불러 옵니다.

❷ **[필터]-[글래머 글로우]**를 클릭합니다.

❸ 이미지에 부드러운 스타일 효과가 지정된 것을 확인합니다. **Ctrl**+**Z** 키를 누르거나 **[편집]-[입력 취소]**를 클릭하여 필터 효과 이전 이미지로 변경합니다.

❹ [필터]-[점묘화]를 클릭합니다.

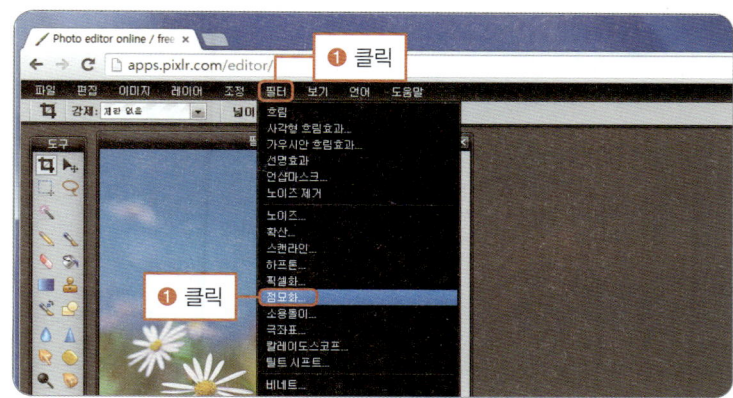

❺ [점묘화] 대화상자에서 ▼를 눌러 '**작은 원**'을 선택하고 〈확인〉 단추를 클릭합니다.

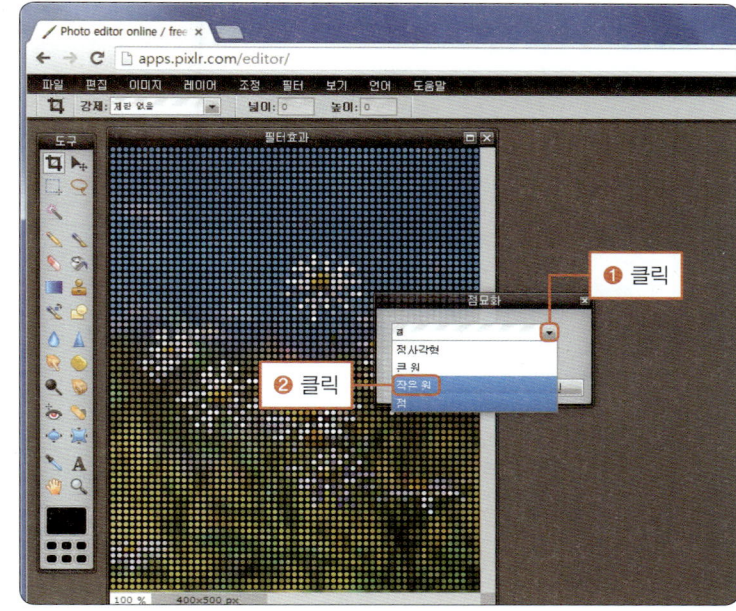

❻ 이미지가 점으로 바뀌어 마치 점으로 그린 듯한 효과가 적용된 것을 확인 '**필터효과(완성)**'으로 저장합니다. 이미지 창에서 〈✖(종료)〉 단추를 눌러 이미지를 닫습니다. [확인] 창에서 〈아니오〉 단추를 클릭합니다.

혼자 할 수 있어요!

Google chrome

01 이미지 파일을 불러온 후 [비네트] 필터 효과를 지정해 보세요.

• 예제파일 | 필터-1.jpg   • 완성파일 | 필터-1(완성).jpg

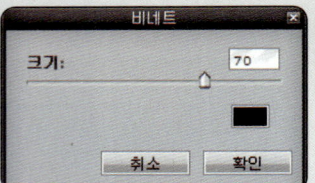

TIP '비네트'는 사진의 상하좌우쪽에 어두운 느낌을 강조할 때 사용하는 효과입니다.

02 '필터-2' 파일을 불러온 후 [칼레이도스코프] 필터 효과를 지정해 보세요.

• 예제파일 | 필터-2.jpg   • 완성파일 | 필터-2(완성).jpg

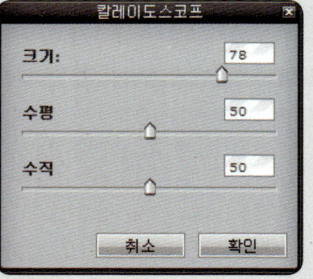

TIP '칼레이도스코프'는 변화무쌍한 무늬를 만들 때 사용하면 편리합니다.

03 이미지 파일을 불러온 후 열지도 필터 효과를 지정해 보세요.

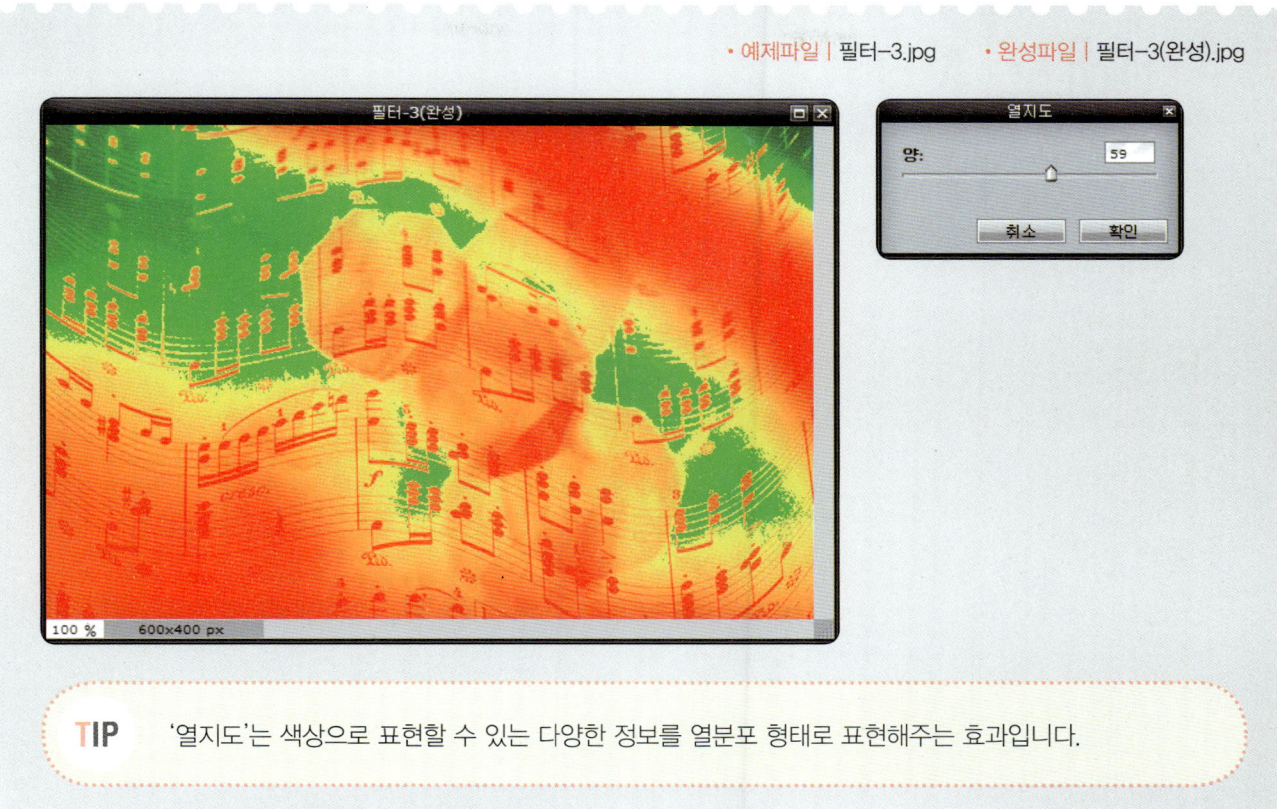

TIP '열지도'는 색상으로 표현할 수 있는 다양한 정보를 열분포 형태로 표현해주는 효과입니다.

04 '필터-4' 파일을 불러온 후 [확산] 필터 효과를 지정해 보세요.

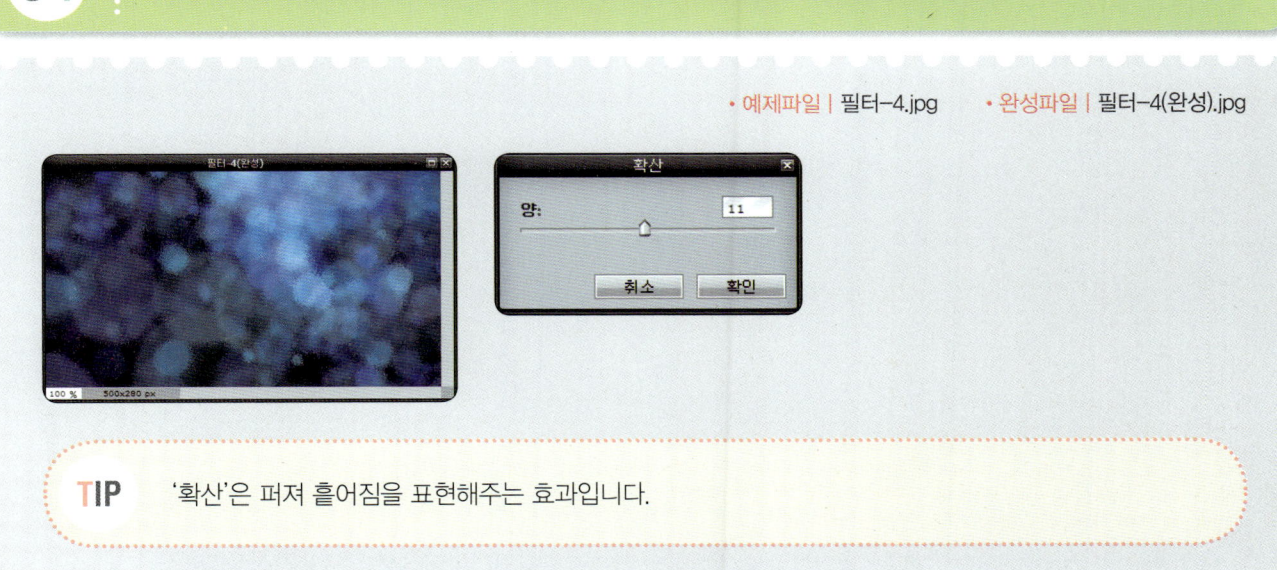

TIP '확산'은 퍼져 흩어짐을 표현해주는 효과입니다.

메모 MEMO